국가계약 분쟁조정제도의 이해와 사례

일러두기

법률과 시행령에 나온 용어는 원문에 표기된 띄어쓰기 방식을 따르되, 가독성을 고려하여 예외로 둔 것도 있습니다.

국가계약 분쟁조정제도의 이해와 사례

기획재정부 국고국 지음

SIGONGSA

발간사

　국가계약 분쟁조정제도는 발주기관과 조달참여기업 사이의 국가계약 관련 분쟁을 상당한 시간과 비용이 소요되는 소송을 대체하여 그 전 단계에서 신속하게 조정하는 대체적 분쟁해결제도(ADR, Alternative Dispute Resolution)입니다. 이는 당사자 간 불필요한 갈등을 줄여 공공계약 관계의 신뢰를 유지하고 조달기업의 정당한 권익을 효과적으로 보호하는 선진적인 시스템입니다. 실제로 WTO와 미국, 독일, 프랑스, 일본 등을 비롯한 세계 주요국가들이 공공계약 관련 분쟁을 해결하기 위해 조정제도를 폭넓게 활용하고 있습니다.

　최근 국가계약의 규모가 커지고 계약 내용이 복잡해지면서 분쟁조정 청구 또한 꾸준히 증가하는 추세입니다. 이러한 변화에 발맞춰 기획재정부는 우리 기업이 조달 현장에서 발생하는 분쟁에 있어 조정제도를 더욱 적극적으로 활용할 수 있도록 제도 개선을 추진하고 있습니다. 분쟁조정의 대상을 폭넓게 확대하고, 분쟁 대상 금액과 기간 요건도 유연하게 조정하는 방향으로 제도를 보완하였습니다. 이와 더불어 분쟁 당사자가 종전 유사 사례를 참고하여 불필요한 시행착오를 줄일 수 있도록 그동안 진행해 온 분쟁조정의 주요 사건을 모은 사례집을 발간하게 되었습니다.

　이번에 발간하는 『국가계약 분쟁조정제도의 이해와 사례』는 국가계약 분야에서 빈번히 발생하는 분쟁 유형별 대표 조정 사례를 선별한 최초의 공식 자료입니다. 이 책은 현장에서 조정제도의 활용 수요가 늘고 있음에도, 이를 소개한 자료가 충분하지 못해 분쟁조정 청구 당사자들의 어려움이 있다는 현장의 목소리를 반영하여 탄생했습니다. 대표적인 조정 사례와 함께 해당 법령·제도와 관련된 유권해석 및 판례를 소개함으로써 주요 분쟁에 대한 종합적 이해를 돕고자 했습니다. 다만, 기업의 영업비밀과 국가 안보 등 민감한 정보를 보호하기 위해 일부 내용을 불가피하게 조정하였음을 밝히며, 본 사례집이 공공조달 현장에서 유익한 길잡이가 되기를 기대합니다.

앞으로도 기획재정부는 국가계약 분야에서 발생하는 분쟁의 예방과 효과적인 해결을 위해 지속적인 관심과 노력을 기울일 것입니다. 이번 사례집 발간을 통해 국가계약 분쟁조정제도가 조달기업의 권리를 보호하는 실질적인 권익구제 수단으로 확고히 자리 잡는 계기가 되기를 바랍니다. 마지막으로, 계약제도 및 분쟁조정 청구 관련 바쁜 일상적인 업무 속에서도 이 책의 집필에 적극 참여해 주신 기획재정부 국고국 계약분쟁조정과 및 계약정책과 담당 직원들의 노고에 격려의 말씀을 전합니다. 이후에도 사례집을 정기적으로 발간하여 더욱 다양한 조정 사례를 공유할 예정이오니 지속적인 관심과 성원을 부탁드립니다.

기획재정부 국고국장 황순관

차 례

I. 국가계약 분쟁조정제도의 이해   11

1. 국가계약의 의의
가. 국가계약의 개념, 적용대상, 기능   13
나. 국가계약의 특수성   14
다. 국가계약 관련 법령체계   15

2. 국가계약 분쟁조정제도의 의의
가. 분쟁조정제도의 의미   17
나. 조정제도의 장점   18
다. 주요 해외사례: WTO, 미국, 독일, 프랑스, 일본   19

3. 국가계약 분쟁조정의 요건 및 절차
가. 분쟁조정 청구 당사자   25
나. 조정 대상(원인행위, 금액)   26
다. 분쟁조정 요건의 확대 연혁   27
라. 국가계약분쟁조정위원회 현황   30
마. 국가계약 이의신청 절차   31
바. 조정 절차   32
사. 분쟁조정의 효력   34

Ⅱ. 분야별 주요 사례   37

1. 국제입찰에 따른 조달계약 범위
　가. 의의   39
　나. 사례 해설   44
　다. 유권해석 사례   45
　라. 판례   47

2. 부당특약
　가. 의의   48
　나. 사례 해설   51
　다. 분쟁조정 사례   53
　라. 유권해석 사례   57
　마. 판례   61

3. 입찰참가자격
　가. 의의   63
　나. 사례 해설   65
　다. 분쟁조정 사례   66
　라. 유권해석 사례   77
　마. 판례   80

4. 입찰공고

가. 의의 … 81
나. 사례 해설 … 87
다. 분쟁조정 사례 … 88
라. 유권해석 사례 … 97
마. 판례 … 99

5. 입찰보증금 및 계약보증금 국가귀속

가. 의의 … 101
나. 사례 해설 … 109
다. 분쟁조정 사례 … 110
라. 유권해석 사례 … 117
마. 판례 … 120

6. 낙찰자 결정(적격심사 대상자 확인 등)

가. 의의 … 122
나. 사례 해설 … 126
다. 분쟁조정 사례 … 128
라. 유권해석 사례 … 155
마. 판례 … 158

7. 계약금액 조정 등

가. 의의 … 160
나. 사례 해설 … 164
다. 분쟁조정 사례 … 166

라. 유권해석 사례　　　　　　　　　　　　　　　　　　　　　*192*
　마. 판례　　　　　　　　　　　　　　　　　　　　　　　　　*195*

8. 개산계약(사후원가검토조건부 계약 정산 등)
　가. 의의　　　　　　　　　　　　　　　　　　　　　　　　　*196*
　나. 유권해석 사례　　　　　　　　　　　　　　　　　　　　　*199*
　다. 판례　　　　　　　　　　　　　　　　　　　　　　　　　*202*

9. 지체상금(부과 및 산입범위 등)
　가. 의의　　　　　　　　　　　　　　　　　　　　　　　　　*204*
　나. 사례 해설　　　　　　　　　　　　　　　　　　　　　　　*212*
　다. 분쟁조정 사례　　　　　　　　　　　　　　　　　　　　　*214*
　라. 유권해석 사례　　　　　　　　　　　　　　　　　　　　　*237*
　마. 판례　　　　　　　　　　　　　　　　　　　　　　　　　*241*

10. 계약 해제 및 해지
　가. 의의　　　　　　　　　　　　　　　　　　　　　　　　　*242*
　나. 사례 해설　　　　　　　　　　　　　　　　　　　　　　　*250*
　다. 분쟁조정 사례　　　　　　　　　　　　　　　　　　　　　*251*
　라. 유권해석 사례　　　　　　　　　　　　　　　　　　　　　*255*
　마. 판례　　　　　　　　　　　　　　　　　　　　　　　　　*257*

부록
　국가를 당사자로 하는 계약에 관한 법률(발췌)　　　　　　　　*261*
　국가를 당사자로 하는 계약에 관한 법률 시행령(발췌)　　　　　*265*
　국가계약분쟁조정위원회 운영규정　　　　　　　　　　　　　*272*

I.

국가계약 분쟁조정제도의 이해

1. 국가계약의 의의

가. 국가계약의 개념, 적용대상, 기능

국가계약[1]은 국가 또는 중앙행정기관이 계약의 당사자가 되어 물품을 구매하거나 용역을 제공받거나 공사를 발주하는 법적인 행위이며 그 결과를 말한다. 일반 사법상 계약과 동일하게 청약과 승낙을 통해 성립하지만, 이는 국민의 세금을 집행하는 행위로서 공공성과 책임성이 담보되어야 한다.

국가계약은 「국가를 당사자로 하는 계약에 관한 법률[2]」을 근거로 하며, 해당 법령의 적용 대상은 중앙행정기관, 정부 소속기관, 조달청 등 국가기관이다. 공기업이나 준정부기관 등 공공기관은 1차적으로 「공공기관의 운영에 관한 법률」을 적용받지만, 관련 법령에서 규정하지 아니한 사항은 국가계약법령을 준용한다.

---

1   국가계약은 국가를 당사자로 하는 계약을 약칭해서 사용하는 용어이며, 지방자치단체가 당사자가 되는 계약은 지방계약이라 한다. 다만, 계약주체인 국가 또는 지방자치단체, 공공기관 등을 구분하지 않고 공공계약이라는 용어를 사용하기도 한다.

2   이 책에서는 「국가를 당사자로 하는 계약에 관한 법률」을 "국가계약법", 「국가를 당사자로 하는 계약에 관한 법률 시행령」을 "국가계약법 시행령", 「국가를 당사자로 하는 계약에 관한 법률 시행규칙」을 "국가계약법 시행규칙"으로 하고, 전체를 통칭하여 "국가계약법령"이라는 약어를 사용한다.

국가계약은 근본적으로 국가가 계약을 통해 물품·공사·용역을 민간으로부터 획득하는 작용이라고 할 수 있지만, 조달기업 간 공정한 경쟁의 유도, 국가재정의 효율적 집행, 경제 안정화, 사회적 책임 등 다양한 정책적 기능도 수행한다. 예컨대 중소기업 보호, 친환경 제품 사용 장려, 장애인기업 우대 등의 정책목표를 계약을 통해 지원할 수 있다.

나. 국가계약의 특수성

국가계약은 앞에서 설명한 바와 같이 사법상 계약과 본질적으로 다를 바 없다. 하지만 계약의 일방 당사자가 국가 등이라는 점, 국가계약법령이 공익적 관점에서 일정 부분 사적자치를 제한하거나 의무를 부과하는 규정을 두고 있다는 점 등에 비추어 공법상 계약의 성격을 가진다고 보는 이도 있다. 국가계약이 무엇인지를 구분하는 실익은 계약당사자가 분쟁을 어떤 절차에 따라 해결하느냐에 있을 것이다. 사법상 계약이라면 민사소송에 의할 것이고, 공법상 계약이라면 소위 공법상 당사자소송에 의하게 될 것이다. 이러한 상반된 주장에도 불구하고 현실은 민사소송에 의하고 있고, 판례(2017.12.31. 선고 2021다74076 전원합의체 판결)는 국가 등이 당사자가 되는 계약의 성질은 사업상의 계약으로서 본질적인 내용은 사인 간의 계약과 다를 바가 없다고 보았다.

법적 성격이 무엇인지는 학술적 논쟁으로 남겨두고 국가계약의 특수성을 간략히 살펴보자. 첫째, 국가계약의 경우에도 원칙적으로 계약자유의 원칙이 적용되지만, 국가계약법령은 국가 등이 우월적 지위를 이용하여 부당한 계약내용을 정할 수 없도록 제한하고 있다. 국가 등이 계약상대자의 계약상 이익을 부당하게 제한하는 계약조건을 정한 경우에는 국가계약법 제5조 제4항에 따라 해당 계약조건은 부당한 특약으로 무효가 된다. 자세한 내용은 후술한다.

둘째, 국가계약은 사법상 계약과 달리 절차와 기준·방법에 있어 국가계약법령에 따른 엄격한 통제를 받는다. 국가 등은 사전 절차(예산확보, 계약방법 결정), 계약의 체결(입찰, 낙찰자 결정), 계약의 이행(검사, 대가 지급), 계약의 종료(하자보수, 계약해지) 등 국가계약법령이 정한 절차를 따라야 한다.

셋째, 입찰과 계약 과정은 공정성·투명성·효율성을 동시에 달성해야 한다. 국가 등은 국가계약법령에서 정하지 않은 방법으로 입찰참가자 또는 계약상대자를 정할 수 없고, 입찰에 참가하려는 자에게 공정한 기회를 제공하여야 한다. 또한 국가계약은 기본적으로 전자조달시스템을 통해서 계약절차를 진행하여야 한다. 특히 이를 위해 계약담당공무원에게 높은 수준의 의무와 책임이 따른다.

다. 국가계약 관련 법령체계

국가계약의 전반에 관하여 국가계약법령이 기본적으로 적용되지만, 다른 법령에서 특별히 정한 것이 있다면 그 법령도 국가계약에 적용된다. 공사와 관련하여 건설산업기본법, 방산물자의 획득에 관해서는 방위사업법, 중소기업 지원과 관련하여 판로지원법 등이 적용된다. 또한 국가계약의 절차 등에 관하여 조달사업법, 전자조달법 등 관련 법령이 복합적으로 적용된다. 특히 기획재정부가 고시한 계약예규(정부입찰·계약집행 기준, 공사계약 일반 조건 등)는 사실상 계약실무와 관련하여 중요한 기준으로 역할을 하며, 발주기관과 계약상대자의 관계에서 실질적 구속력을 가진다.

[공공계약 분류별 근거법령 및 적용대상기관]

구분		국가계약	지방계약	공공기관계약
근거법령		○ 국가계약법, 시행령, 시행규칙 ○ 기획재정부 계약예규(17개) **[공통]** • 정부 입찰·계약 집행기준 • 예정가격 작성기준 • 적격심사기준 • 협상에 의한 계약체결 기준(물품·용역) • 공사계약 특수조건 • 경쟁적 대화에 의한 계약체결 기준(물품·용역) **[물품]** • 물품구매(제조)계약일반조건 • 물품구매(제조)입찰유의서 **[용역]** • 용역계약일반조건 • 용역입찰유의서 • 용역계약종합심사낙찰제심사기준 **[공사]** • 입찰참가자격 사전심사요령 • 공사계약 일반조건 • 공사입찰유의서 • 종합계약 집행요령 • 일괄입찰 등에 의한 낙찰자 결정기준 • 공사계약종합심사낙찰제심사기준	○ 지방계약법, 시행령, 시행규칙 ○ 행정안전부 예규(5개) **[공통]** • 지방자치단체 입찰시 낙찰자결정기준 • 지방자치단체 입찰 및 계약 집행기준 ※ 위 2개 예규는 세부 목차별로 물품/용역/공사가 나뉨 **[공사]** • 종합평가 낙찰자 결정기준 • 문화재수리 종합평가 낙찰자 결정기준 **[용역]** • 학술연구용역 적격심사 세부기준 ※ 각 시·도에서 일반용역 적격심사 기준을 각각 정하여 운용하고 있음	• 공공기관운영법, 시행령 • 공기업·준정부기관 계약사무규칙(기획재정부령) • 기타공공기관 계약사무 운영규정(기획재정부 훈령) • 국가계약법령 ※ **적용 우선 순위** **[공기업·준정부기관]** ①공기업·준정부기관 계약사무규칙 ②국가계약법령 **[기타공공기관]** ①기타공공기관 계약사무운영규정 ②공기업·준정부기관 계약사무규칙 ③국가계약법령
적용대상	직접적용	○ 국회, 법원, 헌법재판소 ○ 중앙선거관리위원회 ○ 헌법 또는 정부조직법 그 밖의 법률에 따라 설치된 중앙행정기관	• 지방자치단체 - 광역시·도, 시·군·구 • 교육자치단체 - 시·도 및 시·군·구 교육청 - 공립 초·중·고등학교	공기업 • 준정부기관 • 기타공공기관(예산규모 250억 원 이상)
	준용	• 공기업 • 준정부기관 • 기타공공기관 (예산규모 250억 원 이상)	• 지방공기업 • 지방자치단체 출차·출연기관	• 지방공기업 • 지방자치단체 출차·출연기관
공통사항		\multicolumn{3}{l}{• 조달사업법령에 따라 일정금액 이상의 수요물자 구매 및 시설공사 등 조달요청 의무화 • 판로지원법령에 따라 중소기업제품 구매촉진을 위한 중소기업자와의 우선조달거래 제도 적용 • 건설산업기본법 등 특별법 적용 • 위 관련 법령 및 규정 등으로 정하지 않은 사항은 계약에 관한 일반법인 민법 적용}		

2. 국가계약 분쟁조정제도의 의의

가. 분쟁조정제도의 의미

국가계약 분쟁조정제도란 국가계약법 제28조의2에 근거한 국가계약 분쟁의 해결방법이다. 국가계약에서 발주기관과 조달기업 간 분쟁이 소송으로 가는 경우 상당한 시간과 비용이 소요되는데, 국가계약 분쟁조정제도는 소송의 전 단계에서 분쟁을 신속하고 저렴한 비용으로 해결하는 대체적 분쟁해결제도(ADR, Alternative Dispute Resolution)이다. 즉, 국가계약 분쟁조정제도는 법률상 권리관계 등을 놓고 분쟁이 발생하였을 때, 기존의 소송을 통한 전통적 해결 방식을 대신하여 당사자 간 합의 또는 제3자의 조력을 통해 해결안을 도출하고, 양 당사자가 이를 수용할 경우 그 결과에 일정한 법적 효력을 부여하는 분쟁해결 방식인 ADR의 대표적 예라 할 수 있다.

조정과 소송, 중재 등 여타 분쟁해결 방법과의 차이점을 살펴보면, 먼저 소송은 사실관계나 법률관계에서 대립하는 당사자 사이의 권리나 의무 등에 관한 분쟁을 재판을 통해 법률적으로 해결하여 구체적인 법률관계를 확정해 줄 것을 법원에 요구하는 절차이다. 당사자의 일방적 소송제기로 시작되고 법원의 판사가 내리는 판결로서 분쟁을 해결한다. 판결에 불복 시 항소 또는 상고가 가능하다.

중재는 당사자가 소송을 통하지 않고 그들 사이의 분쟁을 그들이 정한 절차 및 중재인의 판정에 따라 해결하기로 하는 합의를 하고, 이에 기하여 중재인이 행하는 심판절차이다. 중재합의 후 신청이 가능하며, 중재판정부의 중재판정으로 분쟁을 해결한다. 중재법 제35조에 의해 중재판정은 양쪽 당사자 간에 법원의 확정판결과 동일한 효력을 가진다.

반면, 조정은 중립적 위치에 있는 제3자의 권고에 의하여 상호양해와 합의를 통해 분쟁을 해결하는 방법이다. 소송과 마찬가지로 당사자의 일방적 조정 신청을 통해 절차가 시작되고, 조정부의 조정안으로 분쟁을 해결한다. 국가계약법 제31조에 따라 조정안에 당사자들 간의 이의제기가 없는 경우 재판상 화해의 효력을 가진다. 그 결과 민사소송법 제220조(화해, 청구의 포기·인낙조서의 효력)에 따라 확정판결과 동일한 효력을 가지므로 조정조서에 따라 강제집행이 가능하다.

나. 조정제도의 장점

첫째, 조정은 중재, 소송과 비교하여 볼 때 사건 처리시간을 단축시켜 분쟁 장기화에 따른 불확실성을 해소할 수 있다. 정형화된 절차에 얽매이지 않고, 당사자들의 필요에 따라 유연하게 절차를 운영하여 당사자들이 신속하게 최종 결론에 도달할 수 있도록 기여할 수 있다.

둘째, 소송비용 및 절차적 복잡성에 따른 기회비용 부담을 경감시킨다. 신속한 해결로써 당사자에게 큰 재정적 압박으로 작용하는 직접적인 비용(변호사 선임료, 증인 출석비용, 감정비용, 분쟁 장기화에 따른 금융비용 등)을 줄

여주며, 본업에 빠르게 복귀할 수 있도록 돕는다. 기업의 경우 주요 의사결정이 지연되거나 새로운 사업 기회를 놓치는 등의 문제를 피할 수 있다.

셋째, 분쟁 당사자의 실질적 이해관계를 고려한 탄력적이고 유연한 결론 도출이 가능하다. 조정인의 도움을 받아 당사자들은 법률의 테두리를 넘어선 유연한 합의를 도출할 수 있다. 이러한 유연한 결론의 도출이 가능한 것은 조정인의 인적 구성에 있다. 즉 조정인은 반드시 법조인으로만 구성될 필요가 없어 다양한 현장경험을 가진 전문가들이 참여할 수 있다.

넷째, 회의 비공개 진행에 따른 당사자의 명예 및 프라이버시를 보호한다. 소송은 원칙적으로 공개 재판으로 진행되어 분쟁의 내용이 외부에 알려질 수 있지만, 조정·중재 등 대부분의 대체적 분쟁해결제도는 비공개로 진행되는 것을 원칙으로 한다. 이는 민감한 사안을 다룰 때 당사들이 더욱 개방적인 태도로 협상에 임하도록 유도하여 문제해결의 효율성을 높이는 데에도 기여한다.

마지막으로 법적 분쟁을 해결하는 과정에서 국가계약, 공공조달과 관련하여 풍부한 경험과 지식을 가지고 있는 전문가 및 위원을 효과적으로 활용하는 것이 가능하다. 전문적인 지식이 필요한 분쟁의 경우 이에 적합한 전문가를 조정인으로 위촉하여 더욱 현실적인 해결책을 도출한다. 전문가의 참여는 불필요한 논쟁을 줄이고 핵심 쟁점에 집중할 수 있도록 하여 복잡한 사안을 더욱 정확하게 파악하고, 분쟁해결절차의 효율성을 높이는 기능을 한다.

다. 주요 해외사례: WTO, 미국, 독일, 프랑스, 일본

1) 정부조달 협정(GPA, Government Procurement Agreement)

정부조달 시장을 개방하고 투명성, 공정성을 확보하기 위한 복수국 간 협정으로 1996년 발효된 이후 2012년 개정되었으며, WTO 회원국을 포함한 22개(유럽연합 포함)의 당사국이 가입했다. 공정하고 투명한 조달 절차를 보장하고 내국민대우 및 비차별 원칙을 적용하였으며, 정부조달 시장의 개방을 통한 무역 확대에 그 목적이 있다.

GPA의 분쟁해결절차는 공정하고 독립적인 심사기구의 심사가 원칙이나 이전에 발주청에 의한 분쟁해결도 가능하다. 분쟁해결절차가 시의적절하고 투명하게 이루어질 수 있도록 명확한 규칙이 존재하며 이에 대한 감독도 가능하다. GPA의 분쟁해결절차는 낙찰 기준이나 기타 의무 등을 통해 추구하는 목적을 효과적으로 실현해야 하며, 내국민대우와 무차별원칙에 입각하여 이루어져야 한다.

2) 미국

[미국의 대체적 분쟁해결제도 현황]

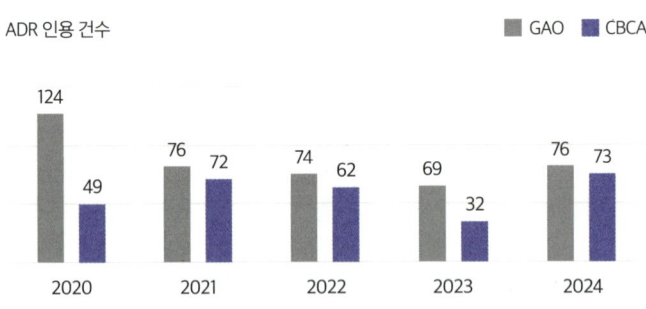

미국의 공공계약 분쟁해결기구는 크게 감사원(GAO, Government Accountability Office)의 입찰이의제도와 계약분쟁조정위원회(CBCA,

Civilion Board of Contract Appeals) 두 가지로 나누어 볼 수 있다.

감사원(GAO)은 조달법 통제그룹으로 구성된 변호사들이 연방공공조달의 전문성을 가지고 입찰 이의 관련 분쟁을 다룬다. 100일이라는 시간제약이 존재하여 신속한 분쟁해결이 가능하며 자동적 계약절차정지효(CICA Stay)로 계약에 있어 실질적 권리구제가 가능하다. 또한 감사원은 의회 소속으로 행정부에서 독립적인 기관이다.

계약분쟁조정위원회(CBCA)는 민간계약분쟁조정위원회와 국방계약분쟁조정위원회로 구성된다. 행정판사의 주재로 준사법적 절차에 의한 분쟁해결이 특징이다.

3) 독일

독일은 공공계약 분쟁해결기구로서 조달심판원(Vergabekammer)을 두고 있는데, 공공사업위탁의 발주와 사업인가의 부여에 대한 사후심사를 담당한다. EU지침에 따른 기준 금액* 이상 시에는 공공조달법을 적용하여 조달심판원의 심판절차로 나아갈 수 있고, 기준 금액 미만 시에는 민법을 적용하여 입찰기업 조달규정준수청구권이 없게 된다.

* 기준 금액(24.1.1 기준, 부가가치세 제외):
- 공공기관의 건설 및 공사 계약: €5,538,000
- 공공기관의 물품 및 서비스 계약: €221,000
- 특별분야(에너지 및 교통)의 물품 및 서비스 계약: €443,000
- 중앙 최고 정부기관의 물품 및 서비스 계약: €143,000

입찰계약 전 낙찰자 결정이 위법적이라도 이를 막는 1차적 권리구제 수단으로서는 기능하지 못하지만, 일부 주(州)법 차원에서 부분적 권리 구제수단을 마련해 두기도 한다. 조달심판원은 청구서 접수 후 5주의 기간 내에 서면으로 재결을 내리고 이유를 제시하는데, 최대 2주의 기간 안에서 연장할 수 있다. 1인의 심판장과 2인의 배석 심판관으로 구성되며, 심판장 또는 상근심판관 중 1인은 독일 법관법에 따른 법관직이 있어야 한다. 조달재판부의 결정에 불복하는 경우 조달심판원의 결정을 받고 2주 이내에 즉시 항소가 가능하다.

4) 프랑스

프랑스는 1개의 국가위원회와 7개의 지역위원회로 이루어진 원만한 분쟁해결을 위한 자문위원회(CCRA)를 두고 있다. 국가위원회는 국가 중앙 서비스와 관련된 계약, 지역위원회의 담당 범위를 초과하는 국가적 역량을 보유한 서비스 및 조직 관련 분쟁을 담당하고 있으며, 지역위원회는 재정경제부령에 따라 지역/권역/도 수준에서 설치한다.

사법기관, 조정기관이 아닌 CCRA는 계약이행 관련 분쟁발생 시 수요기관 또는 계약자가 분쟁해결을 의뢰 시 절차가 진행된다. CCRA에 분쟁해결 신청 회부 시 자문에 따라 수요기관이 결정에 이를 때까지 조달계약과 관련된 항소 기간은 중단되며, 접수 6개월 이내 의견을 통보해야 한다. 해당 기간 엄수가 불가능한 경우 1~3개월 연장이 가능하다.

5) 일본

일본은 공공계약 분쟁해결 기구로써 정부조달고충처리위원회를 두고 있다. 물품 및 서비스의 정부조달에 관한 구체적인 고충을 접수하고 처리한다.

2025.4.24. 기준으로 중앙정부의 기관, 독립 행정법인 등이 물품, 서비스 일반 부분은 10만 SDR[3] (￥1900만), 건설 서비스는 450만 SDR(￥8억 9500만), 기타 기술적 서비스는 45만 SDR(￥8900만)을 각각 기준으로 하는 조달 대상에 대해 실시한다.

정부조달고충처리위원회는 정부조달고충처리추진회의, 간사회, 사무국, 정부조달고충검토위원회, 정부조달고충검토위원회 소위원회로 구성된다. 정부조달고충처리추진회의와 간사회는 정부위원으로 구성되어 고충처리정책 방향을 설정하며, 고충처리 프로세스와 가이드라인을 제시한다. 사무국은 내각부 정부조달고충처리 대책실을 운영하며 행정업무를 총괄 담당한다. 정부조달고충검토위원회와 정부조달고충검토위원회 소위원회는 정부조달에 관한 학식 경험자로 구성되어 개별 고충 건에 대한 검토가 이루어지고 분쟁을 실질적으로 해결하는 기관이다.

---

3 SDR(특별인출권): 국제통화기금에 출자금을 낸 가맹국이 국제수지 악화 때 무담보로 외화를 인출할 권리

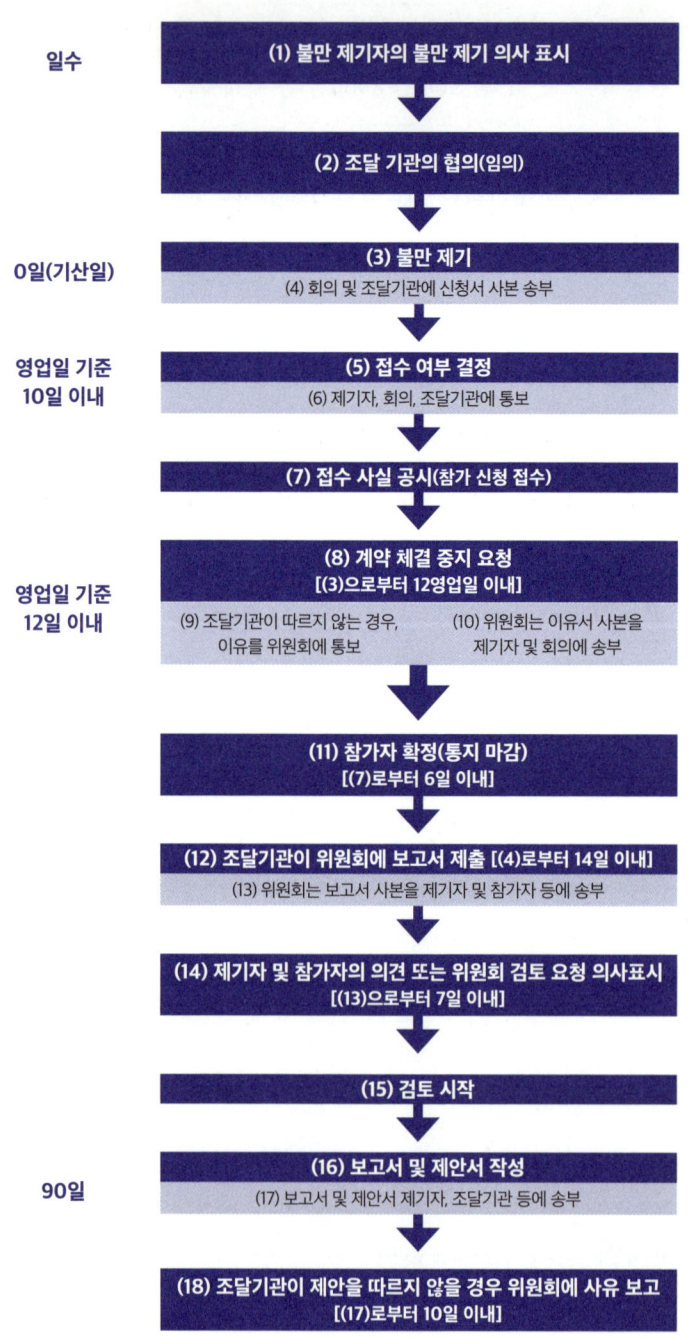

3. 국가계약 분쟁조정의 요건 및 절차

가. 분쟁조정 청구 당사자

국가계약 분쟁조정제도의 당사자는 청구인과 피청구인으로 구분할 수 있다. 청구인은 국가계약법령에 근거하여 체결된 계약과 관련하여 불이익을 받은 기업 또는 개인이 된다. 이에 따라 국가기관 또는 공공기관은 국가계약분쟁조정위원회에 분쟁조정 청구가 불가하나, 국가기관과 공공기관이 서로를 상대방으로 하여 분쟁이 있을 경우에는 공공기관도 분쟁조정 청구가 가능하다(국가계약법 제28조).

피청구인은 국가기관 또는 공공기관이 된다. 다만, 지방자치단체가 계약 당사자인 경우에는 행정안전부에서 담당하는 〈지방계약분쟁조정위원회〉에 분쟁조정 청구가 가능하다.

국가기관 또는 공공기관이 지방자치단체의 위탁을 받아「지방자치단체를 당사자로 하는 법률」(이하 "지방계약법")에 근거하여 계약을 체결한 경우, 비록 계약 당사자가 국가기관 또는 공공기관이나 근거 법령이 지방계약법이므로, 〈지방계약분쟁조정위원회〉에 분쟁조정 청구가 가능하다.

나. 조정 대상(원인행위, 금액)

국가계약 분쟁조정 청구를 할 수 있는 조정 대상에 대해서는 국가계약법 제28조(이의신청) 및 시행령 제110조(이의신청을 할 수 있는 정부조달계약의 최소 금액 기준 등)에서 규정하고 있다. 이러한 조정 대상은 크게 금액 기준 및 원인행위로 구분할 수 있다.

국가계약 분쟁조정 대상을 금액 기준으로 나누면 다음과 같다.

- 「건설산업기본법」에 따른 종합공사 계약: 추정가격 4억 원 이상
- 「건설산업기본법」에 따른 전문공사 계약: 추정가격 1억 원 이상
- 그 외 공사 계약: 추정가격 8천만 원 이상
- 물품 / 용역 계약: 추정가격 5천만 원 이상

국가계약 분쟁조정 대상을 원인행위 기준으로 나누면 다음과 같다.

① 국제입찰에 따른 정부조달계약의 범위
② 입찰 참가자격
③ 입찰 공고
④ 낙찰자 결정
⑤ 계약금액 조정
⑥ 지체상금 부과 및 지체일수 산입범위
⑦ 부당한 특약
⑧ 입찰보증금 및 계약보증금 국가귀속

⑨ 개산계약 및 사후원가검토조건부 계약 정산

⑩ 계약의 해제 및 해지

⑪ 기성부분 또는 기납부분에 대한 대가 지급

⑫ 대가 지급 지연일수 산정

⑬ 선금의 반환

다. 분쟁조정 요건의 확대 연혁

국가계약 분쟁조정제도의 조정 대상 원인행위는 국가계약법 및 시행령에 규정되고 확대되어 왔다. 2012년에 국가계약법에 4가지 조정 대상 원인행위가 최초로 정해졌으며(국제입찰에 따른 조달계약 범위, 입찰참가자격, 입찰공고, 낙찰자 결정) 2014년에 시행령에 2가지 원인행위가 추가(계약금액, 지체상금)되고 이후 2020년에 국가계약법에 1가지 원인행위가 추가(부당특약)된 후 2021년에는 시행령에 입찰·계약보증금, 개산계약 정산, 계약 해제 및 해지 등 3가지 원인행위가 추가되었다. 마지막으로 2025년 8월에 조달기업의 권리구제 기회 확대를 위해 기성대가 지급, 지연배상금, 선금의 반환이 추가되었다.

국가계약분쟁조정제도의 조정 대상 금액 기준은 국가계약법 시행령에 규정되어 점차 완화되어 왔다. 금액 기준 완화는 조정 대상 확대를 의미한다. 2013년에 공사 70억 원, 물품/용역 1.5억 원으로 최초 규정되었고 이후 2018년에 공사 금액 기준이 30억 원으로 완화되었다. 이후 2019년에 공사 금액 기준이 종합공사 30억 원, 전문공사 3억 원, 그 외 공사 3억 원으로 세분화되었으며, 2021년에는 공사의 경우 종합공사 10억 원, 전문공사 1억 원, 그 외 공사 0.8억 원으로, 물품/용역 0.5억 원으로 완화되었다. 2025년 8월에 추가로 종합공사 금액 기준이 4억 원으로 완화되었다.

   국가계약법에 규정된 국가계약분쟁조정제도의 조정 대상 기간 요건도 점차 완화하여 신속한 분쟁해결을 청구할 기회가 상실되지 않도록 하였다. 이의신청에 대한 기간 요건은 2012년에 "이의신청은 이의신청의 원인이 되는 행위가 있었던 날로부터 15일 이내 또는 그 행위가 있음을 안 날부터 10일 이내"에 하는 것으로 최초 규정되었고, 2020년에 "원인이 되는 행위가 있었던 날로부터 20일 이내 또는 그 행위가 있음을 안 날부터 15일 이내"로 확대되었다. 또한 중앙관서의 장이 행한 조치에 이의가 있는 자가 국가계약분쟁조정위원회에 재심을 청구할 수 있는 기간 요건은 기존 15일에서 2020년에 20일로 확대되었다. 최근 이의신청 기간을 행위가 있었던 날로부터 30일 또는 그 행위가 있음을 안 날로부터 25일로 하고, 국가계약 분쟁조정청구 기간을 이의신청 결과 통지를 받은 날로부터 30일로 하는 의원입법이 국회 계류 중에 있다.

   앞에서 서술한 국가계약분쟁조정제도 대상 및 요건 개정 연혁을 정리하면 다음 표와 같다.

[국가계약 분쟁조정제도 대상 및 요건 개정 연혁]

구분		'12.12.(법) '13.6.(시행령)	'14년 ~ '20년		'21.7월	'25.8월
조정 대상 원인행위		① 국제입찰에 따른 조달 계약의 범위 ② 입찰참가자격 ③ 입찰공고 ④ 낙찰자 결정	⑤ 계약금액 ⑥ 지체상금 ('14.11.)	⑦ 부당한 특약 ('20.5.)	⑧ 입찰·계약 보증금 ⑨ 개산계약 정산 ⑩ 계약해제 및 해지	⑪ 기성대가 지급 ⑫ 지연배상금 ⑬ 선금 반환
금액 기준	종합 공사	70억 원	30억 원 ('18.12.)	30억 원 ('19.9.)	10억 원	4억 원
	전문 공사			3억 원 ('19.9.)	1억 원	-
	그 외 공사			3억 원 ('19.9.)	0.8억 원	-
	물품 용역	1.5억 원	-	-	0.5억 원	-
기간 요건	사유 발생	15일	-	20일 ('20.10.)	-	30일 (국회 논의 중)
	인지 후	10일	-	15일 ('20.10.)	-	25일 (국회 논의 중)
	통지 후	15일	-	20일 ('20.10.)	-	30일 (국회 논의 중)
비고		• 법 관련 : 조정 대상(①,②,③,④,⑦) 및 기간 요건 • 시행령 관련 : 조정 대상(⑤,⑥,⑧,⑨,⑩,⑪,⑫,⑬) 및 금액 기준				

※ 회색 음영은 현재(2025.8.) 기준임

라. 국가계약분쟁조정위원회 현황

국가계약법 제29조에 따르면, "국가를 당사자로 하는 계약에서 발생하는 분쟁을 심사·조정하게 하기 위하여 기획재정부에 국가계약분쟁조정위원회[4]를 둔다."라고 명시하고 있다. 또한 동일 조문에 "위원회는 위원장 1명을 포함하여 15명 이내의 위원으로 구성한다."라고 위원회 구성에 대해서도 규정하고 있어 현재 15인 위원을 정하여 운영하고 있다.

위원회 위원장은 기획재정부 재정관리관이며, 정부위원 4명과 민간위원 10명으로 구성되어 있다. 정부위원은 중앙행정기관 4개(기획재정부, 국토교통부, 조달청, 방위사업청) 소속 공무원으로서 해당 기관의 장이 지명하는 공무원 각 1명이며, 민간위원은 대학 교수, 변호사, 계약전문가 등 기획재정부 장관이 위촉하는 사람으로서 임기는 2년이며 연임할 수 있다. 현재 위원회 민간위원은 분쟁의 법리적 판단을 위한 변호사 6명, 현장 경험을 살린 현실적 조정안 마련을 위한 계약 관련 전문가 3명, 대학교수 1명으로 구성되어 있다.

〈국가계약법 제29조 제3항〉

1. 「고등교육법」에 따른 대학에서 법학·재정학·무역학 또는 회계학의 부교수 이상의 직에 5년 이상 근무한 경력이 있는 사람

2. 변호사의 자격을 가진 사람으로서 그 자격과 관련된 업무에 5년 이상 재직 중이거나 재직한 사람

3. 정부의 회계 및 조달계약 업무에 관한 학식과 경험이 풍부한 사람으로서 제1호 또는 제2호의 기준에 상당하다고 인정되는 사람

---

[4] 이하 "위원회"라 한다.

위원회의 업무를 효율적으로 처리하기 위해 위원회에 소위원회를 둘 수 있다(국가계약법 제111조의6). 현재 소위원회는 공사분야 소위원회, 물품·용역분야 소위원회, 국방·방산분야 소위원회 등 3개를 운영하고 있다. 소위원회는 소위원회 위원장과 위원회의 위원장이 회의마다 지정하는 6명 이상 9명 이하의 위원으로 구성한다. 소위원회는 민간위원이 과반수 이상으로 구성되며, 소위원회 위원장은 사건의 효율적 심사를 위해 민간위원 중에서 주심위원을 지정하여 사실관계 확인 및 쟁정정리를 주도하도록 할 수 있다.

마. 국가계약 이의신청 절차

국가계약 분쟁조정 청구를 위한 이의신청 절차는 국가계약법 제28조 제2항부터 제4항까지에 규정되어 있다.

이의신청은 이의신청의 원인이 되는 행위가 있었던 날부터 20일 이내 또는 그 행위가 있음을 안 날부터 15일 이내에 해당 중앙관서의 장에게 하여야 하며(국가계약법 제28조 제2항), 해당 중앙관서의 장은 이의신청을 받은 날부터 15일 이내에 심사하여 시정 등 필요한 조치를 하고 그 결과를 신청인에게 통지하여야 한다(국가계약법 제28조 제3항). 중앙관서의 장으로부터 받은 자가 이의신청 결과 통지에 이의가 있는 경우 통지를 받은 날부터 20일 이내에 위원회에 조정을 위한 재심을 청구할 수 있다.

앞에서 서술한 국가계약 분쟁조정제도 조정 청구를 위한 이의신청 절차를 정리하면 다음 표와 같다.

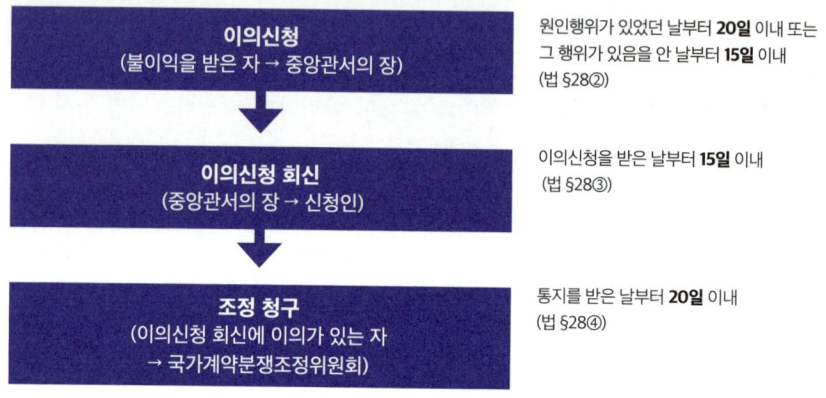

바. 조정 절차

조정이 청구되면 접수하고 위원장은 7일 이내에 당사자에게 그 사실을 문서로 통지한다. 피청구인은 통지받은 날로부터 14일 이내에 서면의견을 위원회에 제출하여야 하고, 위원회는 그 사본을 청구인에 보낸다. 다만, 형식적 요건을 갖추지 못하였음이 명백하고 그 요건의 보완이 불가능하다고 판단되는 경우에는 해당 청구를 반려할 수 있다.

조정 청구 사건의 본격적 심의에 앞서 위원회는 수리 또는 각하 여부를 결정한다. 청구인적격 등 조정 청구의 형식적 요건을 갖추지 못한 경우, 보완요청을 받고도 10일 이내에 청구서의 흠결을 보완하지 않는 경우, 조정의 실익이 없는 경우, 법원에 제소된 사건이거나 조정을 청구한 후 소를 제기한 경우, 같은 사안을 다시 조정 청구한 경우 등의 경우에는 각하결정을 한다.

위원회는 조정 청구를 수리한 경우 조정을 청구받은 날로부터 50일 이내에 심사·조정하여야 하고, 부득이한 사정이 있는 경우에는 50일의 범위에서 그 기간을 연장할 수 있다. 위원장은 효율적 심의를 위해 조정 청구 사건을 소위원회에서 사전 심사하게 할 수 있다. 위원회는 필요하다고 인정하면 조정이 청구된 입찰 절차를 연기하거나 계약체결의 중지를 명할 수 있다. 다만, 중앙관서장의 의견을 고려하여야 한다. 또한 공정한 심의를 위해 위원의 제척·기피·회피제도가 있다.

위원회는 조정 청구의 청구인과 피청구인의 의견을 청취하기 위해 위원회에 출석하게 할 수 있다. 출석 통지를 받은 자가 출석할 수 없는 부득이한 사유가 있는 경우에는 미리 서면으로 의견을 제출할 수 있으나, 정당한 사유 없이 위원회에 출석하지 않고 서면의견도 제출하지 아니한 경우에는 의견 진술 기회를 포기한 것으로 본다. 통상적으로 위원회는 청구인과 피청구인 각각에 대하여 의견진술 기회를 부여하고 질의응답 방식으로 심의를 진행한다. 당사자 보호를 위해 위원은 사건과 관련하여 알게 된 사항이나 비밀을 사적인 이익을 위하여 이용하거나 그 비밀을 누설할 수 없고, 조정 절차 및 내용은 공개하지 않는 것을 원칙으로 하고 있다.

위원회는 소위원회의 심사·조정 결과를 출석위원 과반수의 찬성으로 의결한다. 조정안은 위원회 심사·조정 결과를 바탕으로 작성되며, 위원회는 조정안을 작성하여 양측 당사자에게 통보한다. 다만, 청구인이 조정 청구를 취하하거나 청구인 또는 피청구인이 조정 청구 후에 해당 사건에 대하여 소를 제기하는 경우 조정 절차를 중지하고 사건을 종결처리한다.

사. 분쟁조정의 효력

분쟁조정의 효력에 대해서는 국가계약법 제31조에 규정되어 있다. 청구인과 피청구인(해당 중앙관서의 장)이 조정이 완료된 후 15일 이내에 이의를 제기하지 않는 경우 재판상 화해(和解)와 같은 효력이 발생한다. 화해가 이루어지면 종전의 법률관계를 바탕으로 한 권리·의무관계는 소멸함과 동시에 재판상 화해에 따른 새로운 법률관계가 유효하게 형성된다. 청구인의 청구가 기각된 경우에도, 청구인이 이의제기를 하지 않는다면 기각으로 최종 확정되어 더 이상 다툴 수 없게 된다.

위원회의 조정안에 대해 분쟁 일방 당사자가 이의를 제기하면 분쟁조정은 효력을 잃게 된다. 이때 중앙관서의 장이 이의를 제기하려는 경우에는 계약심의위원회의 자문을 거쳐 이의를 제기하는 취지와 사유 등이 포함된 서면을 위원회에 제출하여야 한다(국가계약법 시행령 제113조 제4항).

Ⅱ.

분야별 주요 사례

1. 국제입찰에 따른 조달계약 범위

가. 의의

국제입찰은 외국 공급업체의 참여를 허용하여 입찰을 진행하는 방식으로, 주로 WTO 정부조달협정(GPA)에 따라 조달시장을 개방할 의무가 있는 경우 적용된다.

우리나라는 1997년 WTO GPA에 가입하였으며, 이에 따라 일정 금액 이상의 국가계약은 외국 기업에도 입찰 참여 기회를 제공해야 한다. 국제입찰의 적용 범위는 크게 발주기관, 계약의 종류 및 금액, 그리고 조달 방식에 따라 결정된다. 대상기관은 중앙행정기관, 조달청, 지방자치단체 등 GPA에 포함된 정부기관이며, 조달의 종류로는 공사, 물품, 용역 등이 있다. 특히 조달금액이 GPA에서 정한 기준 금액(예: 중앙정부 기준 물품·용역 13만 SDR 이상, 공사 500만 SDR 이상)을 초과하면 국제입찰 절차를 따라야 하며, 이 경우 입찰공고는 영어로 병기되고, 입찰기간도 연장된다. 국제입찰은 내국민과 외국인 간 차별을 금지하며, 평가 기준도 공정하게 적용되어야 한다.

아울러 국제입찰에 따라 계약을 체결한 경우라도 국내법에 따라 계약이 이행되므로, 계약서 작성 시 국제규범과 국내계약규정 간의 조화를 고려해야 한다. 또한 국제입찰 시 낙찰자 결정, 부당특약 금지, 계약금액 조정 등은 국가계약법과 동일한 기준을 적용하되, 외국기업과의 언어, 법률 차이를 고려한 유연한 대응이 요구된다.

[국내입찰, 국제입찰 비교]

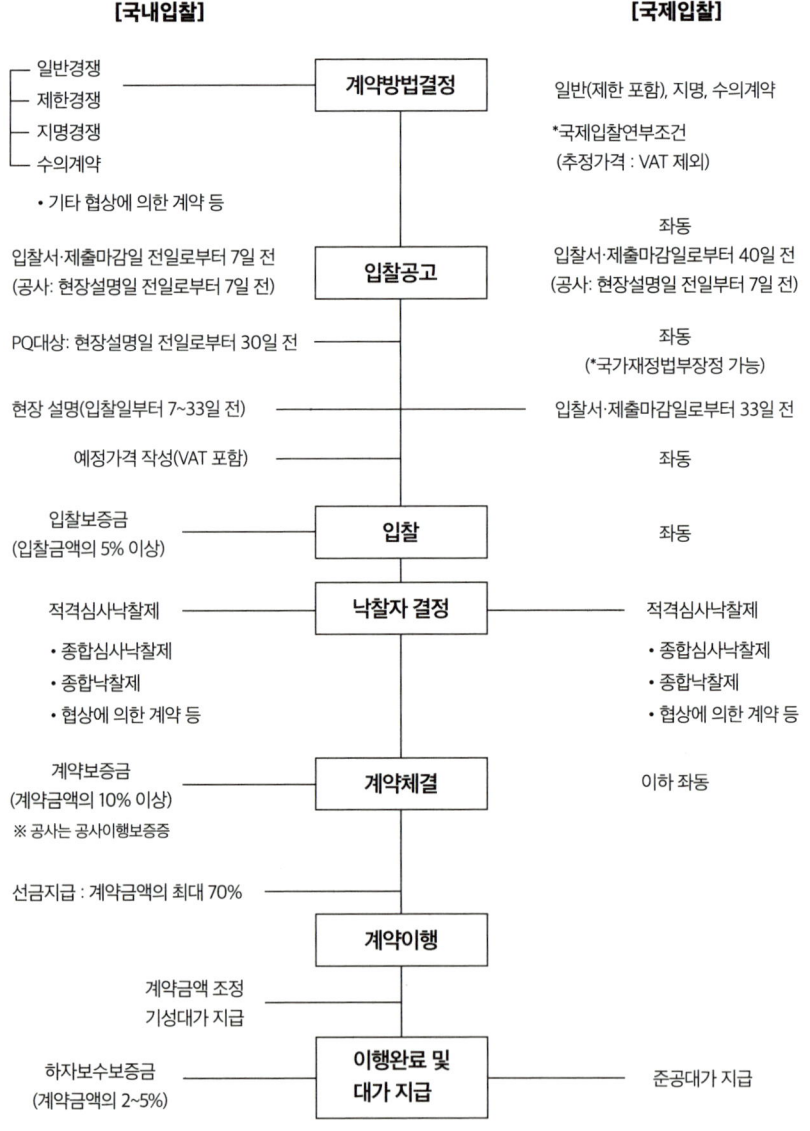

[관련 규정]

국가계약법 제4조(국제입찰에 따른 정부조달계약의 범위)

① 국제입찰에 따른 정부조달계약의 범위는 정부기관이 체결하는 물품·공사(工事) 및 용역의 계약으로서 정부조달협정과 이에 근거한 국제규범에 따라 기획재정부장관이 정하여 고시하는 금액 이상의 계약으로 한다. 다만, 다음 각 호의 어느 하나에 해당하는 경우에는 국제입찰에 따른 정부조달계약의 대상에서 제외한다.

1. 재판매(再販賣)나 판매를 위한 생산에 필요한 물품이나 용역을 조달하는 경우

2. 「중소기업제품 구매촉진 및 판로지원에 관한 법률」에 따라 중소기업제품을 제조·구매하는 경우

3. 「양곡관리법」, 「농수산물 유통 및 가격안정에 관한 법률」 및 「축산법」에 따른 농·수·축산물을 구매하는 경우

4. 그 밖에 정부조달협정에 규정된 내용으로서 대통령령으로 정한 경우

② 제1항 각 호 외의 부분 본문에 따른 정부기관과 물품·공사 및 용역의 범위는 정부조달협정의 내용에 따라 대통령령으로 정한다.

③ 「국가재정법」 제6조에 따른 중앙관서의 장(이하 "각 중앙관서의 장"이라 한다) 또는 제6조에 따라 위임·위탁 등을 받아 계약사무를 담당하는 공무원(이하 "계약담당공무원"이라 한다)은 계약의 목적과 성질 등을 고려하여 필요하다고 인정하면 제1항에 해당하지 아니하는 경우에도 대통령령으로 정하는 바에 따라 국제입찰에 의하여 조달할 수 있다.

제5조(계약의 원칙)

② 각 중앙관서의 장 또는 계약담당공무원은 제4조 제1항에 따른 국제입찰의 경우에는 호혜(互惠)의 원칙에 따라 정부조달협정 가입국(加入國)의 국민과 이들 국가에서 생산되는 물품 또는 용역에 대하여 대한민국의 국민과 대한

민국에서 생산되는 물품 또는 용역과 차별되는 특약(特約)이나 조건을 정하여서는 아니 된다.

국가를 당사자로 하는 계약에 관한 법률 등의 기획재정부장관이 정하는 고시금액

1. 「국가를 당사자로 하는 계약에 관한 법률」 제4조 제1항의 규정에 의한 기획재정부장관이 정하여 고시하는 금액

가. 세계무역기구의 정부조달협정상 개방대상금액(「국가를 당사자로 하는 계약에 관한 법률 시행령」 제2조 제3호의 고시금액을 말한다.)

　○ 물품 및 용역: 2억 3천만 원

　○ 공사: 88억 원

나. 대한민국 정부와 칠레공화국 정부 간의 자유무역협정상 개방대상금액

　○ 물품 및 용역: 8천만 원

　○ 공사: 88억 3천만 원

다. 대한민국 정부와 싱가포르공화국 정부 간의 자유무역협정상 개방대상금액

　○ 물품 및 용역: 1억 8천만 원

　○ 공사: 88억 원

라. 대한민국과 페루공화국 간의 자유무역협정상 개방대상금액

　○ 물품 및 용역: 1억 6천 7백만 원

　○ 공사: 88억 3천만 원

마. 대한민국과 미합중국 간의 자유무역협정상 개방대상금액

　○ 물품 및 용역: 1억 원

　○ 공사: 88억 원

바. 대한민국 정부와 호주 정부 간의 자유무역협정상 개방대상금액

○ 물품 및 용역: 2억 3천만 원

○ 공사: 88억 4천만 원

사. 대한민국과 캐나다 간의 자유무역협정상 개방대상금액

○ 물품 및 용역: 1억 원

○ 공사: 88억 원

아. 대한민국과 뉴질랜드 간의 자유무역협정상 개방대상금액

○ 물품 및 용역: 2억 3천만 원

○ 공사: 88억 원

자. 대한민국과 콜롬비아 공화국 간의 자유무역협정상 개방대상금액

○ 물품 및 용역: 1억 2천 3백만 원

○ 공사: 88억 3천만 원

차. 대한민국과 중미공화국들 간의 자유무역협정상 개방대상금액

○ 물품 및 용역: 2억 3천만 원

○ 공사: 88억 원

2. 「공기업·준정부기관 계약사무규칙」 제4조 제1항의 규정에 의한 기획재정부장관이 정하여 고시하는 금액

가. 세계무역기구의 정부조달협정상 개방대상금액

○ 물품 및 용역: 7억 1천만 원

○ 공사: 265억 원

나. 대한민국 정부와 칠레공화국 정부 간의 자유무역협정상 개방대상금액

○ 물품: 7억 9천만 원

○ 공사: 265억 1천만 원

다. 대한민국 정부와 싱가포르공화국 정부 간의 자유무역협정상 개방대상금액

○ 물품: 7억 1천만 원

○ 공사: 265억 원

라. 대한민국 정부와 페루공화국 간의 자유무역협정상 개방대상금액

○ 물품 및 용역: 7억 7백만 원

○ 공사: 265억 1천만 원

마. 대한민국 정부와 호주 정부 간의 자유무역협정상 개방대상금액

○ 물품: 7억 9천 5백만 원

○ 공사: 265억 2천만 원

바. 대한민국과 콜롬비아 공화국 간의 자유무역협정상 개방대상금액

○ 물품 및 용역: 7억 7백만 원

○ 공사: 265억 1천만 원

사. 대한민국과 중미공화국들 간의 자유무역협정상 개방대상금액

○ 물품 및 용역: 7억 1천만 원

○ 공사: 265억 원

3. 「특정물품 등의 조달에 관한 국가를 당사자로 하는 계약에 관한 법률 시행령 특례규정」 제2조 제4호의 규정에 의한 기획재정부장관이 정하는 금액

가. 통신서비스 및 통신장비 부문 시장접근에 관한 양해록상 개방대상금액

○ 통신망장비 및 기타 통신기자재: 2억 3천만 원

나. 사례 해설

국가계약 분쟁조정제도가 마련된 2013년 이후 2025년 현재까지 국제입찰에 따른 조달계약 범위와 관련된 조정 청구 사건은 한 건도 접수되지 않았다. GPA 가입국의 기업이 국내입찰에 참여하는 경우가 매우 드물기 때문으로 보인다. 국가계약법령은 국제입찰에 따른 조달계약 범위와 관련하여 조정을 청

구할 수 있다고 규정하고 있지만, 그렇다고 하여 국제입찰에 참여한 외국기업이 국가계약법령이 규정한 다른 사유를 이유로는 조정을 청구할 수 없다는 의미는 아니다.

다. 유권해석 사례

해석 사례 1 국제입찰 시 국내업체 물품의 원산지

【회 신】　　　　　　　　　　　(계약제도과-190, 2013.02.19.)

「국가를 당사자로 하는 계약에 관한 법률」 제4조 제1항에 따른 국제입찰에 있어서 국내업체가 입찰에 참가하는 경우 국내에서 생산된 물품만을 납품해야 하는 것은 아님. 다만, 정부조달협정 미가입 국가에서 생산된 물품의 납품을 허용할 것인지의 여부는 발주기관이 제반 계약여건을 감안하여 판단·결정할 사안임.

해석 사례 2 국제입찰 제외 중소기업제품에 공사, 용역이 포함되는지

【회 신】　　　　　　　　　　　(계약제도과-1304, 2013.09.24.)

「국가를 당사자로 하는 계약에 관한 법률」 제4조 제1항에서는 고시금액 이상의 사업에 대하여 국제입찰에 부치도록 하고 있으며, 그 적용 제외 사유로 「중소기업제품 구매촉진 및 판로지원에 관한 법률」에 따라 중소기업제품을 제조·구매하는 경우를 규정하고 있음. 이때 중소기업 '제품'에 대해서는 국가계약법령에서 따로 규정하고 있지 않으나 「중소기업제품 구매촉진 및 판로지원에 관한 법률」 제4조의 규정에 의하여 "물품·용역·공사"를 모두 포함한다고 보는 것이 적정할 것임.

해석 사례 3 국제입찰 시 정부조달협정 미가입국의 입찰참가 가능 여부

【회신】   (계약제도과-563, 2014.05.01.)

「공기업·준정부기관 계약사무규칙」 제4조에서는 국제입찰 대상 공기업·준정부기관이 정부조달협정 등에 따라 기획재정부장관이 정하여 고시하는 금액 이상인 조달계약을 체결하는 경우 국제입찰의 방법으로 하도록 규정하고 있으며, 정부조달협정 미가입국에서 생산된 물품의 납품을 제한 또는 허용하는 명시적 규정은 없음. 다만, 정부조달협정 제3조 제2항 및 「특정 조달을 위한 국가를 당사자로 하는 계약에 관한 법률 시행령 특례규정」 제4조 제2항에 따른 무차별 원칙은 협정당사국 간에 적용되는 것이므로 협정 미가입국에서 생산된 물품에 대하여는 입찰제한이 가능하다 하겠으나, 협정 미가입국에 대한 입찰제한이 강제되지도 않음. 따라서 구체적인 경우에 있어서 국제입찰 시 정부조달협정 가입국에서 생산·제조된 물품으로 납품을 제한할 것인지 여부는 발주기관이 제반 계약여건을 감안하여 판단·결정할 사안임.

해석 사례 4 국제입찰 시 국외실적 인정 범위

【회신】   (계약제도과-1055, 2014.08.20.)

국제입찰을 실시하여 유럽연합의 회원국이 해당 국제입찰에 참가하는 경우에 「특정조달을 위한 국가를 당사자로 하는 계약에 관한 법률 시행령 특례규정」 제39조, 제42조 등에 근거하면, 국외실적의 인정범위를 관련된 국내면허 취득 이후의 실적만으로 한정하는 것은 타당하지 않은 것으로 판단됨.

해석 사례 5 비양허 품목의 국제입찰 실시 가능 여부

【회신】   (계약제도과-264, 2020.02.17.)

「공기업·준정부기관 계약사무규칙」 제4조 제1항은 정부조달협정 등에 따른 양허물품의 조달계약을 체결하는 경우 국제입찰을 하도록 규정하고 있고, 같은 조 제4항은 계약의 목적과 성질 등을 고려하여 필요한 때에는 국제입찰 대상이 아닌 경우에도 국제입찰에 의할 수 있다고 규정하고 있음. 이에 따라 정부조달협정 비양허품목의 국제입찰 여부에 대해서는, 국내입찰을 통한 계약목적 달성의 가능성, 재정절감 효과, 계약목적물의 품질, 해당 산업의 장단기 경쟁력 제고 등 제반 사정을 고려하여 발주기관이 판단해야 할 것임.

라. 판례

판례 국제입찰의 호혜의 원칙

(대법원 2008. 12. 24. 선고, 2004추72 판결)

학교급식을 위해 우리 농수축산물을 우선적으로 사용하도록 하고 우리 농수축산물을 사용하는 자를 선별하여 식재료나 식재료 구입비의 일부를 지원하는 것 등을 내용으로 한 광역지방자치단체의 조례안이, 국내산품의 생산보호를 위하여 수입산품을 국내산품보다 불리하게 대우하는 것에 해당하는 것으로서 내국민대우원칙을 규정한 "1994년 관세 및 무역에 관한 일반협정" 제3조 제1항, 제4조에 위배되어 위법한 이상, 위 조례안에 대한 재의결은 효력이 없다.

2. 부당특약

가. 의의

국가계약에서도 사법상 계약자유의 원칙이 적용되며, 계약당사자는 자율적 합의로 계약조건을 정할 수 있다고 보아야 한다. 다만, 국가계약법령은 국가 등 발주기관이 우월적 지위를 이용하여 자신에게 유리한 계약을 체결하지 못하도록 일정한 제한을 두고 있다. 국가계약법 제5조 제3항은 "이 법 또는 관계 법령에 규정된 계약상대자의 계약상의 이익을 부당하게 제한하는 특약 또는 조건을 정하여서는 아니 된다."라고 하고, 같은 조 제4항에서 "제3항에 따른 부당특약 등은 무효로 한다."라고 규정하고 있다. 즉 국가계약에서 발주기관은 계약상대자의 정당한 권리나 이익을 부당하게 제한하는 특약 또는 조건을 설정하여서는 아니 된다.

예를 들어 국가계약법령에 규정된 설계변경 또는 물가변동에 따른 계약금액조정이라는 계약상대자의 계약상 이익을 전면적으로 배제하는 계약조건 규정이 부당특약에 해당한다고 볼 수 있다. 설사 계약상대자가 계약체결 당시에 이의를 제기하지 않았다는 사정만으로 그러한 계약조건 규정이 유효하게 되는 것은 아니다. 현실적으로 계약금액조정을 일부만 제한하는 계약조건 규정이 문제가 될 수 있는데, 이러한 경우는 계약의 특성, 계약체결 당시의 상황 등을 종합적으로 고려하여 계약상대자의 계약상 이익을 부당하게 제한하는 것인지를 판단하여야 할 것이다.

다만, 어떤 계약조건 규정이 부당특약에 해당한다고 하여 당연히 전체 계약조건이 무효가 된다고 볼 수 없으며, 통상 계약상대자의 계약상 이익을 부당하게 제한하는 그 규정만 무효가 된다. 부당한 특약이 무효라고 계약 전부를 무효로 하는 것은 계약상대자에게 지나치게 가혹하므로 국가계약법 제5조 제4항의 입법취지에 명백히 반하는 결과가 된다고 할 것이고, 당사자가 그 특약이 부당한 특약으로서 무효임을 알았더라면 그러한 특약 없이 계약을 체결하거나 이행하였으리라고 인정되므로 부당한 특약만 무효가 된다고 이해함이 타당하다.[5]

어떤 계약조건이 부당특약으로 인정되기 위해서는 "이 법 및 관계 법령에 규정된 계약상대자의 계약상 이익"을 "부당하게 제한"한다고 인정되어야 한다. 먼저 계약상대자의 계약상 이익은 국가계약법 또는 관계 법령에 규정되어 있어야 한다. 대표적으로 국가계약법 제19조, 시행령 제64조 및 제65조가 규정한 물가변동·설계변경 등에 따른 계약금액 조정이 이에 해당한다. 실무적으로 부당특약 분쟁은 계약금액 조정과 관련하여 가장 많이 발생하고 있다. 국가계약법 제19조는 "중안관서의 장 또는 계약담당공무원은 계약을 체결한 다음 물가변동, 설계변경, 그 밖에 계약내용의 변경으로 인하여 계약금을 조정할 필요가 있을 때에는 대통령령이 정하는 바에 따라 계약금액을 조정한다."라고 규정하고 있다. 문구상으로 계약상대자의 권리를 부여하는 형식으로 규정되어 있지 않지만, 중앙관서의 장에게 의무를 부과함으로써 계약상대

---

[5] 김대인 외 3인, 국가계약 당사자의 권리구제제도에 대한 연구, (사)한국공공계약법학회, 2025

자의 계약상 이익이 보호되도록 하였다.

다음으로 계약상대자의 이익을 "부당하게 제한"하여야 한다. 부당한 제한은 계약상대자가 부당하게 느끼는 주관적 사정을 말하는 것이 아니고, 계약상대자의 관점에서 계약조건이 형평에 맞을 것이라는 합리적 기대를 넘어 특정한 계약조건으로 인해 계약상대자가 통상적 수준에서 수인할 수 없는 과도한 불이익을 받게 되는 경우를 말한다고 할 것이다. 기획재정부 유권해석(계약제도과-971, 2016.07.11.)은 부당특약에 해당하기 위해서는 당해 특약 또는 조건이 제한하는 이익이 국가계약법령 및 관계 법령에서 계약상대자의 계약상 이익으로 규정되어 있어야 하며, 그 제한이 통상적으로 계약상대자가 수인할 수 없는 정도에 해당하여야 할 것이라고 하였다. 그렇다면 계약상대자의 이익을 어느 정도 제한하여야 수인할 수 없는 정도로 판단할 수 있는지가 문제가 될 수 있다. 제한이 부당한지에 대하여 판례는 계약조건이 계약상대자에게 다소 불이익하다는 점만으로는 부족하고, 그 계약조건에 의하여 계약상대자에게 생길 수 있는 불이익의 내용과 정도, 불이익 발생의 가능성, 전체 계약에 미치는 영향, 당사자들 사이의 계약체결과정, 관계 법령의 규정 등 모든 사정을 종합하여 판단하여야 한다고 보고 있다.[6] 위원회도 비슷한 취지의 판단을 하고 있다.

계약상대자의 계약상 이익을 배제하는 계약조건이 부당특약에 해당하는지에 관하여 판례는 국가계약법령상 물가변동으로 인한 계약금액조정 조항(국가계약법 제19조 및 동법 시행령 제64조, 동법 시행규칙 제74조)은 강행규정이 아니며 계약자유의 원칙이 적용되므로 계약담당공무원은 계약상대자와 물가변동에 따른 계약금액조정 조항의 적용을 배제하는 합의를 할 수 있다

---

6 대법원 2017. 12. 21. 선고, 2012다74076 판결

고 한다.[7][8] 그러나 이러한 판례의 태도가 지금도 그대로 유지될 수 있는 지는 의문이다. 당시 부당특약을 금지하는 규정이 국가계약법 시행령 제4조(삭제, 2020년 4월)에 규정되어 있었으나, 2019년 11월 관련 규정을 국가계약법으로 상향하여 규정하면서 계약상대자의 계약상 이익을 부당하게 제한하는 특약은 무효임을 분명히 하였다. 기획재정부 유권해석은 앞의 판례와 달리 물가변동에 의한 계약금액 조정 등을 배제하는 특약은 국가계약법령에 위배되는 것으로 무효라는 입장이다

나. 사례 해설

위원회는 공공기관이 기본설계서 변경만 계약금액조정이 가능하다는 계약조건으로 계약을 체결한 건에서 해당 계약조건은 계약상대자의 계약상 이익을 부당하게 제한하는 부당특약이라고 단정할 수 없다고 판단하였다.

사례와 관련하여 먼저 관련 규정을 살펴보면, 공공기관은 「공기업·준정부기관 계약사무규칙」(이하 "사무규칙"이라 한다)에 따라 계약을 체결하여야 하는데, 사무규칙에 규정되지 아니한 사항은 사무규칙 제2조 제5항에 따라 국가계약법령을 준용한다. 그러나 사무규칙 제2조 제2항은 공기업이 업무의 특성, 계약의 공정성 및 투명성 확보 등 불가피한 사유가 있는 경우에는 기획재정부장관의 승인을 받아 이 규칙에서 정하는 내용과 다른 내용의 계약의 기준·절차를 정할 수 있다고 규정하고 있다.

위원회는 계약특례의 법적 성격에 대하여, "사무규칙은 공기업 등이 동 규

---

[7] 대법원 2018. 10. 25. 선고 2015다221958 판결; 2017. 12. 21. 선고 2012다74076 전원합의체 판결.

[8] 김대인 외 3인, 국가계약 당사자의 권리구제제도에 대한 연구, (사)한국공공계약법학회, 2025

칙에 정하지 아니한 사항에 대하여 국가계약법령을 준용하도록 하면서도 별도로 계약특례를 기획재정부로부터 승인받을 수 있도록 한 점에 비추어 보면, 계약특례 승인 시 적용 계약, 존속 기한 등을 별도로 정하지 않는 한 공기업 등이 체결하는 계약에 계속적·일반적으로 적용할 수 있는 계약규범에 해당한다."라고 보았다.

이러한 판단 아래 위원회는 문제된 "계약조건은 계약특례를 그대로 규정하고 있으므로, 설령 그것이 국가계약법령에서 정한 계약금액 조정 규정보다 계약상대자에게 불리하다고 하더라도 계약상대자의 이익을 부당하게 제한하는 특약으로 단정할 수 없다."라고 하였다.

즉 계약특례에 대한 기획재정부의 승인은 사무규칙을 보충 또는 보완하여 특별한 계약의 기준·절차를 설정하는 행위라고 볼 수 있다는 점에서 계약특례가 사무규칙에 준하는 지위를 갖는 것으로 이해된다. 따라서 공공기관이 발주한 계약에서 계약조건이 기획재정부 승인을 받은 계약특례에 근거한 경우 그 계약조건이 계약상대자의 계약상 이익을 부당하게 제한하는지 여부는 계약특례를 기준으로 판단될 것이다.

조정1 사례는 엄밀한 의미에서 부당특약에 관한 것은 아니지만, 부당특약을 판단하는 위원회의 관점에 관한 시사점을 주고 있다. 청구인은 적격심사에서 중복으로 낙찰된 경우 차순위 업체에게 낙찰자 지위가 승계되도록 한 입찰공고 조항은 적격심사 대상자의 지위를 침해하는 부당한 조항으로 무효라고 주장하였으나, 위원회는 국가계약법규에 명시적으로 위반되지 않는 이상 발주기관은 어느 정도의 입찰 및 낙찰에 대한 재량권을 가진다고 보고, 해당 입찰공고 조항은 계약이행의 부실을 방지하기 위하여 필요하다는 점을 들어 청구인의 주장을 기각하였다. 이는 어떠한 계약조건이 계약상대자의 이익을 부당하게 제한하는지를 판단함에 있어 오로지 계약상대자의 이익 관점이 아니라 계약질서의 확립, 안정적인 계약의 이행 등 공익적 관점도 그 판단 근거가 될 수 있음을 시사한다.

다른 일반적인 사례에서 설계변경 또는 물가변동에 의한 계약금액조정을 전면적으로 불인정하는 계약조건은 소개하는 유권해석에서 보는 바와 같이 부당특약에 해당하여 무효로 보고 있다.

다. 분쟁조정 사례

조정 1 입찰공고 및 낙찰자 결정 관련 조정 청구

가. 사건 개요

청구인은 이 사건 입찰에 참여하여, '23.○○.○○. 개찰 결과 1순위로 적격심사 대상자가 되어야 했으나, 피청구인은 입찰공고*를 근거로 차순위자를 적격심사 대상자로 선정함.

> *입찰공고 4. 바항: 본 입찰의 개찰일 기준으로 우리 공단에서 발주한 다른 정화사업에 이미 낙찰되어 사업완료 전에 업체가 해당 사업에 투입하였거나 투입을 예정하고 있는 선박을 본 입찰 관련 등록증에 등록한 경우에는 본 입찰 공고 건에 대한 중복낙찰을 불허합니다. 이 경우 차순위 업체로 낙찰이 자동 승계됩니다.

청구인은 이번 사건 입찰공고 조항이 적격심사 대상자 지위를 박탈하고 사실상 입찰참가자격을 제한하는 것보다 더한 권리를 제한하고 있어 부당하므로 무효라고 주장함.

이에 대해 피청구인은 청구인이 입찰공고서의 중복낙찰 금지조항을 분명히 인지하고 입찰에 참가하였기에 적법한 계약절차라고 주장함.

나. 청구 취지

청구인은 이 사건 입찰에 참여하여, '23.○○.○○. 개찰결과 1순위로 적격심사 대상자가 되어야 했으나, 피청구인은 입찰공고를 근거로 청구인을 적격심사 대상자에서 배제하였는바, 청구인은 이 사건 입찰조항이 적격심사 대상자 지위를 박탈하고 사실상 입찰참가자격을 제한하는 것보다 더한 권리를 제한하고 있어 부당하므로 무효라고 주장하며, 적격심사 대상자 확인을 구하고, 예비적으로 위자료 상당의 손해배상을 구하는 조정을 청구함.

다. 주문

청구인의 청구를 기각한다.

라. 당사자 주장

1) 청구인 주장

① 이 사건 입찰공고 조항은 적격심사 대상자의 지위를 침해하는 부당한 조항

국가계약법 제10조, 동법시행령 제42조 제1항에 의하면, 예정가격이하로서 최저가격으로 입찰한 자가 적격심사 대상자가 됨을 명확하게 밝히고 있고, 이러한 적격심사 대상자로 정해진 후 적격심사를 통과하면 국가계약법시행령 제42조 제5항에 따라 낙찰자로 결정됨. 이렇듯 적격심사 대상자는 낙찰자에 준하는 지위가 있기에 함부로 배제할 수 없으며 이를 배제하기 위해서는 반드시 법적 근거가 있어야 함. 국가계약법령 어디에도 최저입찰자인 적격심사대상자를 배제하는 규정은 없기에 법에 근거도 없이 낙찰자에 준하는 적격심사대상자를 배제하도록 한 이 사건 입찰규정은 부당한 조항으로서 무효라 할 것임.

이 사건 입찰의 경우 형식은 일반경쟁입찰이지만, 개찰 후에 다른 정화사업에 낙찰된 건이 있으면 적격심사를 통과하였다 하더라도 낙찰에서 배제되므로 사실상 입찰참가자격 제한보다 더한 권리의 박탈임. 특히 "개찰일 기준 다른 정화사업에 낙찰된 건이 있는지 여부"는 국가계약법시행령 제21조 제1항 각 호의 제한경쟁입찰사유에 해당되지도 않음.

② 이 사건 입찰공고 조항 자체의 문제점

이 사건 입찰조항은 아마도 선박의 중복투입으로 인한 계약불이행 우려 때문에 만든 조항으로 보이나, 만일 선박이 부족하면 선박을 새로 사서라도 계약을 이행할 수 있는 것이며, 업체들은 실제로 동, 서, 남해안에 광범위하게 걸친 사업범위 때문에 이행이 어려우면 해당 지역의 선박을 공유지분으로 구입하여 계약을 이행하고 있음.

따라서 계약불이행의 우려는 없으며, 혹시라도 계약불이행이 발생하면 계약업체로서는 계약해제, 부정당업자 입찰참가자격 제한 처분, 계약보증금 귀속 등 업청난 불이익을 당하기 때문에 성실히 사업을 수행할 수밖에 없음.

2) 피청구인 주장

① 신의성실 위배

청구인은 '23.○○.○○.에 있었던 "○○정화사업 하반기 사업설명회"에 참석하여 공단에서 추진 중인 "○○정화사업"의 적격심사 세부기준 변경, 중복낙찰 금지조항 등에 대한 취지와 적용 내용에 대한 사전설명을 청취하였으며 당시 해당 사항에 대해 아무런 이의도 제기하지 않았음.

입찰공고서의 중복낙찰 금지조항을 분명히 인지하고 입찰공고서의 내용에 동의한 후 입찰에 참가하였음에도 불구하고 본인이 2개의 사업에 낙찰되고 나서야 이의를 신청하는 것은 신의성실의 원칙에 위배됨.

② 중복낙찰금지 제도

일반적으로 중복낙찰금지제도는 공공공사에서 특정업체에 편중 낙찰되거나 부실시공을 막으려 도입한 것이나 해당 업종에 있어서는 특정업체에 편중 낙찰을 방지한다는 취지보다는 공사의 부실을 방지하고 공사 수행에 있어서의 안전을 기한다는 취지 때문에 만들어짐.

어느 사업에서 이미 낙찰받아 소유 선박을 투입하여 사업을 진행하는 중에 다시 다른 사업에서 낙찰되어 소유 선박을 중복으로 투입한다는 것은 물리적 또는 법률적으로 불가능.

국가계약법 제10조 제2항에서는 낙찰자 선정기준으로 "충분한 계약이행 능력이 있다고 인정되는 자"를 들고 있는데, 위와 같이 계약 이행불능 상태에 있는 업체를 낙찰자로 선정할 수 없음.

③ 감사원 지적

'23.○○월부터 있었던 감사원 기관정기감사 당시 감사관의 구두 지적 사항으로 입찰공고 조항을 신설함. "사업기간이 동일한" 정화사업에 복수로 입찰한 수거업체를 낙찰자로 선정하는 경우, 사업에 투입할 자기 소유의 선박이 없어 과업수행이 불가능함에도 낙찰업체로 선정하고, 임차선박의 투입을 허용하는 등 적격업체 확인절차가 미흡하다는 지적 사항임.

④ 과도한 제한 여부

피청구인이 진행하는 사업들에서 동일 업체가 여러 사업을 절대 수주할 수 없다는 것이 아니라 "사업기간 중복되는 경우에 한하여" 중복낙찰을 제한하고 있음. 수주 사업이 종료되면 다시 다른 사업에서 낙찰을 받아 사업 수주 가능.

이 사건의 입찰공고에서 규정하는 중복낙찰 금지는 과도한 정도에 이르지 않고 필요 최소한의 제한이라고 할 것임. 또한 법익균형 측면에서 볼 때에도 선원생명 및 선박의 안전과 사업수행의 부실 방지라는 공익을 위해서 영업의 자유라는 사익을 최소한으로 제한하고 있기 때문에 정당하다고 할 것임.

마. 판단

이번 사건 입찰공고 4. 바항은 본 입찰의 개찰일을 기준으로 피청구인이 발주한 다른 정화사업에 낙찰된 경우, 업체가 사업완료 이전 해당 사업에 투입하였거나 투입예정인 선박의 중복낙찰을 불허하고 이 경우 차순위 업체로 낙찰이 자동 승계된다고 정하고 있음.

청구인은 이 사건 입찰조항이 국가계약법상 근거없이 적격심사 대상자 지위를 박탈하고, 이는 사실상 입찰참가자격을 제한할 정도의 중대한 것으로 볼 수 있어 부당특약으로 무효라고 주장함.

우선, 피청구인이 중복낙찰을 불허하는 이번 사건 입찰공고 조항만을 근거로 청구인에게 적격심사 기회조차 부여하지도 않고, 적격심사 대상자에서 배제한 것은 국가계약법, 동법 시행령, 동법 시행규칙, 기획재정부 계약예규 등에 그 근거를 두지 않아 논란의 소지가 있다는 점은 인정됨.

그러나 발주기관은 국가계약법규에 명시적으로 위반되지 않은 이상 어느 정도의 입찰 및 낙찰에 대한 재량권을 가진다고 보는 것이 타당하고, 중복낙찰을 불허하는 입찰공고는 피청구인이 감사원의 지적을 받아 반영한 것으로서, 이는 계약이행의 부실을 방지하기 위하여 필요하다고 보이므로 이를 불합리하다고 단정하기 어렵다는 점, 피청구인은 이 사건 입찰과 동일한 다른 사례에서도 동일한 내용으로 운영하고 있었고, 청구인 역시 이러한 내용을 잘 알고 있다고 보인다는 점, 게다가 이 사건 계약은 이미 이행이 완료되어 조정의 실익이 없다고 보인다는 점 등을 종합하면, 청구인의 청구를 기각하는 것이 타당하다고 판단됨.

다만, 중복낙찰을 불허하는 이번 사건 피청구인의 입찰공고 4. 바항은 국가계약법령상 명확한 근거없이 적격심사대상자의 적격심사절차진행을 배제하고 있으므로 향후 피청구인은 위 입찰공고의 관련 내용을 삭제하고, 이러한 내용을 피청구인의 적격심사세부기준에 반영, 개선하는 것이 합리적이라고 판단되므로 본 위원회는 피청구인에게 이에 대한 제도개선을 권고함.

라. 유권해석 사례

해석 사례 6 입찰조건의 부당특약 해당 여부

【회 신】　　　　　　　　　　　　　　(계약제도과-251, 2015.03.10.)

「공기업·준정부기관 계약사무규칙」제5조 제2항에서는 공공기관 계약체결

시 계약상대방의 계약상 이익을 부당하게 제한하는 특약이나 조건을 정하지 못하도록 규정하고 있으며, 부당특약이라 함은 국가계약법령 및 관계 법령에서 규정한 계약상대자의 계약상 이익을 제한하고, 그 제한이 통상적으로 계약상대자가 수인할 수 없는 정도에 이르는 계약의 특약 또는 조건을 의미한다고 할 것임. 따라서 본 사안처럼 공공기관의 처분 부동산 소유권과는 별도의 권리인 무단사용료 채권 부담을 입찰조건에 명시한다면 아직 계약에 이르지 않았으나 입찰자들이 낙찰될 경우 그 대가만을 부담해야 할 계약상 이익을 침해할 가능성이 있어 부당특약이 될 소지가 있다고 할 것임.

해석 사례 7 부당특약의 요건

【회 신】　　　　　　　　　　(계약제도과-971, 2016.07.11.)

불가항력 등 계약상대자의 책임 없는 사유가 계약기간 내에 발생한 경우 「공사계약일반조건」 제26조에 따라 계약기간을 연장할 수 있으며, 변경된 내용에 따라 실비를 초과하지 아니하는 범위 안에서 계약금액을 조정할 수 있음. 실비의 산정은 「정부 입찰·계약 집행기준」 제14장에 따라 계약담당공무원이 산정하는 것임. 「국가를 당사자로 하는 계약에 관한 법률 시행령」 제4조는 계약상대자의 계약상 이익을 부당하게 제한하는 특약을 금지하고 있음. 부당특약에 해당하기 위해서는 당해 특약 또는 조건이 제한하는 이익이 국가계약법령 및 관계 법령에서 계약상대자의 계약상 이익으로 규정되어 있어야 하며, 그 제한이 통상적으로 계약상대자가 수인할 수 없는 정도에 해당하여야 할 것임. 질의하신 사항은 「정부 입찰·계약 집행기준」 제73조 제1항이 정하고 있는 "정상적인 공사기간 중에 실제 지급된 임금수준을 초과할 수 없다."라는 규정을 감안 시 당해 계약특수조건은 시행령 제4조에 위배된다고 보기는 어려울 것임.

해석 사례 8 부당특약 해당 여부의 판단

【회 신】　　　　　　　　　　　　　　(계약제도과-1051, 2016.07.22.)

　　공공기관은 「공기업·준정부기관 계약사무규칙」 제15조에 따라 입찰참가자격을 제한할 수 있음. 「국가를 당사자로 하는 계약에 관한 법률 시행령」 제4조에 따라 계약을 체결함에 있어 국가계약법령 및 관계법령에 규정된 계약상대자의 계약상 이익을 부당하게 제한하는 특약 또는 조건을 정하여서는 아니 되며, 이러한 특약은 무효가 될 것임. 부당특약인지 여부는 계약사무규칙, 국가계약법령, 원자력발전 법령 및 민법 등 제반사정을 고려하여 발주기관이 판단해야 할 것임.

해석 사례 9 소요경비를 계약상대자가 부담하는 특약의 부당특약 여부

【회 신】　　　　　　　　　　　　　　(계약제도과-1004, 2017.08.18.)

　　국가계약법령이 적용되는 국고의 부담이 되는 계약에 있어서 계약상대자는 발주기관에 물품 또는 서비스(공사, 용역)를 제공하고, 발주기관은 이에 대한 적정대가를 지급할 의무가 있음. 「국가를 당사자로 하는 계약에 관한 법률 시행령」 제4조는 "각 중앙관서의 장 또는 그 위임·위탁을 받은 공무원(이하 "계약담당공무원"이라 한다)은 계약을 체결함에 있어서 법, 이 영 및 관계 법령에 규정된 계약상대자의 계약상 이익을 부당하게 제한하는 특약 또는 조건을 정하여서는 아니 된다."라고 규정하는바, 국고의 부담이 되는 계약의 경우에는 계약목적물을 생산하는 데 소요되는 경비를 계약상대자가 부담하는 특약은 계약상대자의 이익을 부당하게 제한하는 것으로 부당특약으로 볼 여지가 있음.

해석 사례 10 설계변경에 의한 계약금액 조정 제한 특약

【회 신】 (계약정책과-1419, 2020.11.27.)

계약담당공무원은 「공사계약일반조건」 제19조의5 제1항 각 호의 어느 하나의 사유로 인하여 설계서를 변경할 필요가 있다고 인정할 경우에는 설계변경을 할 수 있으며, 「국가를 당사자로 하는 계약에 관한 법률 시행령」(이하 "국가계약법 시행령") 제65조 제1항 및 「공사계약일반조건」 제20조 제2항에 따라 계약금액을 조정하여야 함. 「국가를 당사자로 하는 계약에 관한 법률」(이하 "국가계약법") 제5조 제3항에서는 각 중앙관서의 장 또는 계약담당공무원은 계약을 체결할 때 계약상대자의 계약상 이익을 부당하게 제한하는 특약 또는 조건을 정하지 못하도록 하고 있으며, 동조 제4항에서는 부당한 특약 등을 무효로 규정하고 있음. 이때 부당특약이라 함은 국가계약법령 및 관계법령에서 규정한 계약상대자의 계약상 이익을 부당하게 제한하고, 그 제한이 통상적으로 계약상대자가 수인할 수 없는 정도에 이르는 계약의 특약 또는 조건을 의미한다고 할 것임. 당해 계약의 시방서에서 "과업내용의 변경 또는 과업수행 중 당초 예정하였던 작업량과 차이가 발생하였을 때에는 도급액의 한도 내에서 설계변경할 수 있으며, 관계기관의 통제 또는 천재지변에 의하여 과업을 수행할 수 없는 조건이 발생하였을 경우 또한 같다."라고 정하고 있는 경우, 동 내용이 국가계약법령에서 규정하고 있는 설계변경 및 설계변경으로 인한 계약금액조정 사유가 발생했음에도 불구하고 어떠한 경우에도 설계변경으로 인한 계약금액 증액을 제한하는 내용이라면, 이는 부당특약이 될 소지가 있음.

마. 판례

판례 물가변동으로 인한 계약금액 조정 금지 특약

(대법원 2017. 12. 21. 선고, 2012다74076 판결)

계약담당자 등은 위 규정의 취지에 배치되지 않는 한 개별 계약의 구체적 특성, 계약이행에 필요한 물품의 가격 추이 및 수급 상황, 환율 변동의 위험성, 정책적 필요성, 경제적 변동에 따른 위험의 합리적 분배 등을 고려하여 계약상대자와 물가변동에 따른 계약금액 조정 조항의 적용을 배제하는 합의를 할 수 있다. 계약금액을 구성하는 각종 품목 등의 가격은 상승할 수도 있지만 하락할 수도 있는데, 공공계약에서 위 조항의 적용을 배제하는 특약을 한 후 계약상대자가 이를 신뢰하고 환 헤징(hedging) 등 물가변동의 위험을 회피하려고 조치하였음에도 이후 물가 하락을 이유로 국가 등이 계약금액의 감액조정을 요구한다면 오히려 계약상대자가 예상하지 못한 손실을 입을 수 있는 점에 비추어도 그러하다.

위와 같은 공공계약의 성격, 국가계약법령상 물가변동으로 인한 계약금액 조정 규정의 내용과 입법 취지 등을 고려할 때, 위 규정은 국가 등이 사인과의 계약관계를 공정하고 합리적·효율적으로 처리할 수 있도록 계약담당자 등이 지켜야 할 사항을 규정한 데에 그칠 뿐이고, 국가 등이 계약상대자와의 합의에 기초하여 계약당사자 사이에만 효력이 있는 특수조건 등을 부가하는 것을 금지하거나 제한하는 것이라고 할 수 없으며, 사적 자치와 계약자유의 원칙상 그러한 계약 내용이나 조치의 효력을 함부로 부인할 것이 아니다.

다만 국가를 당사자로 하는 계약에 관한 법률 시행령(이하 "국가계약법 시행령"이라 한다) 제4조는 "계약담당공무원은 계약을 체결함에 있어서 국가계약법령 및 관계 법령에 규정된 계약상대자의 계약상 이익을 부당하게 제한하는 특약 또는 조건을 정하여서는 아니 된다."라고 규정하고 있으므로, 공공계약에서 계약상대자의 계약상 이익을 부당하게 제한하는 특약은 효력이 없다. 여기서 어떠한 특약이 계약상대자의 계약상 이익을 부당하게 제한하는 것으로서 국가계약법 시행령 제4조에 위배되어 효력이 없다고 하기 위해서는 그 특약이 계약상대자에게 다소 불이익하다는 점만으로는 부족하고, 국가 등이 계약상대자의 정당한 이익과 합리적인 기대에 반하여 형평에 어긋나는 특약을 정함으로써 계약상대자에게 부당하게 불이익을 주었다는 점이 인정되어야 한다. 그리고 계약상대자의 계약상 이익을 부당하게 제한하는 특약인지는 그 특약에 의하여 계약상대자에게 생길 수 있는 불이익의 내용과 정도, 불이익 발생의 가능성, 전체 계약에 미치는 영향, 당사자들 사이의 계약체결과정, 관계 법령의 규정 등 모든 사정을 종합하여 판단하여야 한다.

3. 입찰참가자격

가. 의의

　입찰참가자격은 경쟁입찰을 전제로 하여 국가 또는 공공기관 등 발주기관이 정하는 개별 입찰에 참가할 수 있는 자격을 말한다. 국가계약의 입찰에 참여하기 위해서는 입찰참가자격을 갖추어야 하며, 이는 공정하고 능력 있는 업체 간의 경쟁을 통해 적정한 계약상대자를 선정하기 위함이다. 입찰참가자격은 계약의 종류(공사, 물품, 용역 등)에 따라 요구되는 조건이 다르며, 법령상 등록이나 면허, 기술능력, 실적, 경영상태, 신용도 등을 갖추도록 할 수 있다. 특히 추정가격이 일정 금액을 초과하는 경우에는 입찰참가자격 사전심사(PQ)나 적격심사를 통해 정량적·정성적으로 평가한다.

　발주기관은 입찰공고문에 입찰참가자격을 구체적으로 명시하여야 하며, 입찰에 참가하는 자는 이를 충족하는 경우에만 유효한 입찰을 할 수 있다. 입찰에 참가하는 자는 반드시 단독으로 입찰참가자격을 갖추어야 하는 것은 아니다. 계약상대자를 2인 이상으로 하는 공동계약이 허용되는 경쟁입찰의 경우에는 1인 만으로 입찰참가자격을 갖추지 못하더라도 2인 이상의 공동수급체가 입찰참가자격을 갖추어 입찰에 참가할 수 있다.

발주기관은 이러한 자격요건을 통해 계약의 품질과 안정적 이행을 확보하고자 하는 것이며, 입찰 전 참가자의 면허 보유 여부, 실적 인정 범위, 자격요건 충족 시점 등 명확한 기준을 설정해야 한다. 발주기관은 입찰참가자격을 근거로 그 입찰자격을 갖추지 못한 자가 입찰에 참가하는 경우에 당해 입찰에서 배제하여야 한다. 그러나 입찰참가자격을 정함에 있어 발주기관에 선택과 재량이 인정되더라도, 국가계약법령의 규정 내용 및 취지에 따르지 않고 임의로 정하는 것은 허용되지 않는다. 즉 발주기관은 국가계약법령에 특별한 규정이 있는 경우를 제외하고 국가계약법령에서 정한 입찰참가자격 이외의 요건을 설정하여 입찰참가를 제한할 수 없다(시행규칙 제17조).

그러나 국가계약법 제27조 제1항에서 정하는 사유로 부정당업자 입찰 참가자격 제한을 받은 자는 일정 기간 입찰에 참가할 수 없게 된다. 입찰참가를 제한 받는 기간 동안에는 국가 등이 공고한 입찰에서 설사 입찰참가자격 요건을 갖추었더라도 참가할 자격이 없음을 의미한다.

[입찰참가자격 요건]

입찰참가자격 요건 (국가계약법 시행령 제12조, 시행규칙 제14조 지방계약법 시행령 제13조, 시행규칙 제14조)	예시
다른 법령의 규정에 의하여 허가·인가·면허·등록·신고 등을 요하거나 자격요건을 갖추어야 할 경우에는 당해 허가·인가·면허·등록·신고 등을 받았거나 당해 자격요건에 적합할 것	[표 6] "공사계약에 필요한 자격요건", [표 7] "물품계약에 필요한 자격요건", [표 9] "용역계약에 필요한 자격요건" 참조
보안측정 등의 조사가 필요한 경우에는 관계기관으로부터 적합판정을 받을 것	방산업체 방위사업청 위촉 전문연구기관, 방위사업 계약업체 또는 협력업체
「소득세법」 제168조 · 「법인세법」 제111조 또는 「부가가치세법」 제5조의 규정에 의하여 당해 사업에 관한 사업자등록증을 교부받거나 고유번호를 부여받을 것	세법에 따라 관할 세무서에 사업자등록을 한 자

나. 사례 해설

위원회는 여러 조정청구건에서 경쟁 제한적 입찰참가자격에 대하여 일정 부분 발주기관의 재량을 인정하고 있다. 아래의 조정 사례에서 보는 바와 같이 제한경쟁입찰에서 입찰참가자격에 대한 분쟁이 자주 발생하는데, 경쟁을 중대하게 해치지 않는 한 제한 사항을 무엇으로 할지는 발주기관의 선택 문제라는 것이 위원회의 판단이다.

다음의 조정2 사례에서 국가계약법 시행규칙 제25조 제5항은 제한경쟁입찰에 참가할 자의 자격을 제한함에 있어 시행령 제21조 제1항이 규정한 제한사항을 중복적으로 제한하지 못하도록 하고 있는데, 위원회는 발주기관이 동 조항을 근거로 오히려 경쟁을 제한할 소지가 있다고 보고 있다. 즉 입찰참가자격을 실적으로 제한할 수 있고, 기술보유 사항으로 제한할 수도 있는 상황에서 경쟁을 촉진하는 측면, 더 많은 기업에 참가 기회를 제공한다는 측면에서는 입찰참가자가 실적 또는 기술보유 사항을 선택하도록 하는 것이 바람직하고, 발주기관이 특정 업체를 배제할 목적으로 입찰참가자격을 의도적으로 하나의 제한 사항만 정하여서는 안 된다는 것이다. 이에 따르면 국가계약법 시행규칙 제25조 제5항을 해석함에 있어 입찰참가자격은 실적과 기술보유 사항을 동시에 충족하도록 정할 수 없다는 것을 의미하나, 입찰참가자격을 실적 또는 기술보유 사항으로 정하고 둘 중 하나만 충족하도록 하는 것까지 제한하는 것은 아니라고 보아야 한다. 결국 입찰참가자격을 어떻게 제한할지에 대해서 계약의 특성, 난이도 등에 따라 발주기관에 재량이 인정된다고 하더라도 경쟁을 과도하게 제한하는 방식으로 재량이 행사되는 경우에는 국가계약법령에 반한다고 보아야 한다.

다. 분쟁조정 사례

조정 2 제한 사항과 입찰참가자격

가. 사건 개요

청구인은 이 사건 입찰공고에서 요구하는 입찰참가자격(MTU주관 MTU 엔진 정비교육을 이수한 인원을 보유한 업체)은 국가를 당사자로 하는 계약에서 사용될 만한 객관성이 보장되는 "기술보유상황"으로 볼 수 없으므로 기존과 같이 "같은 종류의 용역수행실적"을 입찰참가자격으로 하여야 한다고 주장.

이에 대하여 피청구인은 과거 '실적'을 기준으로 입찰참가자격을 제한하여 청구인과 계약을 체결했었고, 청구인의 정비능력 부족으로 ○○경비 치안공백 발생 사실이 있어 실적이 아닌 실제 정비 능력을 입증할 대체조건이 필요하다는 입장으로, MTU 주관 엔진정비 교육을 이수하면 받을 수 있는 정비지침서 및 DONGLE이 현재로서는 정비 능력을 보증할 수 있는 가장 객관적인 기준으로 볼 수 있으며, 이 사건 계약은 현재 ㈜△△와 계약체결 후 문제없이 총 분해 수리(W6) 과업 수행 중이라고 주장.

나. 청구 취지

피청구인은 이 사건 공고에서 "실적" 기준을 충족하는 업체도 참가할 수 있도록 청구를 변경하여 새로 공고하라.

다. 주문

청구인의 청구를 기각한다.

라. 당사자 주장

1) 청구인 주장

피청구인의 입찰공고문 「5.참가자격」에는 "MTU주관 MTU엔진 정비교육을 이수한 인원을 보유한 업체"만을 자격으로 하고 과거 수행 실적은 원천적으로 배제하고 있음. 제한 사항이 "MTU*주관 MTU엔진 정비교육이수"라고만 적시돼어 "총 분해 수리(W6) 교육"인지 "기타 정비교육"인지도 특정되지 않는 등 교육 상세 기준이 없으므로 총 분해 수리(W6) 용역 수행에 필요한 기술보유상황을 객관적으로 담보할 수 있는지 의문.

* MTU : 선박용 마린엔진 등 산업용 대형 엔진을 생산하는 독일의 엔진 제작회사

피청구인은 입찰참가자격 변경 사유로 "보다 많은 업체의 참여와 경쟁 유도를 통한 품질 향상"을 주장하나 수긍할 수 없음. 총 분해 수리(W6) 역량을 보유한 업체 자체가 제한적이고, 일부 인력을 제외하고는 교육 참여 기회가 없는 현실에서는 오히려 극소수 업체의 입찰 독점이 우려됨. 해당 입찰이 유찰 후 단독응찰로 변경된 상황만 보더라도 피청구인의 제한 기준에 따라 응찰 가능한 업체가 거의 없는 실정임.

따라서 법령에 따른 제한 기준인 "당해 용역과 같은 종류의 용역수행실적"은 배제하고, 오히려 피청구인의 자의적 제한 기준인 "정비교육이수 인원 보유"만을 입찰참가자격으로 정하는 피청구인의 행위에 대해 조정을 청구함.

2) 피청구인 주장

청구인은 입찰공고 관련 엔진기종(○○○○)에 대한 정비교육이수 또는 기타 엔진정비에 필요한 제반 사항(정비지침서, 특수공구 등)을 미보유 중인 것으로 확인됨.

피청구인은 '22년, '23년 MTU4000 기종 총 분해 수리(W6) 계약 입찰 시 입찰참가자격을 "실적제한"으로 제한하여 청구인과 계약 진행하였으나, 청구인 기술 부족에 따라 과업 진행이 지연되었고 해당 □□은 기존 계획 일수를 초과하여 퇴창하게 되어 ○○치안 공백이 발생한 사실이 있음. 당시 청구인은 총 분해 수리(W6) 진행 시 가장 중요한 "정비지침서"를 보유하지 않았고, 전문 지식이 아닌 청구인의 경험에 의한 방법으로 과업을 수행하여 원활한 사업 진행이 불가.

* 관급부속 교환 거부, '23년 유사기종 엔진(M90) 자체 육상시운전 중 엔진 손상사고 발생, MTU제작사의 MTU정비지침서 및 DONGLE(교육이수자 증명 KEY) 미소유 등

이후 "정비기술 보유"가 중요조건임을 체감하고 내부검토, 법률자문 등을 통해 '25년부터 MTU4000기종 계약은 입찰참가자격을 "실적"에서 "기술보유상황"으로 변경한다는 사전공지('24.○○.) 후 본 건 계약 진행하였고, 유사기관(◇◇)에서도 업체선정기준으로 "기술보유상황*"을 선정한 사례 확인.

*기술보유상황 : 원제작사의 교육을 기반으로 한 품질보증을 받을 수 있는 업체

「국가를 당사자로하는 계약에 관한 법률 시행령」(이하 "국가계약법 시행령") 제21조 제1항 제3호에 의거 "기술보유상황" 선택, 동 시행규칙(이하 "국가계약법 시행규칙") 제25조 제5항에 의거 "중복제한 불가"를 적용하여 실적이 아닌 기술보유상황 선택하였음. MTU엔진은 독일 제품으로 기술보유상황에 대한 국내 법령 및 기준 부재, 선박엔진 분해수리에 대한 국가 자격증 부재 등으로 객관적 인증 수단을 정하기 어려운 상황임. 제작사 자체 MTU엔진 정비지침서가 있고, 정비 교육이수 시 자격증을 부여하고 이를 보증하므로, 현재 기준으로는 자격증(CERTIFICATE)이 총 분해 수리(W6)에 필요한 가장 객관적인 기술보유상황임.

실적보유 업체(3개)보다 기술보유 업체(5개)가 많으므로 청구인 주장과 달리 보다 많은 업체의 참여 유도 가능. 해당 자격증은 희망하는 누구나 교육 이수가 가능하며, 만약 청구인 주장대로 자격증 보유가 MTU 대리점만 가능하다면, 관련 법령에 의거 제한경쟁이 아닌 수의계약으로 진행했을 것임.

마. 판단

(1) 이 사건 조정청구는 입찰공고 시 국가계약법 시행령 제21조 제1항에 따라 입찰참가자격을 "실적"과 "기술보유상황" 중 어느 것으로 선택 가능한지와 선택한 기준이 객관성을 가지고 있는지가 쟁점이라 할 것임.

(2) 입찰참가자격 기준과 관련하여, 입찰참가자격으로 실적과 기술보유상황

중 어느 것을 정할지는 원칙적으로 해당 계약의 발주기관이 계약의 목적·성질·규모 등을 고려하여 정하는 것으로, 해당 과업을 수행할 최적의 계약 상대방을 선택하기 위한 발주기관의 재량 사항에 해당함.

이 사건 입찰공고문에 따르면 피청구인은 국가계약법 시행령 제21조 제1항 제3호에 따라 입찰참가자격을 당해 물품제조에 필요한 기술보유상황으로 "MTU주관 MTU엔진 정비교육을 이수한 인원을 보유한 업체"로 정하고 있음.

그간의 경험을 바탕으로 "해당 □□과 유사한 □□의 정비 실적만으로 해당 선박을 정비할 능력이 충분하다고 보기 어렵다"는 피청구인의 주장은 일정 부분 수긍이 가고, 과거 발생한 계약이행의 부실을 방지하기 위하여 자체 내부검토 및 유사기관 사례 조사 등을 통해 이러한 조건을 선택한 점 등을 종합적으로 고려해 볼 때, 이 사건 피청구인이 기술보유상황을 입찰참가자격으로 정한 것은 재량권 범주 내의 조치로 보이는바, 청구인의 청구를 기각함이 타당함.

(3) 다만, 「(계약예규) 정부 입찰·계약 집행기준」 제5조(제한기준) 제2항에 따르면 기술보유상황은 "① 「엔지니어링 산업진흥법」에 의한 엔지니어링 활동주체, 「기술사법」에 의한 기술사사무소로 개설등록을 한 기술사, ② 기술도입 또는 외국업체와의 기술제휴의 방법으로 해당 공사수행 또는 물품제조에 필요한 기술을 보유하고 있음이 객관적으로 인정되는 경우, ③ 기타 해당 공사수행 또는 물품제조에 필요한 기술·공법을 개발 또는 보유하고 있음이 객관적으로 인정되는 경우"를 말하는바, 이 사건 입찰참가자격인 "MTU주관 MTU엔진 정비교육을 이수한 인원을 보유한 업체"는 단순히 민간 업체인 MTU가 수행하는 교육이수 인원으로만 정하고 있을 뿐, 그 교육의 수준 및 이수 인원 보유 숫자 등을 구체적으로 정하지 않고 있어 이러한 조건이 객관적으로 인정되는 "기술보유상황"에 해당하는지와 관련하여 논란의 여지가 있

을 수 있으므로 추후 입찰공고 시 기술보유상황은 「(계약예규) 정부 입찰·계약 집행기준」 제5조(제한기준) 제2항에 따라 객관성에 부합하도록 보완할 필요가 있어 보임.

 (4) 또한, 보다 많은 업체의 참여와 경쟁을 유도하기 위하여 입찰참가자격 기준을 변경했다는 피청구인의 주장과 달리, 양 당사자의 주장에 따르면 MTU주관 엔진정비교육을 받은 업체는 국내에 5개에 불과하고, 이들 역시 MTU의 한국 대리점 및 국내 지역 대리점의 성격을 가지고 있고, 이 사건에도 1개 업체만 응찰한 사실을 고려하면, 이 5개 업체는 비록 표면적으로는 별개의 업체이나 실질적으로는 같은 이해관계를 가진 것으로 보이는바, 자유로운 경쟁을 유도한다는 피청구인의 의도와도 다른 결과가 나타날 여지가 있어 보임.

 이와 관련하여, 피청구인은 실적 조건을 배제한 이유로 국가계약법 시행규칙 제25조(제한경쟁입찰의 제한기준)을 들고 있으나, 해당 조문은 실적과 기술보유상황을 동시에 제한하지 말라는 의미이지, 그중 어느 하나만을 선택하라는 의미가 아니므로, 추후 입찰공고에서는 입찰참가자격 관련 기준을 두 가지 조건 중 하나 이상을 충족하는 경우로 조건을 확대하는 등 보다 많은 업체에게 실질적 참여기회를 보장하도록 변경하는 것에 대한 검토를 고려해 볼 필요가 있음.

 (5) 한편 이와 별도로, 이 사건 기술보유상황 조건은 피청구인 주장과 달리 자유로운 교육이수가 제한된 사항으로, 이는 피청구인이 직접 최종사용자 지위로서 MTU주관 교육을 이수하고 자체정비를 진행하거나, MTU와 업무협약을 맺고 본인들이 기술보유상황으로 주장하는 정비지침서 및 DONGLE을 MTU로부터 제공받아 계약 상대방에게 제공하는 등의 노력이 필요해 보임.

조정 3 입찰참가자격 관련 조정 청구

가. 사건 개요

청구인은 '22.○○.○○. 피청구인이 입찰공고 한 "○○물품 구매설치" 사업의 입찰에 참여를 준비 중이나, 입찰참가자격 요건이 가중하다고 주장하면서 최종 낙찰자로 선정할지 여부가 불투명한 자, 청구인의 주장에 의하면, 제안요청서상 "특정한 조건을 만족하는 ○○물품의 납품실적"(조건1)을 갖춘 업체에 한하여 입찰참가자격을 부여하여, 일응「국가계약법 시행령」제21조 제1항 제3호의 "물품·제조에 필요한 설비 및 기술의 보유현황 또는 당해 물품과 같은 종류의 물품제조실적"을 갖춘 업체에 한하여 입찰참가자격을 부여하는 제한경쟁입찰에 해당하나, "조건1"을 충족한 업체는 국내에 없고, 해외의 경우에는 해외의 A사(社)만이 납품실적을 갖고 있는데, 제안요청서 단서에 의하면, "단, ○○물품 해외제작사가 실질적인 지배권을 갖는 국내법인을 설립하고, 해당 국내법인이 해외제작사로부터 기술지원을 받는다는 확약서를 제출하는 경우, 해외제작사가 A조건을 충족하는 경우 참여하는 국내법인이 자격요건을 충족한 것으로 본다."(조건2)라는 조건을 규정함으로써, 사실상 A사가 한국에 설립한 국내법인만 입찰참가를 할 수 있게 되어 제한경쟁의 입찰요건을 충족하지 않는다고 이의를 제기하였으나, 피청구인은 입찰참가자격에는 문제가 없다는 취지로 이의제기를 기각하자('22.○○.○○), 청구인은 이에 불복하여 '22.○○.○○. 국가계약분쟁조정위원회에 재심을 청구함.

나. 청구 취지

피청구인은 입찰참가조건으로 조건1을 제출할 수 있는 자로 한정하되, ○○물품 해외제작사가 실질적인 지배권을 갖는 국내법인을 설립하고, 해당 국내법인이 해외제작사로부터 기술지원을 받는다는 확인서를 제출하는 경우(조건2), 해당 해외제작사가 "조건1"을 충족하는 경우 입찰에 참여하는 국내법인 역시 자격요건을 충족할 수 있다고 규정함.

그러나, 청구인은 직접적으로 "조건1"을 충족하지는 않으나, 해외제작사로부터 기술지원을 받는 확인서는 충분히 제출할 수 있으므로 "조건2"를 "국내법인이 해외제작사로부터 기술지원을 받는다는 확인서를 제출하는 경우"로 완화한다면 입찰에 참여할 수 있음에도, 피청구인은 "조건2"을 가중하게 규정하여, 기술력을 갖춘 해외제작사가 실질적인 지배권을 갖는 국내법인이 아니면 입찰을 제한하여 제한경쟁 입찰 요건을 위배하므로 입찰공고 취소를 위해 조정 청구.

다. 주문

청구인의 청구를 기각한다.

* (권고의견) 본 건 입찰과 관련하여, 입찰참가 가능한 자에 대한 현황을 우선 조사하고, 그 결과를 기준으로 발주기관의 계약심의위원회 등을 통하여 입찰참가자격 등을 종합적으로 검토하여 입찰방법 등을 재검토하기 바람.

라. 당사자 주장

1) 청구인 주장

① (제한경쟁입찰 요건 위반) 이 사건 제안요청서 중 입찰참가자격과 관련된 부분을 보면, 단서에서 "납품실적이 없는 국내법인의 경우에도 납품실적을 갖는 ○○물품 해외제작사가 실질적인 지배권을 갖고 설립하고, 해당 국내법인이 해외제작사로부터 기술지원을 받는다는 확인서를 제출하는 경우에는 그 국내법인에게 납품 실적을 인정하여 입찰참가가 가능"하도록 규정하고 있으며, 한편, 제한경쟁은 계약의 목적, 성질 등에 비추어 필요한 경우 경쟁 참가자의 자격을 일정한 기준에 의하여 제한하여 입찰을 실시하고 그 낙찰자와 계약을 체결하는 방법이나, 제한기준은 합리적이고 객관적으로 설정하여야 불이익을 받는 업체가 적다고 할 것임.

그러나, 위에서 납품실적을 갖춘 업체는 국내에는 없고, 해외의 경우에는 외국의 A사만이 납품 실적을 갖고 있으며, 위 표가 특정업체를 명확히 지정한 것은 아니지만, A사만이 이 사건 규정에 따른 ○○물품 납품 실적이 있다는 것은 업계에서는 주지의 사실이며, 단서 규정에 의하면 국내법인에 대해서는 예외적으로 "기술지원 확인서" 제출을 조건으로 납품실적을 인정하면서도 그 국내법인은 해외제작사가 실질적인 지배권을 가져야 한다고 규정함으로써 청구인처럼 단순히 해외업체로부터 "기술지원 확인서"만 제출해서는 입찰참가자격을 인정받지 못하게 됨.

그렇다면, 이 사건 입찰이 국가계약법 시행령 제21조 제1항 제3호에 따라 참가자격으로 일정한 납품 실적을 요구함으로써 제한된 범위 내에서 복수의 입찰자들 간에 경쟁이 가능한 것처럼 보이지만, 사실상 A사가 국내에 설립한 법인을 단독 입찰자로 지정한 것과 동일한 효과가 발생하기 때문에 이 사건의 입찰은 복수의 입찰자가 존재할 수 없어서 제한된 경쟁이 성립될 수 없으므로 제한경쟁입찰 요건을 위배함.

② (조달청 유권해석 위배) 조달청 유권해석에 의하면, 해외본사와 국내지사가 등기사항증명서상 법인등록번호가 달라 별개의 법인이라면, 국내입찰에서 입찰참가가 불가능한 해외본사의 실적을 그대로 국내지사의 실적으로 인정할 수 없으므로, 이 사건 입찰에서 해외제작사에게 납품실적이 있다고 하더라도, 그 실적을 법인등록번호가 달라 별개의 법인인 이 사건 국내법인의 실적으로 그대로 인정해 주어서는 안 될 것이며, 만약 이 사건 제안요청서와 같이 이 사건 국내법인에게 "기술지원 확인서"의 제출을 조건으로 입찰참가자격을 부여한다면, 해외제작사가 실질적인 지배권을 가지고 있되 설립하지 않은 다른 국내법인에 대해서도 같은 조건으로 입찰참가자격을 부여하여야 함.

③ (유사선례 비교 시에도 부당함) 피청구인은 '08월 입찰공고문(안)에서 "해외제작사의 국내법인"에 대해 입찰참가자격을 부여하는 규정을 두었으며, 해외제작사의 국내법인에 대해서만 해외제작사의 실적을 그대로 인정하는 것과 관련하여, "해외제작사가 설립한 국내법인에게 실적이 없음에도 불구하

고 해외제작사의 실적을 그대로 인정해서는 안 된다."라는 반대의견이 있었고, 피청구인은 이러한 의견을 반영하여 문제가 된 내용을 삭제한 후 입찰공고를 하였으며, 위와 같이 피청구인은 종전의 입찰사례에서 해외제작사의 실적을 그대로 해외제작사의 국내법인 실적으로 인정하는 것이 잘못된 것임을 인정하여 관련 규정을 삭제하여 공고한 사실이 있으며, 그 후 특별한 사정변경이 없는데도 불구하고 피청구인은 종전 입찰사례와 달리, 이 사건 입찰공고에서 해외제작사의 실적을 이 사건 국내법인에게 그대로 인정하는 것으로 참가자격 요건을 설정하였는바, 이는 법인의 원리에 반하고, 신뢰보호의 원칙 내지 신의칙에도 반한다고 할 것일뿐만 아니라, 실적이 있는 해외제작사가 설립하여 실질적으로 지배하고 있다는 사정만으로 이 사건 국내법인에게만 실적을 인정하는 것은, 청구인을 비롯한 다른 국내법인을 합리적 이유 없이 차별하는 것으로 평등원칙에도 반한다고 할 것임.

따라서, 이 사건 국내법인에 대해 "기술지원 확인서"의 제출을 조건으로 특수한 성능 등의 납품능력을 가진 자로 인정하여 입찰참가자격을 부여한다면, 청구인에 대해서도 같은 조건으로 입찰참가자격이 부여되어야 할 것이며, 이를 위해서는 이 사건 표의 단서에 "○○물품 해외제작사가 실질적인 지배권을 갖는 국내법인일 것"을 요구하는 규정은 삭제되어야 할 것임.

2) 피청구인 주장

① (본 입찰참가자격 제한규정 배경) 우선, 청구인은 실적이 있는 해외제조사 또는 실적이 있는 해외제조사의 실질적 지배를 받는 국내법인과 컨소시엄을 구성하여 공동으로 얼마든지 입찰에 참여 가능함을 알려드리며, 해외제작사가 실질적인 지배권을 갖는 법인이란, 해외제작사의 국내지사 개념으로 법인번호는 다르지만 종속관계에 있는 것으로 사업 시행 중 하자처리 등의 문제발생 시 해외제작사에 연대책임 등 직접적인 계약이행 책임을 묻기 위한 수단임.

만일 제안자(컨소시엄) 구성원에 해외제작사(원천기술자)가 실질적으로 참여하지 않고, 해외제작사로부터 기술지원 확인서를 받은 국내 중소기업(본 사업에서 요구하는 기술력을 보유하지 않은 단순 공급 중개회사)이 시행할 경우, 기술적인 문제 등 리스크 발생 시 직접적인 계약관계가 없는 해외제작사의 무대응으로 하자조치 비용, 리스크 해결 등을 감당하기 어렵고, 입찰참여 회사의 폐업 시 문제해결 주체의 부재로 리스크 수습 및 사업추진이 불가하게 됨.

특히, 사업시행 중 ○○물품 장애 발생 시 사업운영에 막대한 지장을 초래할 뿐만 아니라, 사고로 인명피해가 발생할 경우 대대적 이슈로 인해 청구인 및 정부에 대한 급격한 신뢰도 저하 등의 문제가 발생할 우려가 큼.

② (과거 사례에도 동일문제 발생) '09.○○월 ○○물품 계약시 국내공급사(이하 B사)가 해외제작사로부터 기술지원 확인서를 받아 피청구인과 계약을 체결하고 이행하는 과정에서 ○○물품 장애, 파손 등의 문제가 발생하였으나, 해외제작사는 직접적인 계약관계에 있지 않아 문제처리 과정에서 소극적으로 대처하고 책임을 회피하였음. 피청구인은 하자조치 등으로 국내계약자인 B사에 민형사 소송을 제기하고, 소송기간 중 B사 비용으로 하자조치하였으며, 이후 B사는 철도사업에서 완전 철수하였음.

위와 같은 과거 경험 및 본 사업의 중요성을 감안하여, 피청구인은 리스크 해결 및 원활한 사업추진을 위하여 해외제작사의 실질적인 지배를 받는 국내법인과 계약이 필요하다고 판단하여 본 사건의 입찰참가자격 조건을 규정하였던 것임.

특히, 청구인 주장과 같이 기술지원확인서를 구비할 수 있는 업체를 입찰에 참여할 수 있도록 허용하여, 청구인과 같은 회사가 낙찰자로 선정될 경우 본 사업에서 요구하는 기술력을 보유하지 않은 단순 공급 중개회사로서, 기술적인 문제 등 리스크 발생 시 전혀 대응을 할 수 없다는 점도 감안하여 주시길 바람.

마. 사실관계

청구인이 주장하는 바와 같이 입찰공고문에 입찰참가자격 제한 조건이 명시되어 있음.

바. 판단

제한경쟁입찰이란 발주자가 목적·성질·규모 등을 고려하여 필요하다고 인정될 수 있는 경우에 할 수 있는 것으로, 대규모 공사, 특수한 기술 또는 공법이 요구되는 공사나 특수한 설비 또는 기술이 요구되는 물품제조 등에 할 수 있다고 할 것인데, 청구인 및 피청구인이 제출한 서면과 변론 그리고 조정전체의 취지 등을 종합하여 보면, 본 사건 입찰을 제한경쟁입찰로 할 수 있다는 것에 대해서는 다툼이 없으나, 입찰참가자격 조건에 따를 경우 이를 충족할 회사가 A사가 설립한 국내법인뿐이므로 실질적인 경쟁이 없어서 사실상 단독입찰만 가능한 입찰이어서 제한경쟁이 이루어질 수 있는지 여부가 문제된다고 할 것임.

본 사건의 ○○물품을 만들 수 있는 국내 제조업체가 없다고 당사자 사이에 다툼이 없으므로, 결국 해외업체의 지원이 필수적이라고 할 것인데, 해외업체의 지원과 관련하여 단순히 해외제작사의 기술지원확인서 제출만으로 입찰참가자격을 제한하는 것이 합리적인지, 해외제작사가 실질적인 지배권을 갖은 국내법인을 설립하고 그 해외제작사의 기술지원서 확인을 제출해야만 입찰참가자격을 제한하는 것이 합리적인지 여부에 대한 판단은 피청구인이 본 사업의 성격을 고려하여 결정할 문제라고 판단되므로(「정부 입찰·계약 집행기준」 제5조 제2항 제2호 참조), 이 사건 입찰공고상의 입찰참가자격 제한 그 자체가 문제가 있어 국가계약법령상 제한경쟁 요건을 위배하였다고 볼 수 없으므로 청구인의 청구를 기각하기로 한다.

다만, 피청구인은 본 사건 입찰참가자격을 갖춘 업체가 복수로 존재한다고 주장만 하고 있을 뿐, 실제 복수업체가 존재하는지에 대한 조사는 "코로나19" 등 영향으로 이루어지지 못한 점을 인정하고 있으므로, 실제 조사를 통해 복수의 업체가 존재하는지 내부적으로 파악하여, 본 사건의 입찰방법을 "제한

경쟁입찰"로 할 것인지 "수의계약"으로 할 것인지 여부(만약 청구인 주장대로 하나의 업체만 존재한다면 제한경쟁입찰이 아니라 수의계약 체결사유에 해당함) 등에 대하여 심도 있는 검토를 통해 입찰방법을 재검토할 것을 권고함.

라. 유권해석 사례

해석 사례 11 경쟁입찰의 입찰참가자격

【회 신】 (계약제도과-9, 2013.01.03.)

「국가를 당사자로 하는 계약에 관한 법률 시행령」 제12조 제1항 제2호는 다른 법령의 규정에 의하여 허가·인가·등록·신고 등을 요하거나 자격요건을 갖추어야 할 경우에는 당해 허가·인가·등록·신고 등을 받았거나 당해 자격요건에 적합할 것을 경쟁입찰의 참가자격으로 규정하고 있음. 따라서 일반경쟁입찰에서 발주기관은 입찰에 부친 계약목적물을 이행함에 필요한 법적인 자격요건 등을 입찰참가자격으로 정하면 될 것으로 법적인 근거가 없는 추가적인 자격요건을 요구해서는 안 됨.

해석 사례 12 대표자 변경 등기 처리기간 중 입찰의 무효 여부

【회 신】 (계약제도과-44, 2014.01.10.)

「공사입찰유의서」 제3조의2 제4항에 따라 입찰 전에 대표자의 변경(법인의 경우에는 법인등기부를 기준으로 함)이 있는 경우에는 변경신고를 한 후 변경된 대표자 명의로 입찰에 참가함. 따라서 법인등기부상의 변경이 완료되기 전에는 변경 전 대표자의 명의로 입찰참가가 가능하다 할 것임.

해석 사례 13 입찰참가자격이 없는 자와의 수의계약

【회 신】 (계약제도과-1244, 2015.09.07.)

「국가를 당사자로 하는 계약에 관한 법률」 시행규칙 제44조에서는 입찰참가자격이 없는 자가 한 입찰을 무효 사유로 규정하고 있으며, 이는 수의계약의 경우에도 해당한다 할 것임. 따라서 수의계약의 경우에도 입찰참가자격이 없는 자와 체결한 계약은 위법하여 허용되지 않는다 할 것임.

해석 사례 14 입찰참가자격 무효 해당 여부

【회 신】 (계약제도과-620, 2017.05.30.)

「국가를 당사자로 하는 계약에 관한 법률 시행규칙」 제44조 제1항 제6호의3에서는 경쟁입찰참가자격으로 등록된 사항 중 상호 또는 법인의 명칭, 대표자의 성명에 대하여 등록 사항을 변경하지 않고 입찰서를 제출한 입찰을 무효로 규정하고 있는바, 중소기업확인서 및 직접생산확인증명서상의 대표자가 불일치한다는 것만으로는 동 규정의 입찰 무효 사유에 해당한다 볼 수 없을 것임. 다만, 동 입찰공고에서는 입찰참가자격으로 "소기업·중소기업·소상공인 확인서" 및 "직접생산증명서"를 요구하고 있는바, 계약담당자는 동 자격의 유효 여부를 관련법 등에 따라 확인하여 입찰참가자격 적합여부를 판단하여야 함.

해석 사례 15 지역제한 시 법인등기부상 소재지 변경 관련 입찰 무효 여부

【회 신】 (계약제도과-584, 2020.04.01.)

「국가를 당사자로 하는 계약에 관한 법률 시행령」 제21조 제1항 제6호에 의해 지역제한 경쟁입찰을 진행하는 경우, 「용역입찰유의서」(계약예규 제414호) 제3조의2 제2항에 정한 바에 따라 그 주된 영업소의 소재지 기준일에 관한 입찰참가자격 판단기준일은 입찰공고일 전일임. 따라서 「국가를 당사자로 하는 계약에 관한 법률 시행규칙」 제15조에 따른 등록 사항 중 주소지에 관하여 입찰공고일 이후에 변경 등록하였으나, 법인등기부상 본점소재지(개인사업자인 경우에는 사업자등록증 또는 관련 법령에 따른 허가·인가·면허·등록·신고 등에 관련된 서류에 기재된 사업장의 소재지)를 입찰공고일 전에 변경한 경우에는 입찰공고에 달리 정한 바가 없다면 동 시행규칙 제44조 제1항의 입찰무효사유에 해당하지 않을 것으로 보임.

해석 사례 16 개별 법령상 입찰참가자격을 갖춘 자

【회 신】 (계약정책과-102, 2020.06.02.)

「국가를 당사자로 하는 계약에 관한 법률 시행령(이하 "시행령"이라 함)」 제12조 제1항 제2호는 "다른 법령의 규정에 의하여 허가·인가·면허·등록·신고 등을 요하거나 자격요건을 갖추어야 할 경우에는 당해 허가·인가·면허·등록·신고 등을 받았거나 당해 자격요건에 적합할 것", 제4호는 "기타 기획재정부령이 정하는 요건에 적합할 것"을 경쟁입찰의 참가자격으로 정하고 있음. 또한 「국가를 당사자로 하는 계약에 관한 법률 시행규칙(이하 "시행규칙"이라 함)」 제14조 제1항은 "영 제12조 제1항 제4호에서 '기획재정부령이 정하는 요건'이란 「소득세법」 제168조·「법인세법」 제111조 또는 「부가가치세법」 제8조에 따라 해당사업에 관한 사업자등록증을 교부받거나 고유번호를 부여받은 경우를 말한다."라고 규정하고 있음.

시행령 제12조 제1항 제2호에 따라 개별 법령상 허가 등을 받은 후 허가 등을 받지 않은 자와 개인사업자 공동대표로 세법에 따른 사업자등록증을 교부받은 경우 시행령 제12조 제1항 제2호에 정한 요건을 충족하여 입찰참가자격이 있는지는 개별 법령에 정한 바에 따라 판단해야 할 사항으로, 개별 법령상 공동대표를 인정하는 경우에 한하여 입찰참가자격이 있는 것으로 보아야 할 것임.

마. 판례

판례 주요 조건 위반 시 입찰참가자격 제한 명기 여부

(대법원 2021. 11. 11. 선고, 2021두43491 판결)

입찰공고와 계약서에 계약조건으로 "진단자격을 취득한 중급이상 기술자 2인 이상을 상시 보유할 것"(이하 "진단인력 조건"이라 한다)을 기재하고, 계약서에 "입찰공고와 계약서에 명시된 계약의 주요 조건"을 위반한 자에 대하여 입찰참가자격을 제한할 수 있다고 기재하였다. 그러나 계약서에서 그 위반 시 입찰참가자격을 제한할 수 있는 "주요 조건"이 무엇인지 따로 정하거나 진단인력 조건이 그 주요 조건에 해당한다고 명시하지 않았다. 입찰공고와 계약서에 원고가 진단인력 조건을 위반할 경우 입찰참가자격제한처분을 받을 수 있다고 별도로 명시하지 않은 이상, 원고에 대하여 진단인력 조건 위반을 이유로 이 사건 규정에 근거하여 입찰참가자격제한처분을 할 수는 없다.

4. 입찰공고

가. 의의

입찰공고는 국가계약의 전 과정을 시작하는 핵심 절차로, 계약의 투명성과 공정성을 담보하기 위한 가장 중요한 출발점이다. 모든 입찰은 일반에게 공개되어야 한다. 입찰절차에 관한 국가계약법령의 규정 가운데 투명성과 공정성의 확보를 본질적인 요소로 하는 규정은 강행규정으로 이해함이 타당하다. 투명성과 공정성은 국가계약절차를 청렴(integrity)하고 적법하게 운영하기 위한 원칙인데, 만일 계약자유의 원칙을 근거로 개개의 입찰절차에서 당사자 사이의 합의로 절차의 투명성과 공정성의 확보를 본질적인 요소로 하는 규정의 적용을 배제할 수 있다면, 국가계약절차의 청렴성과 적법성을 담보할 수 없기 때문이다.[9]

통상적으로 입찰공고는 조달청의 나라장터 시스템(G2B)을 통해 게시되며, 특정 사유가 있는 경우 제한적 공고 또는 통보 방식이 적용될 수 있다. 입찰공고의 오류, 누락, 모순 등은 입찰 무효 또는 분쟁의 원인이 되므로, 발주기관은 공고 전에 관련 법령과 계약 목적에 부합하는 내용을 종합적으로 검토

---

[9] 김대인 외 3인, 국가계약 당사자의 권리구제제도에 대한 연구, (사)한국공공계약법학회, 2025

하게 된다. 특히 공동수급체의 입찰이 허용되는 경우에는 관련 협정서 제출을 요구하고 있으며, 명시된 서류를 누락하거나 기한 내에 제출하지 않으면 입찰이 무효가 될 수 있다. 따라서 입찰공고는 단순한 공지의 의미를 넘어, 계약 전체의 정당성과 절차적 타당성을 확보하는 핵심 문서로 기능한다.

입찰공고는 일반적으로 입찰서 제출 마감일의 전일부터 기산하여 7일 전에 하여야 한다. 다만, 긴급한 사정이 있는 경우에는 5일 전에도 가능하며, 계약의 종류 및 규모, 낙찰자 결정방법 등에 따라 입찰에 참가하려는 자의 입찰 준비시간 등을 고려하여 입찰공고시기를 달리 정할 수 있다. 입찰공고는 입찰 또는 개찰 장소와 일시, 입참참가자격, 입찰참가등록 및 입찰관련서류, 낙찰자 결정방법 등에 관한 사항을 명시하여야 한다.

발주기관은 입찰참가자가 입찰공고에 따른 입찰을 하지 아니할 경우에 당해 입찰을 무효로 할 수 있고, 입찰참가자는 다시 당해 입찰에 참가하는 것이 허용되지 않는다. 이러한 사정에 비추어 발주기관은 객관적이고 명확한 입찰공고를 하여야 할 의무가 있다고 할 것이다. 따라서 발주기관은 입찰공고 중 내용의 오류나 법령 위반 사항이 발견되어 공고 사항의 정정이 필요한 경우에는 남은 공고 기간에 5일 이상을 더하여 정정공고를 하여야 한다. 다만, 입찰공고에 오류나 법령 위반 사항이 공고 기간 종료 후 낙찰자 결정통지 전에 발견된 경우에는 정정공고는 불가능하고 입찰을 취소하여야 할 것이다.

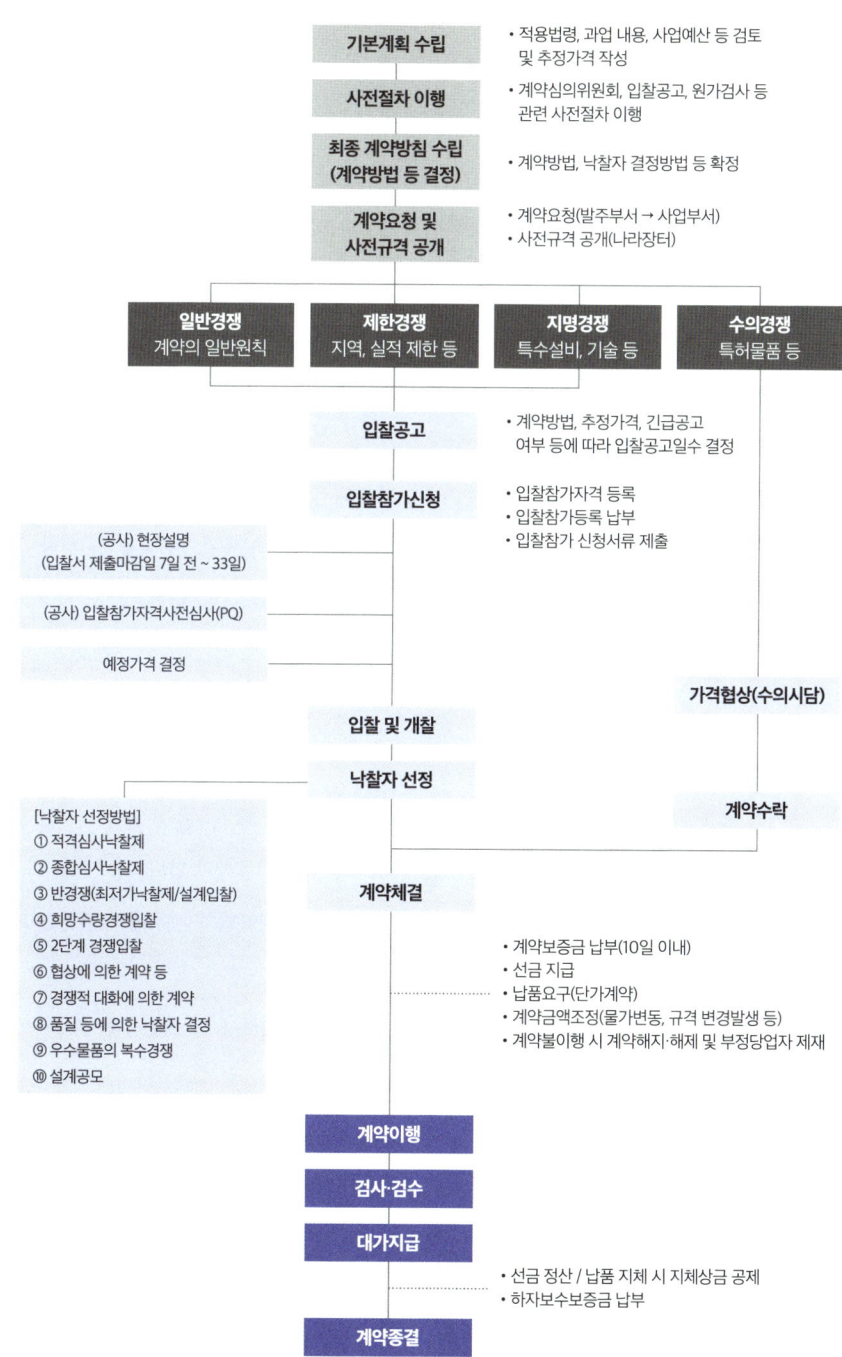

[관련 규정]

국가계약법 시행령 제33조(입찰공고)

① 입찰방법에 의하여 경쟁에 부치고자 할 때에는 이 영에 특별한 규정이 있는 경우를 제외하고는 전자조달시스템을 이용하여 공고하여야 한다. 다만, 필요한 경우 일간신문 등에 게재하는 방법을 병행할 수 있다.

② 각 중앙관서의 장 또는 계약담당공무원은 제1항에 따른 입찰공고 중 내용의 오류나 법령 위반 사항이 발견되어 공고 사항의 정정이 필요한 경우에는 남은 공고 기간에 5일 이상을 더하여 공고하여야 한다.

제34조(입찰참가의 통지)

각 중앙관서의 장 또는 계약담당공무원은 국가의 보안유지를 위하여 필요한 때에는 제33조의 규정에 불구하고 기획재정부령이 정하는 바에 의하여 당해 입찰참가적격자에게 제36조의 사항을 통지하여 입찰참가신청을 하게 할 수 있다. 이 경우 통지시기에 관하여는 제35조의 규정을 준용한다.

제35조(입찰공고의 시기)

① 입찰공고는 입찰서 제출마감일의 전일부터 기산하여 7일 전에 이를 행하여야 한다.

② 공사입찰의 경우로서 제14조의2 제1항에 따른 현장설명을 실시하는 경우에는 현장설명일의 전일부터 기산하여 7일 전에 공고해야 한다. 다만, 제13조에 따라 입찰참가자격을 사전에 심사하려는 공사입찰의 경우에는 현장설명일 전일부터 기산하여 30일 전에 공고해야 한다.

③ 공사입찰의 경우로서 현장설명을 실시하지 아니하는 때에는 입찰서 제출마감일의 전일부터 기산하여 다음 각 호에서 정한 기간 전에 공고하여야 한다.

1. 추정가격이 10억 원 미만인 경우 7일
2. 추정가격이 10억 원 이상 50억 원 미만인 경우 15일
3. 추정가격이 50억 원 이상인 경우 40일

④ 제1항부터 제3항까지의 규정에도 불구하고 다음 각 호의 어느 하나에 해당하는 경우에는 입찰서 제출마감일의 전날부터 기산하여 5일 전까지 공고할 수 있다.

1. 제20조 제2항에 따른 재공고입찰의 경우

1의2. 국가의 재정정책상 예산의 조기집행을 위해 필요한 경우

2. 다른 국가사업과 연계되어 일정조정을 위하여 불가피한 경우

3. 긴급한 행사 또는 긴급한 재해예방·복구 등을 위하여 필요한 경우

4. 그 밖에 제2호 및 제3호에 준하는 경우

⑤ 제43조에 따른 협상에 의한 계약 또는 제43조의3에 따른 경쟁적 대화에 의한 계약의 경우에는 제1항 및 제4항에도 불구하고 제안서 제출마감일의 전날부터 기산하여 40일 전에 공고하여야 한다. 다만, 다음 각 호의 어느 하나에 해당하는 경우에는 제안서 제출마감일의 전날부터 기산하여 10일 전까지 공고할 수 있다.

1. 제4항 각 호의 어느 하나에 해당하는 경우

2. 추정가격이 고시금액 미만인 경우

제36조(입찰공고의 내용)

입찰공고에는 다음 각 호의 사항을 명시해야 한다.

1. 입찰에 부치는 사항

2. 입찰 또는 개찰의 장소와 일시

3. 공사입찰의 경우에는 현장설명의 장소·일시 및 참가자격에 관한 사항

3의2. 제43조에 따른 협상에 의한 계약체결의 경우로서 제안요청서에 대한 설명을 실시하는 경우에는 그 장소 및 일시에 관한 사항

4. 입찰참가자의 자격에 관한 사항

4의2. 입찰참가등록 및 입찰관련서류에 관한 사항

5. 입찰보증금과 국고귀속에 관한 사항

6. 낙찰자 결정방법(제42조 제1항 또는 제4항에 따라 낙찰자를 결정하는 경우에는 낙찰자 결정에 필요한 서류의 제출일 및 낙찰자통보예정일을 포함한다)

7. 계약의 착수일 및 완료일

8. 계약하고자 하는 조건을 공시하는 장소

9. 제39조 제4항의 규정에 의한 입찰무효에 관한 사항

10. 입찰에 관한 서류의 열람·교부장소 및 교부비용

11. 추가정보를 입수할 수 있는 기관의 주소 등

12. 제39조 제1항에 따라 전자조달시스템 또는 각 중앙관서의 장이 지정·고시한 정보처리장치를 이용하여 입찰서를 제출하게 하는 경우에는 그 절차 및 방법

12의2. 제39조 제2항에 따라 입찰서를 우편으로 제출하게 하는 경우에는 그 취지와 입찰서를 송부할 주소

13. 제72조의 규정에 의한 공동계약을 허용하는 경우에는 공동계약이 가능하다는 뜻(제72조 제3항 및 제4항의 규정에 의한 공동계약인 경우에는 공동수급체구성원의 자격 제한 사항을 포함한다)과 공동계약의 이행방식

14. 제19조의 규정에 의한 부대입찰의 경우에는 그 취지

15. 제78조의 규정에 의한 입찰의 경우에는 대안입찰 또는 일괄입찰 등에 관한 사항

15의2. 입찰 관련 비리 또는 불공정행위의 신고에 관한 사항

16. 제9조 제1항 제2호에 따른 예정가격 결정과 관련하여 계약의 목적이 되는 물품·공사·용역 등을 구성하는 재료비·노무비·경비의 책정기준, 일반관리비율 및 이윤율 등 기획재정부장관이 정하는 기준 및 비율

17. 기타 입찰에 관하여 필요한 사항

나. 사례 해설

조정4 사례에서 위원회는 발주기관에 공정하고 투명한 입찰공고의 의무가 있음에 반하여, 입찰참가자도 입찰공고문, 입찰안내서 등을 숙지하고 입찰에 참여하여야 할 책임이 있음을 확인하였다.

발주기관은 입찰공고를 통해 입찰참가자들에게 입찰·계약 관련 법령 및 규정을 숙지하도록 명시하고 있으며, 입찰공고에서 명시된 입찰에 관한 서류 중 하나인 기획재정부 계약예규로 정한 각종 입찰유의서 등에서도 국가계약법령의 입찰에 관한 규정 및 입찰에 관한 서류를 입찰 전에 완전히 숙지하여야 하고 이를 숙지하지 못한 책임은 입찰참가자에게 있다고 규정하고 있고(물품구매·제조입찰유의서 제5조 제1항, 용역입찰유의서 제5조 제1항, 공사입찰유의서 제5조 제1항), 입찰 관련 서류인 각종 입찰유의서 등은 추후 계약이 체결되는 경우 계약문서의 효력을 갖는다(물품구매·제조계약일반조건 제3조 제1항, 용역계약일반조건 제4조 제1항, 공사계약일반조건 제3조 제1항). 따라서 이러한 입찰공고에 응하여 입찰에 참가하였다면, 국가계약법령의 입찰절차에 관한 규정은 입찰의 조건으로서 발주기관과 입찰참가자들 사이에 규범적 효력을 갖는다고 할 수 있다. 그리하여 발주기관과 입찰참가자들은 국가계약법령의 입찰절차에 관한 규정을 준수해야 할 의무가 있고, 그러한 규정의 준수를 요구할 권리가 있다.[10]

한편 입찰 중에 입찰공고 내용에 오류나 법령 위반 사항이 발견된 경우 당해 입찰을 취소하여야 하는지가 문제된다. 이러한 경우에는 입찰절차가 어떤 단계에 있는지에 따라 입찰참가자의 기회 보장이 우선할 수 있고, 계약질서

---

[10] 김대인 외 3인, 국가계약 당사자의 권리구제제도에 대한 연구, (사)한국공공계약법학회, 2025

회복이 우선될 수 있다. 즉 입찰 공고 기간 중에 있는 경우라면 입찰참가자의 이익을 위해서 해당 내용의 오류나 법령 위반 사항을 정정하여 정정공고를 하고, 입찰 공고 기간이 종료되어 낙찰자 결정 전이라면 공정한 계약질서 회복을 위해 해당 입찰을 취소하는 것이 타당할 것이다.

따라서 경쟁입찰에 부치는 경우 일정 기간 전에 입찰에 필요한 사항을 명시한 입찰공고를 하여야 함에도 이를 배제하는 당사자 사이의 합의는 효력이 없고, 입찰공고한 사항이 누락되거나 수정이 필요함에도 정정공고나 새로 입찰공고를 하지 않은 채 입찰참가자들이나 낙찰자의 동의를 얻어 그들만을 대상으로 고지하는 것도 허용되지 않는다고 할 것이다.[11]

위원회는 입찰공고와 관련된 분쟁조정 사건에서 공정성을 매우 중요한 요소로 보고 있다. 경쟁에 의한 계약체결 시 공동계약을 원칙으로 하는 국가계약법 시행령 제72조 제2항의 취지에도 불구하고 단독입찰만 허용한 입찰에 대하여 입찰자 간 공정한 경쟁을 근간으로 하는 국가계약법의 취지에 부합하지 않는다고 보았다. 이에 따라 과도하게 제한된 입찰참가자격으로 인해 입찰 희망업체의 실질적 참여기회가 박탈되지 않도록 해당 입찰을 재공고하라는 결정을 한 바 있다.

다. 분쟁조정 사례

조정 4 입찰공고 및 부당특약 관련 조정 청구

가. 사건 개요

청구인은 이 사건의 실시설계 기술제안 입찰에 참여하여 피청구인과 공사

---

11 김대인 외 3인, 국가계약 당사자의 권리구제제도에 대한 연구, (사)한국공공계약법학회, 2025

계약을 체결한 자로, 원안설계의 관급자재 일부(이하 "해당자재", 일반 데크플레이트 2종, ○○○원)에 대해 규격을 변경(일반→중공)한 후, 도급 산출내역서가 아닌 관급 산출내역서에 포함하여 기술제안함.

피청구인은 규격 등이 변경된 해당자재는 신규자재에 포함되므로, 입찰공고문에 따라 도급 산출내역서에 반영해야 하는 것이므로 공급 의무는 청구인에게 있음을 통보.

청구인은 해당자재의 규격이 변경되었으나 데크플레이트라는 관급자재 범주에 포함되어 신규자재가 아닌 것으로 판단하였고, 피청구인의 입찰안내서에 따라 관급금액 산출내역서를 작성·제출하여 정상적으로 계약이 체결되었으므로 해당자재의 공급의무는 피청구인에게 있다며 조정을 청구.

나. 청구 취지

청구인은 이 사건의 실시설계 기술제안 입찰 시, 원안설계의 관급자재 일부에 대해 규격을 변경하여 기술제안을 하였음에도 해당자재를 관급자재 산출내역서에 반영하였고, 계약 체결 후 사업진행과정에서 이를 인지한 피청구인은 규격 등이 변경된 해당자재는 신규자재에 포함되므로 입찰공고문에 따라 공급 의무는 청구인에게 있음을 통보하였는바, 청구인은 해당자재의 규격이 변경되었으나 데크플레이트라는 관급자재 범주에 포함되어 신규자재가 아닌 것으로 판단하였고 피청구인의 입찰안내서에 따라 관급자재 산출내역서를 작성·제출하여 정상적으로 계약이 체결되었으므로 해당자재의 공급 의무는 피청구인에게 있다며 조정을 청구.

다. 주문

피청구인은 청구인의 기술제안으로 규격이 변경된 관급자재에 대해 구매·공급하라. 단, 원안설계 금액을 초과하는 부분은 청구인이 부담한다.

라. 당사자 주장

1) 청구인 주장

① 청구인은 이 사건 입찰에 참가하여 공사 건축구조 분야 원안설계에 대하여 "1방향 중공슬래브 시스템"을 적용하고, 그에 따라 원안공사비가 ○○○원 증액되는 내용의 기술제안을 하였고, 이럴 경우 원안설계에서 관급자재로 지정된 일반 데크플레이트는 중공 데크플레이트로 변경됨.

② 청구인은 위와 같은 데크플레이트의 규격 변경 사항에 대해 데크플레이트라는 범주 내에 있으므로, "신규자재"라는 인식을 하지 못하였고, 다음과 같은 사유로 관급 산출내역서에 반영함.

첫째, 입찰안내서 제1장 일반사항 1.10 과업수행 시 준수사항 (러)항에 적시된「실시설계 기술제안 산출내역서 작성기준」관급자재산출내역서 작성기준에 의하며, 규격을 변경하는 경우에는 기존에 교부된 관급내역서의 품명, 규격, 단위, 수량을 동일하게 작성한 뒤 삭제 처리하고, 해당 공종에 신규 행을 삽입하여 품명, 규격, 단위, 수량을 제안 내용에 따라 작성해야 함.

둘째, 기술제안으로 규격이 변경되는 데크플레이트를 기존 관급 산출내역서의 변경 없이 도급 산출내역서의 직접공사비 항목에 계상할 경우, 데크플레이트가 관급 산출내역서와 도급 산출내역서에 이중으로 계상되어 내역서와 설계도면이 서로 불일치하게 되는 불합리한 결과가 초래되기 때문임.

③ 피청구인은 입찰공고문 18.2를 근거로 직접 해당 데크플레이트를 구매·공급하여 줄 수 없다는 입장이나 다음과 같은 사유로 부당함.

첫째, 기술제안 시 관급 산출내역서에 반영한 데크플레이트는 원안설계에서의 데크플레이트와 품목 자체는 동일하고, 그 규격만을 달리하므로, 이 사건 공사 입찰공고문 18.2. 소정의 "신규자재"에 해당하는 것으로 볼 수 없음.

둘째, 청구인이 입찰 참여 시 제출한 기술제안서 및 산출내역서상에는 이 사건 기술제안에 따라 데크플레이트의 규격이 변경되고, 이를 기존 도급자설치 관급금액의 범위 내에서 발주기관이 구매·공급하는 것으로 한다는 의사가 명확히 표시되어 있음.

셋째, 입찰공고문에 입찰자가 원안설계에서 정한 관급자재의 규격을 변경하였음에도 불구하고 이를 도급 산출내역서의 직접공사비 항목에 계상하지 않았을 경우, 해당 관급자재를 발주기관의 직접 구매·공급 대상에서 제외한다는 취지의 규정은 없음.

넷째, 만일 피청구인의 주장에 의할 경우, 도급자설치 관급금액은 원안설계와 동일함에도 불구하고, 이 사건 기술제안 과정에서 규격이 변경된 데크플레이트가 도급 산출내역서에 계상되지 않았다는 이유만으로, 피청구인은 해당 데크플레이트의 금액에 해당하는 비용 상당의 지출을 면하는 부당한 이득을 얻게 되는 것임.

2) 피청구인 주장

① (입찰공고문 18.2) 관련 법령 및 기준에 의해 관급자재가 입찰가격 평가시 제외됨에 따라, 발주기관 배포 관급자재 변경을 금지하되 신규자재(신규 관급자재)를 활용하여 제안하는 경우 해당 금액은 도급금액에 계상하도록 하여 평가에 포함하도록 공고서에 반영함.

이는 관급자재를 평가 또는 통제할 규정이 없는 상태에서 관급자재의 변경을 허용하는 경우, 관급자재 제안금액이 과도한 경우 공사 예산을 초과할 수 있고, 입찰 가격 평가의 불합리 발생을 방지할 필요가 있음.

입찰자들의 제안범위를 제한하는 것은 사실이나, 실시설계 기술제안입찰의 낙찰자 결정 시 "예정가격" 이하로 입찰한 자 중에서 선정하고, 가격점수는 관급자재를 제외한 입찰가격(도급금액)만으로 평가하도록 규정되어 있어 해당 공고조건은 불가피함.

② (기술제안 자재) 원안 설계의 일반 데크플레이트는 청구인이 기술제안 한 중공 데크플레이트와 성능, 규격 등이 다른 자재임.

「(계약예규)공사계약일반조건」 제20조 제1항 제2호의 "신규비목" 정의에 따르면 동일한 품목이더라도 성능, 규격 등이 다른 경우에 신규비목에 해당되며 본 입찰에 반영한 데크플레이트는 규격이 다른 자재로 같은 자재로 볼 수 없으며 분쟁의 대상이 되는 데크플레이트는 본 계약에 포함된 자재가 아니며 당초 원안의 데크플레이트와 규격 및 가격이 달라 공사예산 초과 가능성이 존재함.

③ (입찰공정성) 청구인은 기술제안으로 규격이 변경된 데크플레이트를 제외한 가격으로 입찰하여 평가를 받았음(설치비만 포함).

입찰자가 원안 산출내역서상 관급자재를 신규자재로 제안하여 도급 산출내역서가 아닌 관급내역서에 포함하여 발주기관의 부담으로 한다면, 청구인은 도급금액이 낮아져 가격점수를 높게 평가받게 되어 해당 조건을 준수한 타 업체와 비교할 때 입찰의 공정성과 형평성을 해치는 문제가 발생.

마. 사실관계
해당사항 없음.

바. 판단
청구인은 이 사건의 실시설계 기술제안 입찰 시, 원안설계의 관급자재 일부에 대해 규격 등의 변경을 수반하는 기술제안을 하면서 입찰공고문과 입찰안내서에 불명확한 부분이 있어 해당 자재를 입찰공고문 18.2의 "신규자재"로 보아 도급 산출내역서에 반영해야 하는지, 입찰안내서 1.10. (러)항에 따라 관급자재 산출내역서에 반영해야 하는지에 대해 확인이 필요했음에도 피청구인에게 문의 등 확인 절차 없이 입찰안내서 1.10. (러)항에 따라 관급자재 산출내역서에 반영하였는바, 공사입찰 설명서 유의사항에서 입찰공고문과 입찰안내서의 내용이 다른 경우 입찰공고문이 우선 적용된다는 규정에 따라 관급자재의 경우 발주기관이 정한 규격, 단가, 물량을 변경할 수 없도록 하고 있는 입찰공고문 18.2.를 위반한 사실이 인정되고 이로 인해 도급금액(도급 산출내역서)에 반영해야 할 금액을 관급금액(관급자재 산출내역서)에 반영하여 결과적으로 입찰 시 해당 조건을 준수한 타 업체보다 유리한 평가를 받게 되어 입찰의 공정성 등을 훼손하는 문제도 발생함.

한편, 피청구인은 입찰공고 시 입찰안내서 1.10. (러)항을 잘못 기재하여 청구인에게 혼란을 일으킬 수 있는 여지를 제공하였고, 기술심사 과정에서 청구인으로부터 제출받은 기술제안서 및 산출내역서를 통해 청구인의 기술제안으로 규격이 변경된 관급자재를 확인할 수 있었음에도 이를 식별하지 못하여 청구인을 낙찰자로 선정하고 관급금액(관급자재 산출내역서)에 해당 자재를 포함하여 계약을 체결함.

다만, 피청구인은 "청구인의 기술제안으로 규격이 변경된 관급자재를 도급금액(도급 산출내역서)에 반영하여도 낙찰자 선정 결과에는 변함이 없다."라고 진술하고 있고, 상기의 청구인 및 피청구인의 부주의 등을 종합적으로 고려해 볼 때 해당 자재의 구매 및 공급은 피청구인이 하되 원안 금액을 초과하는 부분에 대해서는 청구인이 부담하는 것이 타당한 것으로 판단됨.

조정 5 입찰공고 관련 청구

가. 사건 개요

청구인은 피청구인이 공고한 용역의 입찰공고 확인 후 "담합으로 인한 부당한 용역 실적을 배제시켜 달라"는 취지의 이의제기를 피청구인에 신청함.

청구인은 불법적인 담합행위로 수주한 용역이 낙찰자를 선정하는 데 결정적인 요인으로 작용하게 된다면 입찰의 공정성을 현저하게 훼손하는 것이며 과거 불법적인 담합행위로 수주한 사업에 대해서는 평가 기준에서 완전히 배제시키고 실적으로 인정해서는 아니 된다고 주장함.

이에 대해 피청구인은, 해당 담합행위와 관련하여 부정당업자제재 및 손해배상청구 등 법령에 따른 모든 제재를 다하였고, 손해를 전보받았으며, 담합에 기한 계약으로 인하여 수행한 실적을 사업수행능력평가(PQ평가)에서 인정하지 아니할 논리적 필연성이 존재하지 않음.

나. 청구 취지

피청구인은 이 사건 공고의 사업수행능력 평가에서 담합 사실이 밝혀진 용역 실적은 인정하여서는 아니 된다.

다. 주문

청구인의 청구를 기각한다.

라. 당사자 주장

1) 청구인 주장

① 해당 용역은 일정 점수 이상의 PQ 평가 종합평점을 가진 자를 1차적으로 입찰적격자로 선정한 후, PQ점수와 입찰가격 점수를 합산해 일정 점수 이상인 업체 중 최저가격으로 투찰한 업체를 낙찰자로 선정함.

해당 입찰 공고의 PQ 평가 항목 중 상대평가가 적용된 항목은 3가지(전문화 정도, 경력, 참여의향서)이며, 그중 배점이 가장 큰 항목은 업체 능력을 평가하는 "경력" 분야이며, "경력" 분야는 최근 5년간 수행한 국내·외 유사용역 중 실적금액이 건당 40억 원 이상인 용역 "건수"와 "금액"에 대해 상대평가함.

② 현행 PQ 평가 기준에서 동일 용역 실적(가중치계수 100%)으로 인정받을 수 있는 용역 중 일부는 과거 담합행위가 입증되어 각각 2016년, 2017년에 공정거래위원회로부터 시정명령 및 과징금 부과조치를 받음.

③ 이러한 불법적인 담합행위로 수주한 용역이 PQ 진행 과정에서 실적으로 인정되어 높은 점수를 받고, 그에 따라 낙찰자로 선정되는 데 큰 기여를 한다면 이는 입찰의 공정성을 훼손하는 것임.

담합은 「국가를 당사자로 하는 계약에 관한 법률」(이하 "국가계약법"이라 함) 제5조의2 "청렴계약"에 따라 공정한 경쟁을 방해하는 행위로 중대한 불법행위이며 이에 따른 용역 수행이 완료되었다고 하여 불법성이 사라지는 것은 아님.

④ 따라서 계약의 공정성과 형평성 확보를 위해 PQ 평가기준에서 "담합으

로 부당하게 취득한 용역 실적"은 완전히 배제하고 실적으로 인정하지 아니해야 함.

2) 피청구인 주장

① 현행 법체계는 담합행위를 한 행위자에 대하여 여러 측면에서 제재를 가하고 있으며, PQ 기준은 담합행위에 대한 제재와는 다른 차원의 요건을 정하고 있으며 PQ 평가 기준에서 이를 제외하는 것은 실정법상 근거가 없으므로, PQ 심사에서 담합으로 취득한 실적을 배제하지 않더라도 위법 부당한 것이 아님.

② 국가 또는 공공기관은 계약상대자에 대한 자격을 판단할 때 적극적으로 일정 수준 이상을 요구하기도 하고, 소극적으로 어떤 사유가 부존재 할 것을 기본적으로 요구하기도 함.

전자는 계약을 이행할 능력이 없는 자가 계약을 체결하는 문제점을 차단하기 위한 방법으로, 특히 계약 이행 시 인적·물적 능력이 필요한 경우에 필수적이며 이와 관련된 것이 PQ 혹은 적격심사임.

후자는 특정한 이력이 있는 자에게는 부정당업자의 입찰참가자격 자체를 제한하는 방법으로 이때는 처분에서 정한 기간 동안 국가, 지방자치단체 및 공공기관의 입찰참가가 제한됨.

③ 담합은 불법적인 행위이며 현행법은 이에 대해 공정거래위원회의 조사 및 과징금 처분, 특정 기간동안 부정당업자 입찰참가자격제한 및 손해배상 책임 부담 등 여러 제재를 부과하고 있음.

④ 결국 담합이라는 행위의 불법성은, 담합행위와 그 담합으로 인하여 체결한 계약의 이행 행위를 관찰할 때 전자에 대하여 불법성이 인정되는 것이지 후자의 효력을 직접 문제 삼는 것이 아님.

계약의 이행에 일정한 수준 이상을 요구하는 적극적인 요건인 PQ의 한 요건으로 경력(이행실적)이 포함될 수 있고, 그 경력은 "계약 이행"이라는 별도 사실에 착안한 것이며 현행 국가계약법령과 이에 따른 행정규칙인「(계약예규)적격심사기준」을 보면, 담합행위로 체결한 계약의 이행 실적을 PQ에서 제외하여야 한다는 취지의 규정은 존재하지 않음.

⑤ 피청구인은 이 용역 사전공고('24.00.00.)에 질의를 남긴 업체들을 대상으로 설명회('24.00.00.)를 실시하였고 청구인도 당시 설명회에 참석하였으나, 이 사건 조정 청구와 같은 의견은 제시하지 않았음.

⑥ 피청구인은 기존 담합행위자에 대해 법령에 따른 제재를 가하고 손해를 전보받았으며, 법령에 따라 PQ기준을 마련하였으므로 이 사건 입찰공고는 현행 법령에 어긋나는 부분이 없음.

마. 판단

불법적 담합행위로 수주한 과거 실적은 사업수행능력평가(PQ평가)에서 제외하여야 하는지와 관련하여, PQ평가는 업체가 해당 과업을 수행할 실질적인 능력이 있는지를 객관적으로 확인 및 평가하는 절차이므로, 과거 용역 실적이 불법행위와 관련되어 있는지는 PQ평가와 관계없는 사항임. 따라서 과거 불법적 담합행위로 인해 일정 기간의 입찰참가자격 제한, 과징금 및 불법행위에 따른 손해배상 등과 같은 행정적·민사적 제재를 받았다는 사실과 별개로, 현행 국가계약 법령과 이에 따른 행정규칙인「(계약예규)적격심사기준」등에서 "담합을 하고 체결한 계약의 이행 실적은 사업수행능력평가(PQ) 기준에서 제외하여야 한다."라는 취지의 규정은 찾아볼 수 없으므로 해당 실적을 제외하고 입찰절차를 진행할 수는 없음. 이와 같이 과거 불법적 담합행위로 취득한 실적이라 하더라도, 입찰참가자격 제한에 따른 "입찰이 제한되는 기간"에 있지 않는 한, 동 실적을 통해 특정 입찰참가자가 해당 용역을 수행할 수 있는 능력이 있는 것으로 확인된다면 용역의 평가지표로 활용 가능함.

라. 유권해석 사례

해석 사례 17 특정업체가 물품공급을 독점하는 일반 품목의 협약체결

【회 신】　　　　　　　　　　　　(계약제도과-568, 2013.05.15.)

　　국가기관이 특수한 성능·품질 등의 납품능력이 요구되는 물품을 구매하고자 하는 경우에는 계약예규 '정부 입찰·계약 집행기준' 제5조의3 제2항 및 제3항에 따라 입찰공고 전에 제조사(기술지원사)와 물품공급(기술지원) 협약을 체결하되, 동 협약내용을 입찰공고에 명시하고 낙찰자 결정 후 낙찰자에게 그 사본을 제공함으로써 낙찰자가 제조사(기술지원사)로부터 물품공급(기술지원)확약서를 발급받을 수 있도록 해야 함. 동 규정은 물품 제조사(기술지원사)가 과도한 사용료 및 지원조건을 요구하는 등의 지위를 남용하는 것을 막아 낙찰자의 원활한 계약체결 및 이행을 도모하고자 도입된 것으로서, 동 규정의 취지를 감안할 때 특정업체가 물품 공급을 독점하고 있는 일반 물품의 경우에도 동일하게 적용된다고 보는 것이 타당할 것임.

해석 사례 18 협상에 의한 계약 공고 시 사업예산 확정 여부

【회 신】　　　　　　　　　　　　(계약제도과-724, 2014.06.02.)

　　계약예규「협상에 의한 계약체결기준」제4조 제2항 제1호에 따르면 계약담당공무원은 입찰공고에 사업명, 사업내용, 사업기간, 사업예산을 명시하여야 함. 해당 규정에서 사업예산은 원칙적으로 확정된 해당사업 예산을 명시하는 것이 적정할 것이나, 입찰공고 시 사업예산이 확정되지 않아 범위를 정하여 공고하여야 하는 사유가 있는 경우에는 범위를 정하여 공고하는 것도 가능할 것임.

해석 사례 19 예산 배정 전 입찰공고 가능 여부

【회 신】 (계약제도과-614, 2016.05.02.)

「국고금관리법」 제20조에 따르면 지출원인행위는 배정된 예산을 전제로 하고, 「국가를 당사자로 하는 계약에 관한 법률 시행령」 제7조에 따르면 추정가격(입찰공고 시 공개)은 예산에 계상된 금액을 기준으로 산정되므로 당해 연도 예산이 확정되기 전 또는 당해 연도에 예산이 배정되기 전에 입찰공고를 하는 것은 원칙적으로 곤란할 것임.

해석 사례 20 입찰공고 정정 또는 취소 시 입찰자의 동의

【회 신】 (계약제도과-613, 2017.05.26.)

국가계약에 있어서 경쟁입찰에 부치고자 하는 경우 「국가를 당사자로 하는 계약에 관한 법률 시행령」에 따라 입찰공고를 하여야 하며, 입찰공고 중 내용의 오류나 법령 위반 사항이 발견되어 공고 사항의 정정이 필요한 경우에는 입찰 공고 중인 경우에는 입찰 정정공고를 할 수 있고, 입찰 진행 중(낙찰자 결정 전)인 경우에는 낙찰자 결정 전에 당해 입찰을 취소할 수 있을 것임. 이 경우 입찰자의 동의가 필요한 것은 아님.

해석 사례 21 입찰공고 정정 또는 새로운 입찰공고

【회 신】 (계약제도과-759, 2019.05.09.)

「국가를 당사자로 하는 계약에 관한 법률 시행령」 제33조 제2항에는 "각 중앙관서의 장 또는 계약담당공무원은 제1항에 따른 입찰공고 중 내용의 오류나 법령 위반 사항이 발견되어 공고 사항의 정정이 필요한 경우에는 남은 공고기간에 5일 이상을 더하여 공고하여야 한다."라고 규정하고 있으므로, 공고

내용의 오류나 법령 위반 사항이 있는 경우에는 정정공고를 할 수 있다고 할 것임. 구체적인 경우에 있어서 정정공고를 할 것인지 기존의 공고를 취소하고 새로운 입찰공고를 할 것인지에 대하여는 제반 사항을 고려하여 발주기관에서 판단할 사항임.

해석 사례 22 입찰공고 취소 사유

【회신】　　　　　　　　　　　　　　(계약정책과-1626, 2021.12.20.)

각 중앙관서의 장 또는 계약담당공무원은 「국가를 당사자로 하는 계약에 관한 법률 시행령」 제33조 제2항에 따라 "입찰공고 중 내용의 오류나 법령 위반 사항이 발견되어 공고 사항의 정정이 필요한 경우에는 남은 공고 기간에 5일 이상을 더하여 공고"를 해야 함. 따라서 각 중앙관서의 장 또는 계약담당공무원은 공고 기간 중에 내용의 오류나 법령 위반 사항이 발견되어 정정이 필요한 경우 정정공고를 해야 하며, 국가계약법령에 입찰의 취소에 대하여 규정하고 있지 않으나 내용의 오류나 법령 위반 사항이 공고 기간 종료 후 낙찰자 결정통지 전에 발견된 경우 또는 사업계획변경 등 입찰을 취소해야 하는 불가피한 사유가 발생한 경우에 입찰을 취소할 수 있을 것임.

마. 판례

판례 입찰공고와 설계비 보상

(대법원 2024. 1. 25. 선고, 2020다206472 판결)

입찰공고의 주체가 입찰공고 당시 "낙찰자로 결정되지 아니한 자는 설계비의 일부를 보상받을 수 있다."고 정하였고 입찰자가 이에 응하여 입찰에 참여한 다음 입찰공고의 주체가 낙찰자를 결정하였다면, 특별한 사정이 없는 한 입찰공고의 주체와 낙찰탈락자 사이에는 미리 공고에서 정한 바에 따른 설계보상비 지급에 관한 계약이 체결되었다고 볼 수 있고, 그 계약의 구체적인 내용은 입찰공고, 입찰안내서 등 입찰 당시에 입찰자에게 제시된 문서들 중 설계보상비 지급과 관련된 부분에 의하여 정해진다고 보아야 함.

5. 입찰보증금 및 계약보증금 국가귀속

가. 의의

입찰보증금은 낙찰자로 선정된 자의 계약 체결 의무를 담보하기 위하여 입찰참가자에게 입찰 시 납부하도록 한 것이고, 계약보증금은 성실한 계약의 이행을 담보하기 위하여 계약 체결 시 계약상대자에게 납부하도록 한 현금, 보증서 등을 말한다.

입찰보증금은 입찰금액의 100분의 5 이상으로 하며, 낙찰자가 계약을 체결하지 아니하면 해당 입찰보증금을 국고에 귀속한다. 설사 입찰 당시에 입찰보증금의 전부 또는 일부를 면제받은 낙찰자라 할지라도 계약을 체결하지 아니하면 입찰보증금에 해당하는 금액을 발주기관에 납부하여야 한다. 다만, 계약을 체결하지 아니한 사유가 낙찰자의 귀책사유로 볼 수 없고, 발주기관과 명시적·묵시적 합의에 따른 것이라면 입찰보증금을 국고에 귀속할 수 없다고 보아야 한다. 여기서 국고귀속은 "낙찰자"가 계약을 체결하지 아니할 경우이며, "낙찰예정자" 또는 입찰참가자격이 없는 자가 입찰에 참가하여 낙찰받은 경우는 "낙찰자"에 해당하지 않는다.

계약보증금은 일반적으로 계약금액의 100분의 10 이상으로 납부한다. 단가계약의 경우에는 매회별 이행예정량 중 최대량에 계약단가를 곱한 금액의 100분의 10 이상, 장기계속계약인 경우에는 1차수 계약 체결 시 부기한 총공사 또는 총제조 등 금액의 100분의 10 이상으로 한다.

만약 계약상대자가 계약상의 의무를 이행하지 아니하면 계약보증금을 국고에 귀속한다.

[관련 규정]

국가계약법 제9조(입찰보증금)

① 각 중앙관서의 장 또는 계약담당공무원은 경쟁입찰에 참가하려는 자에게 입찰보증금을 내도록 하여야 한다. 다만, 대통령령으로 정하는 경우에는 입찰보증금의 전부 또는 일부의 납부를 면제할 수 있다.

② 제1항에 따른 입찰보증금의 금액, 납부방법, 그 밖에 필요한 사항은 대통령령으로 정한다.

③ 각 중앙관서의 장 또는 계약담당공무원은 낙찰자가 계약을 체결하지 아니하였을 때에는 해당 입찰보증금을 국고에 귀속시켜야 한다. 이 경우 제1항 단서에 따라 입찰보증금의 전부 또는 일부의 납부를 면제하였을 때에는 대통령령으로 정하는 바에 따라 입찰보증금에 해당하는 금액을 국고에 귀속시켜야 한다.

제12조(계약보증금)

① 각 중앙관서의 장 또는 계약담당공무원은 국가와 계약을 체결하려는 자에게 계약보증금을 내도록 하여야 한다. 다만, 대통령령으로 정하는 경우에는 계약보증금의 전부 또는 일부의 납부를 면제할 수 있다.

② 제1항에 따른 계약보증금의 금액, 납부방법, 그 밖에 필요한 사항은 대통령령으로 정한다.

③ 각 중앙관서의 장 또는 계약담당공무원은 계약상대자가 계약상의 의무

를 이행하지 아니하였을 때에는 해당 계약보증금을 국고에 귀속시켜야 한다. 이 경우 제1항 단서에 따라 계약보증금의 전부 또는 일부의 납부를 면제하였을 때에는 대통령령으로 정하는 바에 따라 계약보증금에 해당하는 금액을 국고에 귀속시켜야 한다.

국가계약법 시행령 제37조(입찰보증금)

① 법 제9조에 따른 입찰보증금은 입찰금액(단가에 대해 실시하는 입찰인 경우에는 그 단가에 매회별 이행예정량 중 최대량을 곱한 금액. 이하 이 항에서 같다)의 100분의 5 이상으로 해야 한다. 다만, 「재난 및 안전관리 기본법」 제3조 제1호의 재난이나 경기침체, 대량실업 등으로 인한 국가의 경제위기를 극복하기 위해 기획재정부장관이 기간을 정하여 고시한 경우에는 입찰보증금을 입찰금액의 1천분의 25 이상으로 할 수 있다.

② 입찰보증금은 현금(체신관서 또는 「은행법」의 적용을 받는 은행이 발행한 자기앞수표를 포함한다. 이하 같다) 또는 다음 각 호의 보증서 등으로 납부하게 해야 한다.

1. 「국가재정법 시행령」 제46조 제4항에 따른 금융기관(이하 "금융기관"이라 한다) 및 「은행법」에 따른 외국은행이 발행한 지급보증서

2. 「자본시장과 금융투자업에 관한 법률 시행령」 제192조에 따른 증권

3. 「보험업법」에 따른 보험회사가 발행한 보증보험증권

4. 다음 각 목의 어느 하나에 해당하는 기관이 발행한 채무액 등의 지급을 보증하는 보증서

　　가. 「건설산업기본법」에 따른 공제조합

　　나. 「전기공사공제조합법」에 따른 전기공사공제조합

　　다. 「신용보증기금법」에 따른 신용보증기금

　　라. 「기술보증기금법」에 따른 기술보증기금

　　마. 「정보통신공사업법」에 따른 정보통신공제조합

바. 「엔지니어링산업 진흥법」에 따른 엔지니어링공제조합

사. 「산업발전법」에 따른 공제조합

아. 「소프트웨어 진흥법」에 따른 소프트웨어공제조합

자. 「전력기술관리법」에 따른 전력기술인단체(산업통상자원부장관이 기획재정부장관과 협의하여 고시하는 단체에 한정한다)

차. 「건설폐기물의 재활용촉진에 관한 법률」에 따른 공제조합

카. 「골재채취법」에 따른 공제조합

타. 「지역신용보증재단법」에 따른 신용보증재단

파. 「관광진흥법」에 따른 한국관광협회중앙회

하. 「방위사업법」 제43조에 따라 보증업무를 수행하는 기관으로 지정받은 자

거. 「건설기술 진흥법」에 따른 공제조합

너. 「소방산업의 진흥에 관한 법률」에 따른 소방산업공제조합

더. 「국가유산수리 등에 관한 법률」에 따른 국가유산수리협회

러. 「건축사법」에 따른 건축사공제조합

머. 「중소기업협동조합법」에 따른 중소기업중앙회

버. 「콘텐츠산업 진흥법」 제20조의2에 따른 콘텐츠공제조합

서. 「폐기물관리법」 제41조에 따른 폐기물 처리 공제조합

어. 「공간정보산업 진흥법」 제24조에 따른 공간정보산업협회

저. 「한국해양진흥공사법」에 따른 한국해양진흥공사

처. 「조달사업에 관한 법률」 제32조의2에 따른 조달기업공제조합

5. 제1호에 규정된 금융기관 및 외국금융기관과 체신관서가 발행한 정기예금증서

6. 「자본시장과 금융투자업에 관한 법률」에 따라 신탁업자가 발행하는 수익증권

7. 「자본시장과 금융투자업에 관한 법률」에 따라 집합투자업자가 발행하는

수익증권

③ 법 제9조 제1항 단서에 따라 입찰보증금의 전부 또는 일부의 납부를 면제할 수 있는 자는 다음 각 호와 같다.

1. 국가기관 및 지방자치단체

2. 「공공기관의 운영에 관한 법률」에 따른 공공기관

3. 국가 또는 지방자치단체가 기본재산의 100분의 50 이상을 출연 또는 출자(법률의 규정에 의하여 귀속시킨 경우를 포함한다. 이하 같다)한 법인

4. 「농업협동조합법」에 의한 조합·조합공동사업법인 및 그 중앙회(농협경제지주회사 및 그 자회사를 포함한다), 「수산업협동조합법」에 따른 어촌계·수산업협동조합 및 그 중앙회, 「산림조합법」에 따른 산림조합 및 그 중앙회, 「중소기업협동조합법」에 따른 중소기업협동조합 및 그 중앙회

5. 「건설산업기본법」·「전기공사업법」·「정보통신공사업법」·「건설폐기물의 재활용촉진에 관한 법률」·「골재채취법」 또는 「국가유산수리 등에 관한 법률」 등의 법령에 따라 허가·인가·면허를 받았거나 등록·신고 등을 한 자로서 입찰공고일 현재 관련 법령에 따라 사업을 영위하고 있는 자. 다만, 다음 각 목의 어느 하나에 해당하는 자는 제외한다.

    가. 입찰공고일 이전 1년 이내에 제76조 제2항 제2호 가목의 사유로 입찰참가자격제한을 받은 자(입찰참가자격 제한 기간 중인 경우를 포함한다)

    나. 계약체결을 기피할 우려가 있어 각 중앙관서의 장 또는 계약담당공무원이 입찰공고에 명시한 요건에 해당하는 자

5의2. 「기후위기 대응을 위한 탄소중립·녹색성장 기본법」 제60조 제2항에 따라 녹색기술, 같은 법 제66조 제4항에 따른 녹색제품 등에 대한 적합성 인증을 받거나 녹색전문기업으로 확인을 받은 자 중 기획재정부장관이 정하는 기준에 해당하는 자

6. 기타 경쟁입찰에서 낙찰자로 결정된 후 계약체결을 기피할 우려가 없다고 인정되는 자

④ 각 중앙관서의 장 또는 계약담당공무원은 제3항에 따라 입찰보증금의 전부 또는 일부의 납부를 면제받은 자로 하여금 법 제9조 제3항에 따른 국고귀속사유가 발생한 때에는 입찰보증금에 해당하는 금액을 납입할 것을 보장하기 위해 그 지급을 확약하는 내용의 문서를 제출하게 해야 한다.

제38조(입찰보증금의 국고귀속)

① 각 중앙관서의 장 또는 계약담당공무원은 제37조 제2항의 규정에 의하여 입찰보증금을 보증서 등으로 받은 경우 법 제9조 제3항의 규정에 의한 입찰보증금의 국고귀속사유가 발생한 때에는 지체없이 그 뜻을 제37조 제2항 각 호의 해당 금융기관 또는 보증기관과 관계수입징수관 또는 유가증권취급공무원 등에게 통지하고 기획재정부령이 정하는 바에 의하여 당해 입찰보증금을 현금으로 징수하게 하거나 정부소유유가증권으로 전환하게 하여야 한다.

② 각 중앙관서의 장 또는 계약담당공무원은 법 제9조 제1항 단서의 규정에 의하여 입찰보증금의 전부 또는 일부의 납부를 면제받은 자에게 법 제9조 제3항의 규정에 의한 국고귀속사유가 발생한 때에는 그 뜻과 함께 제37조 제4항의 규정에 의하여 지급을 확약한 문서를 갖추어 관계수입징수관에게 통지하고 당해 낙찰자로부터 입찰보증금에 상당하는 금액을 현금으로 징수하게 하여야 한다.

제50조(계약보증금)

① 각 중앙관서의 장 또는 계약담당공무원은 법 제12조에 따른 계약보증금을 계약금액의 100분의 10 이상으로 납부하게 해야 한다. 다만, 「재난 및 안전관리 기본법」 제3조 제1호의 재난이나 경기침체, 대량실업 등으로 인한 국가의 경제위기를 극복하기 위해 기획재정부장관이 기간을 정하여 고시한 경우에는 계약보증금을 계약금액의 100분의 5 이상으로 할 수 있다.

② 단가계약에 의하는 경우로서 여러 차례로 분할하여 계약을 이행하게 하는 때에는 제1항의 규정에 불구하고 매회별 이행예정량 중 최대량에 계약단가를 곱한 금액의 100분의 10 이상을 계약보증금으로 납부하게 하여야 한다.

③ 장기계속계약에 있어서는 제1차 계약체결 시 부기한 총 공사 또는 총 제조 등의 금액의 100분의 10 이상을 계약보증금으로 납부하게 하여야 한다. 이 경우 당해 계약보증금은 총 공사 또는 총 제조 등의 계약보증금으로 보며, 연차별계약이 완료된 때에는 당초의 계약보증금 중 이행이 완료된 연차별계약금액에 해당하는 분을 반환하여야 한다.

⑥ 제12조 제1항 단서에 따라 계약보증금의 전부 또는 일부를 면제할 수 있는 경우는 다음 각 호와 같다.

1. 제37조 제3항 제1호부터 제4호까지 및 제5호의2에 규정된 자와 계약을 체결하는 경우

3. 계약금액이 5천만 원 이하인 계약을 체결하는 경우

4. 일반적으로 공정·타당하다고 인정되는 계약의 관습에 따라 계약보증금 징수가 적합하지 아니한 경우

5. 이미 도입된 외자시설·기계·장비의 부분품을 구매하는 경우로서 당해 공급자가 아니면 당해 부분품의 구입이 곤란한 경우

⑦ 계약보증금은 현금 또는 제37조 제2항 각 호에 규정한 보증서 등으로 이를 납부하게 하여야 한다.

⑧ 「자본시장과 금융투자업에 관한 법률 시행령」 제192조에 따른 증권 또는 현금으로 납부된 계약보증금을 계약상대자가 특별한 사유로 제37조 제2항 제1호 내지 제5호에 규정된 보증서 등으로 대체납부할 것을 요청한 때에는 동 가치 상당액 이상으로 대체납부하게 할 수 있다.

⑩ 제37조 제4항의 규정은 제6항 제1호 내지 제3호 및 제5호의 규정에 의하여 계약보증금의 전부 또는 일부를 면제한 경우에 이를 준용한다.

제51조(계약보증금의 국고귀속)

① 각 중앙관서의 장 또는 계약담당공무원은 계약상대자가 정당한 이유없이 계약상의 의무를 이행하지 아니한 때에는 제50조의 규정에 의한 계약보증금(제52조 제1항 제2호 및 제3호의 규정에 의한 보증금액을 포함한다. 이하 같다)을 법 제12조 제3항의 규정에 의하여 국고에 귀속시켜야 한다. 이 경우 제75조 제1항의 규정을 준용한다.

② 제1항을 적용할 때 다음 각 호의 경우에는 해당 호에서 정하는 바에 따라 계약보증금을 국고에 귀속시켜야 한다.

1. 성질상 분할할 수 있는 공사·물품 또는 용역 등에 관한 계약(법 제22조에 따른 단가계약은 제외한다)의 경우로서 기성부분 또는 기납부분을 검사를 거쳐 인수(인수하지 않고 관리·사용하고 있는 경우를 포함한다)한 경우: 당초의 계약보증금 중 기성부분 또는 기납부분에 해당하는 계약보증금은 제외하고 국고에 귀속

2. 법 제22조에 따른 단가계약의 경우로서 여러 차례로 분할하여 계약을 이행하는 경우: 당초의 계약보증금 중 이행이 완료된 부분에 해당하는 계약보증금은 제외하고 국고에 귀속

③ 제1항의 규정은 장기계속계약에 있어서 계약상대자가 제69조 제2항 후단 및 동 조 제3항의 규정에 의한 2차 이후의 공사 또는 제조 등의 계약을 체결하지 아니한 경우에 이를 준용한다.

④ 제1항부터 제3항까지의 규정에 따라 계약보증금을 국고에 귀속시키는 경우 그 계약보증금을 기성부분에 대한 미지급액과 상계 처리해서는 안 된다. 다만, 계약보증금의 전부 또는 일부를 면제한 경우에는 국고에 귀속시켜야 하는 계약보증금은 기성부분에 대한 미지급액과 상계 처리할 수 있다.

⑤ 제38조 제1항 및 제2항의 규정은 계약보증금의 국고귀속의 경우에 이를 준용한다.

나. 사례 해설

조정6 사례에서 위원회는 계약보증금이 손해배상액의 예정으로서의 법적 성질을 가짐에 따라 계약이행에 있어 계약상대자의 불가피한 사정 등을 고려하여 계약보증금을 감액하였다. 이 사례는 입찰보증금의 국고귀속에도 동일하게 적용될 수 있다.

입찰보증금은 손해배상액의 예정으로서의 법적 성질을 갖는다. 따라서 발주기관은 낙찰자의 계약체결의무 불이행의 사실만 입증하면 손해의 발생 및 그 손해액을 입증하지 않고도 입찰보증금을 국고에 귀속시킬 수 있다.[12] 그러나 실제 손해액이 예정액보다 크다는 것을 입증하여도 그 초과액을 국고에 귀속시킬 수는 없다. 다만, 예정액이 부당하게 과다한 경우 법원은 직권으로 적당하게 감액할 수 있다(민법 제398조 제2항).[13] 따라서 계약상대자는 입찰보증금 귀속사유가 존재함에도 그 귀속되는 보증금액이 과다하다고 주장하며 그 감액을 구할 수 있다.[14]

조정7 사례는 입찰보증금을 국고귀속함에 있어 그 대상이 낙찰자의 지위에 있는지에 대한 판단이 문제된 사건이다. 위원회는 발주기관이 입찰공고에 따라 낙찰자 결정을 하였음에도 불구하고 그 낙찰자 결정 방법은 법적인 근거가 없다는 점을 들어 청구인은 낙찰자 지위에 있지 않으므로 입찰보증금 국고귀속의 대상이 되지 않는다고 보았다. 앞의 입찰공고 부분에서 설명한 바와

---

[12] 대법원 2000. 12. 8. 선고 2000다50350 판결; 1991. 1. 11. 선고 90다8053 판결; 1975. 3. 25. 선고 74다296 판결.

[13] 대법원 2000. 12. 8. 선고 2000다35771 판결; 1999. 4. 23. 선고 98다45546 판결.

[14] 김대인 외 3인, 국가계약 당사자의 권리구제제도에 대한 연구, (사)한국공공계약법학회, 2025

같이 발주기관은 입찰공고 내용의 오류 또는 법령 위반 사항을 발견한 경우 정정공고를 하거나 해당 입찰을 취소하여야 한다. 그러함에도 발주기관이 이를 발견하지 못한 경우 그로 인한 책임을 입찰참가자 등에게 전가하기는 어렵다고 할 것이다.

계약보증금의 국고귀속과 관련하여 유권해석은 계약상의 의무를 전제로 하므로 입찰서류가 허위로 밝혀진 경우와 같이 계약상의 의무와 관계가 없는 사유로 계약을 이행하지 못하게 된 경우에는 계약보증금을 국고에 귀속시킬 수 없다고 보았다.

다. 분쟁조정 사례

조정 6 계약보증금 관련 조정 청구

가. 사건 개요

청구인은 '20.○○.○○. 피청구인이 입찰공고한 "물품1 등 2항목 구매(항공)" 사업의 낙찰자로서, '20.○○.○○. 피청구인과 이 사건 계약을 체결한 자로서, 청구인의 주장에 의하면, 이 사건 물품1은 A사로부터 부품을 공급받아야만 납품이 가능하나, A사측에서 본 부품은 방산물자 품목으로 청구인 업체에 제공할 수 없다고 하여, 납품이 불가능함을 피청구인에게 통보하고 계약을 해지하였으며, 청구인의 계약이행에 귀책사유가 없다는 점을 피청구인도 인정하였기 때문에 청구인을 부정당업자로 제재하지 않았음에도, 피청구인은 '22.○○.○○. 서울보증보험에 계약보증금을 청구하였고, 청구인이 이에 대해 이의제기를 하였음에도, 피청구인이 부정당업자 제재와 계약보증금 국가귀속은 별개의 조치라는 취지로, 종전의 계약보증금 국고귀속 결정을 유지('22.○○.○○)함에 따라, 청구인은 이에 불복하여 '22.○○.○○. 국가계약분쟁조정위원회에 재심을 청구함.

나. 청구 취지

청구인은 이 사건 계약 이행을 위해 A사에 "물품1 등 2항목 구매(항공)" 구매를 의뢰하였으나, A사가 '21.○○.○○. 해당 물품이 방산물자 품목에 해당되어 제공이 불가능하다고 회신함에 따라 피청구인에게 납품이 불가능하다고 통보하면서 계약 해지를 요청하였고 계약이 해지되었는바, 청구인의 귀책사유 없이 본 계약에 따른 제품을 납품할 수 없었음에도 피청구인이 계약보증금 ○○○원을 귀속할 것을 요구하는 것은 부당한 조치이므로 청구를 철회할 것을 조정 청구.

다. 주문

피청구인은 이 사건 계약과 관련하여 계약보증금 중 1/2인 ○○○원만 국가 귀속하기로 한다.

라. 당사자 주장

1) 청구인 주장

① (관련업체 물품제공 불가 회신) 청구인은 이 사건 계약 내용인 제품을 제조하기 위해 "물품1 등 2항목 구매"와 관련하여 A사에게 구매를 의뢰하였으나, A사는 '21.○○.○○. "본 품목은 외국의 B사로부터 라이센스 계약하에 공급받는 방산물자 품목으로 귀사에는 제공이 불가함."이라고 청구인에게 회신함.

이에 청구인은 위와 같은 사실을 피청구인에게 통보하였고, 피청구인은 '22.○○.○○. 입찰참가자격제한 처분은 내리지 않는다는 공문을 청구인에게 송부함.

따라서, 피청구인이 청구인을 입찰참가자격제한 처분을 내리지 않겠다고 판단한 것은, 청구인이 이 사건 물품을 제조하지 못한 점에 정당한 이유가 있다고 인정한 것이므로 계약해지에 따른 계약보증금 국고귀속은 부당하다고 할 것임.

2) 피청구인 주장

① (계약불이행은 청구인 귀책사유) 청구인은 2회에 걸친 입찰공고에 단독 입찰 참여하였고, 피청구인은 수의협상 진행을 위하여 계약 품목의 공급 가능 여부와 계약의사를 청구인에게 확인 요청하였으며(입찰공고문에도 입찰참가자를 대상으로 납품가능여부 확인 및 책임관계 포함 명시) 청구인은 납품이 가능하다고 하였음.

그러나, 계약체결('20.○○.○○.) 한참 후에 청구인은 직접 국내 공급업체인 A사를 상대로 구매가능여부를 문의한 결과 제공불가 통보를 받고('21.○○.○○.), 이를 근거로 청구인의 자체판단으로 피청구인에게 계약해지를 요청하였으나, 피청구인의 사업부서(○○○○○과)에서 대상품목의 "방산물자" 여부에 대해 국내 공급업체 A사에 대상 재확인 결과 방산물자가 아님을 최종 확인하였음('22.○○.○○.).

따라서, 대상품목의 방산물자 미대상 확인 등 납품 미이행은 정당한 이유가 없는 청구인의 귀책사유로 판단되므로 계약보증금 국고귀속조치는 정당하다고 할 것임.

또한, 입찰참가제한제도와 계약미이행에 따른 계약보증금 국고귀속은 별개의 제도로서 전자에 대한 제재처분을 내리지 않았다고 하여 후자의 조치를 취하지 못하는 것은 아니므로 이 점에 대한 청구인의 주장도 부당함.

마. 사실관계

청구인과 피청구인이 A사 통해 받은 공문이 각각 존재함.

바. 판단

청구인은 계약체결 전에 수의협상을 통해 관련업체로부터 물품을 조달받을 수 있는지 사전에 조사를 하여 납품가능여부를 확정한 후 계약체결 여부를 결정할 수 있었다고 충분히 판단됨에도, 계약체결('20.○○.○○.) 후 시간이 많이 경과한 상태('21.○○.○○.)에서 관련 업체로부터 방산물품이란 이유로 물품 제공이 어렵다는 회신을 받고 나서야 계약해지를 요청한 점이 인정되어 청구인의 과실이 적다고 볼 수 없으나, 청구인과 피청구인의 자료에 의하면 관련 업체가 이 사건 물품 제공과 관련하여 방산물품인지 여부에 대해 양 당사자에게 혼동을 일으키게 한 점이 인정되고, 청구인 입장에서도 입찰참여 시 이 사건 물품이 방산물품이라고 예측하기 곤란한 점 등이 인정되므로, 이 사건 계약 불이행의 귀책사유가 전적으로 청구인의 잘못이라고 단정하기 어렵다는 점을 감안하여, 피청구인은 계약보증금 중 1/2인 ○○○원만 국고귀속 조치하는 것이 타당하다고 판단된다.

조정 7 입찰보증금 관련 청구

가. 사건 개요

청구인의 낙찰포기서 제출에 대해 피청구인은 입찰보증금 국고귀속 통보하였고, 이에 청구인은 '19년 최저가 낙찰제가 폐지되었고, 피청구인이 적격심사를 하지 않고 낙찰자를 결정한 것은 규정* 위반으로 무효이고, 낙찰자가 아닌 계약심사 대상으로 인지하고 심사점수 미달로 1순위를 포기한 것으로 낙찰자의 지위로서 포기서를 제출한 것이 아니라고 주장.

* 국가계약법 시행령 제42조: 예정가격 이하로서 최저가격으로 입찰한 자의 순으로 계약이행능력 및 기획재정부장관이 정하는 일자리창출 실적 등을 심사하여 낙찰자를 결정한다.

이에 대해 피청구인은 입찰공고문에 최종 낙찰자를 최저가격으로 결정한다고 명시**하였으므로 청구인의 주장은 이유 없는바, 청구인을 낙찰자로 결정하고, 계약체결을 요청에 대해 청구인은 낙찰 포기각서를 제출하였으므로 입찰보증금 부과는 적법한 조치라고 주장.

** 입찰공고문(낙찰자 결정): 「국가계약법 시행령」 제42조 및 제47조의 규정에 의거 예정가격 이하로서 최저가격으로 입찰한 순으로 최종낙찰자를 결정합니다.

나. 청구 취지
낙찰포기서 제출에 따른 입찰보증금 부과 취소 요청.

다. 주문
청구인의 청구를 인용한다.

라. 당사자 주장

1) 청구인 주장

① 국가계약법은 '19.○○.○○. 이후부터 최저가 낙찰제를 폐지하였음. 입찰공고서에 국가를 당사자로 하는 계약에 관한 법률 시행령 제42조를 적용한다고 하였고, 이 사건 입찰은 고시금액 이상이고, "적격심사 비대상"이라는 공고가 없어, 적격심사 대상임에도 계약이행능력 심사 평가(적격심사)를 하지 않아 발생한 상황으로 피청구인의 책임이 큼.

피청구인의 다른 공고건에는 "본 계약은 적격대상 비대상입니다."라는 주의 문구가 공고되어 있음.

계약예규 적격심사기준 제4조(심사자료요구)에 의거, 서류를 제출하지 않는 입찰자에 대해서는 낙찰자 심사에서 제외한다고 되어 있음. 청구인은 적격심사를 거치지 않았으므로 낙찰자가 될 자격이 없으며, 낙찰 포기각서를 제출할 자격도 없고, 제출하였다 하더라도 무효라 사료됨.

② 청구인은 '24.○○.○○. 피청구인으로부터 낙찰자로 선정 통보 없이, 납품할 수 있는지 여부와, 공고서의 납품기한은 계약후 30일 이내 이지만 바로 납품할 수 있는지 여부를 문의하였고, 청구인은 일정 확인 후 연락하겠다고 하였음.

이후 피청구인은 '24.○○.○○. 다시 연락을 하여 즉시 납품이 불가한 업체에게 포기각서 제출을 독촉하며, 아무런 피해가 없으니 납품이 불가하면 후순위로 넘겨야 하니 빨리 포기신청서를 쓰라고 청구인에게 별도의 양식을 전달해 주었음.

이에 청구인은 포기신청서를 '24.○○.○○. 송부하였고, 낙찰은 바로 후 순위로 넘어간 것으로 인지하였으며, 낙찰자가 아닌 계약심사 대상으로 인지하고 심사점수 미달로 1순위를 포기한 부분이지 낙찰자의 지위로서 포기서를 보내드린 부분이 아님.

2) 피청구인 주장

① 피청구인은 '24.○○.○○. 최저가 1순위 입찰참가자인 청구인을 낙찰자로 결정하고, '24.○○.○○.까지 계약체결에 응하도록 팩스 통지한 후, '24.○○.○○.까지 응답이 없어 촉구 요청을 하였음. 그러나 청구인은 이에 대해 '24.○○.○○.까지 계약체결을 응하지 아니하고, 낙찰자 결정 이후에 낙찰포기각서를 국가종합전자조달시스템을 통하여 제출하였음.

이에 따라, 피청구인은 국가계약법 제9조 제3항 및 같은 법 시행령 제38조 제2항의 규정에 따라 피청구인에게 입찰금액의 100분의 5에 해당하는 금액인 금○○○원을 '24.○○.○○. 국고에 납부하도록 부과하였음.

② 이 사건 계약의 입찰공고문 6. 낙찰자 결정의 나.에는 "국가계약법 시행령 제42조 및 제47조의 규정에 의거 예정가격 이하로서 최저가격으로 입찰한 순으로 최종낙찰자를 결정합니다."라고 기재되어 있고, 청구인은 입찰공고문을 확인한 후 입찰에 참가하였으므로, 청구인이 주장하는 내용(입찰참가자격을 갖추지 못하였고 낙찰자로 결정된 사실을 통지받지 못하였다.)은 이유없다 할 것임.

이와 관련, 피청구인은 당시 제설자재 수급 상황 및 상반기 재정집행으로 인하여 신속한 계약절차가 필요하다 판단하여 개찰일인 '24.○○.○○.에 최저가 입찰참가자 1순위부터 5순위에게 이 사건 계약의 납품 가능 여부를 유선으로 확인하였으며, 납품이 불가능하다고 판단될 시 통지한 기한 내 낙찰포기각서를 제출하도록 사전에 안내하였음.

③ 그리고, '24.○○.○○. 청구인에 대한 낙찰자 결정 당시에도 납품 가능

여부를 유선으로 문의하고 납품이 불가할 경우에는 낙찰포기각서를 제출하여 줄 것을 유선으로 추가 안내하였으나, 청구인의 납품 가능 여부에 대한 답변이 없어, 납품이 가능할 것으로 판단하여 '24.○○.○○. 청구인에 대한 낙찰자 결정을 하고 '24.○○.○○.까지 계약체결에 응할 것을 요청하였으나, '24.○○.○○.까지 계약체결에 응하지 아니하여 계약체결 촉구 문서를 '24.○○.○○.에 발송하였고, 청구인은 낙찰자 결정 이후에 낙찰포기각서를 제출하였음.

따라서 국가계약법 제9조 제3항 및 같은 법 시행령 제38조 제2항의 규정에 따른 피청구인의 입찰보증금 부과 처분은 적법하게 이루어졌다고 판단됨.

마. 판단

청구인은 이 사건 계약의 낙찰자의 지위에 있지 아니하였으므로 계약을 체결하지 아니하더라도 입찰보증금 환수대상에 해당하지 않는다고 주장하고 있음.

반면, 피청구인은 입찰공고문에 "국가계약법 시행령 제42조 및 제47조의 규정에 의거 예정가격 이하로서 최저가격으로 입찰한 순으로 최종낙찰자를 결정한다."고 명시하였으므로 이 사건 입찰은 최저가낙찰제에 해당하여 별도의 서류심사 없이 가격평가만으로 낙찰자가 결정되는 것이고, 따라서 낙찰자의 지위에 있는 청구인이 계약 체결을 포기한 이상 입찰보증금을 환수하여야 한다고 주장하나, 물품계약에 대한 최저가낙찰제가 2019년 이미 폐지된 점, 이 사건 입찰 당시에는 피청구인이 입찰공고문에 인용한 조문인 국가계약법 시행령 제42조에는 최저가낙찰제의 근거조항이 존재하지도 아니하는 점 등을 고려할 때 청구인이 낙찰자의 지위에 있다고 단언하기 어려움.

설령, 청구인이 낙찰자의 지위에 있다 하더라도 계약예규 「물품구매(제조)입찰유의서」 제6조 제2항에 따라 입찰보증금은 낙찰자가 "정당한 이유없이" 계약을 체결하지 아니할 때 국고에 귀속하여야 하는 것인 바, 이 사건 계약과 같이 피청구인의 귀책사유로 낙찰자 결정절차와 관련한 혼선이 발생하였고,

입찰공고문의 납기는 계약 후 30일 이내로 되어 있으나 피청구인은 긴급한 납품이 필요한 상황으로 즉시 납품하기 어려울 경우에는 낙찰을 취소할 것을 요청하여 적격심사서류 제출 포기의 취지로 "1순위 낙찰 서류제출 포기서"를 제출한 것이라면, 계약을 체결하지 않은 데 정당한 이유가 있는 것으로 보아야 할 것이므로 입찰보증금을 국고에 귀속하여서는 아니 될 것임.

라. 유권해석 사례

해석 사례 23 계속비공사의 하자담보책임기간이 개시된 부분의 계약보증금 반환

【회 신】 (계약제도과-539, 2014.04.25.)

「국가를 당사자로 하는 계약에 관한 법률 시행령」 제50조에서는 국가기관이 발주하는 계약의 이행을 확보하기 위하여 계약상대자에게 계약금액의 100분의 10 이상을 계약보증금으로 납부하도록 하고 있으며, 제60조에서는 공사의 하자담보책임기간을 규정하면서 계속비사업의 공사계약 중 부분완료로 관리·사용이 이루어지고 있는 경우에는 부분 목적물을 인수한 날과 공고에 따라 관리·사용을 개시한 날 중 먼저 도래한 날부터 하자담보 책임기간이 개시된다고 하고 있음. 장기계속공사와 달리 계속비공사에 대해서는 완료된 부분에 대한 계약보증금 반환 규정이 없으나, 제60조에 의하여 부분완료되어 관리·사용되고 있는 부분에 대한 하자담보책임기간이 개시된 경우라면 그에 상응하는 부분에 대한 계약보증금은 반환하는 것이 타당하다고 할 것임.

해석 사례 24 상호 협의하에 계약 미체결 시 입찰보증금의 국고귀속 여부

【회 신】 (계약제도과-175, 2015.02.17.)

계약예규 "공사입찰유의서" 제7조 제2항에서는 "낙찰자가 정당한 이유 없이 소정의 기한 내에 계약을 체결하지 아니한 때(제21조 제1항에 규정한 공사이행보증서 제출의무가 있는 경우에 동 보증서를 기한 내에 제출하지 못하여 계약을 체결하지 못한 경우를 포함한다)에는 계약담당공무원은 해당 입찰보증금을 국고에 귀속한다."라고 규정하고 있음. 이때 "정당한 이유"라 함은 천재·지변 또는 예기치 못한 돌발사태 등을 포함하여 낙찰자의 책임에 속하지 아니하는 명백한 객관적인 사유로 인하여 부득이 계약체결을 하지 못한 경우를 의미한다고 보아야 함. 질의하신 사례와 같이 낙찰자 결정 후 발주기관의 계약체결 철회 권유에 따라 상호 협의하여 계약체결을 하지 아니하는 경우에 입찰보증금을 국고에 귀속시키는 것은 타당하지 않을 것임.

해석 사례 25 낙찰예정자의 계약서류 제출 포기 시 입찰보증금 국고귀속

【회 신】　　　　　　　　　　　(계약제도과-766, 2015.06.17.)

「국가를 당사자로 하는 계약에 관한 법률」 제9조 제3항에서 "낙찰자가 정당한 이유 없이 계약체결을 하지 않았을 때 입찰보증금을 국고에 귀속시켜야 한다."라고 규정하고 있음. 낙찰예정자에 대해서는 법률에 규정이 없기 때문에 낙찰예정자가 계약서류 제출 포기 시 입찰보증금은 국가에 귀속시킬 수는 없음.

해석 사례 26 허위 또는 부정을 사유로 계약해제 시 계약보증금 국고귀속

【회 신】　　　　　　　　　　　(계약제도과-1859, 2019.11.05.)

「국가를 당사자로 하는 계약에 관한 법률」(이하 "국가계약법") 제12조는 계약상대자가 계약상의 의무를 이행하지 아니한 때 계약보증금을 국고에 귀속시키도록 하고 있음. 이는 계약상의 의무 불이행에 따른 손해를 배상받기 위한 규정으로, 입찰에 관한 서류 등을 허위 또는 부정한 방법으로 제출하여 계약이 체결된 경우를 원인으로 하여 계약을 해제하였다면 이를 계약상의 의무

불이행으로 보기는 어려울 것이므로 국가계약법 제12조에 따른 계약보증금의 국고귀속은 가능하지 않다고 보는 것이 타당할 것임. 다만, 계약상대자에게 「민법」상 불법행위에 따른 손해배상 책임을 물을 수 있다고 판단됨.

해석 사례 27 입찰보증금 면제자와 비면제자의 공동도급 시 입찰보증금 처리

【회 신】 (계약정책과-1252, 2020.11.09.)

「공동계약운용요령」 제10조는 "공동수급체 구성원은 각종 보증금 납부 시 공동수급협정서에서 정한 구성원의 출자비율 또는 분담내용에 따라 분할 납부하여야 함. 다만, 공동이행방식 또는 주계약자관리방식에 의한 공동계약일 경우에는 공동수급체대표자 또는 공동수급체구성원 중 1인으로 하여금 일괄 납부하게 할 수 있다."라고 규정하고 있음. 따라서 각 중앙관서의 장 또는 계약담당공무원은 「국가를 당사자로 하는 계약에 관한 법률 시행령」 제37조 제3항에 의해 입찰보증금을 면제할 수 있는 자와 그러하지 아니한 자가 공동수급체를 형성하여 입찰에 참가하는 경우, 입찰보증금을 면제할 수 없는 자에 대하여는 그의 출자비율 또는 분담내용에 해당하는 입찰보증금을 납부하게 하는 것이 타당할 것임.

해석 사례 28 낙찰자가 입찰참가자격 제한받은 경우 입찰보증금 귀속 여부

【회 신】 (계약정책과-911, 2021.06.17.)

각 중앙관서의 장은 정당한 이유 없이 소정의 기한 내에 낙찰자가 계약을 체결하지 않을 때에는 「국가를 당사자로 하는 계약에 관한 법률」 제9조 제3항 및 계약예규 「물품구매(제조)입찰유의서」 제6조 제2항에 따라 해당 입찰보증금을 국고에 귀속해야 함.

따라서 「국가를 당사자로 하는 계약에 관한 법률 시행령」 제76조 제7항의

"각 중앙관서의 장 또는 계약담당공무원은 경쟁입찰에서 낙찰된 자가 계약체결 전에 제2항, 제4항 또는 제5항에 따라 입찰참가자격 제한을 받은 경우에는 그 낙찰자와 계약을 체결해서는 안 된다."라는 규정에 따라 계약담당공무원이 해당 낙찰자와 계약을 체결하지 아니한 경우라면 정당한 이유가 있는 것으로 보아 입찰보증금을 국고에 귀속하는 것은 타당하지 않을 것임.

마. 판례

판례 계약해지 통보 후 납품 시 계약보증금 중 이행완료분 해당 여부

(대법원 2023. 4. 27. 선고, 2020다273410 판결)

국가계약법 제12조 제3항 본문은 "각 중앙관서의 장 또는 계약담당공무원은 계약상대자가 계약상의 의무를 이행하지 아니하였을 때에는 해당 계약보증금을 국고에 귀속시켜야 한다."라고 규정하고 있다. 구 국가계약법 시행령 제51조 제1항은 "각 중앙관서의 장 또는 계약담당공무원은 계약상대자가 정당한 이유 없이 계약상의 의무를 이행하지 아니한 때에는 제50조의 규정에 의한 계약보증금을 법 제12조 제3항의 규정에 의하여 국고에 귀속시켜야 한다. 이 경우 제75조 제1항의 규정을 준용한다."라고 규정하고, 제75조 제1항은 "각 중앙관서의 장 또는 계약담당공무원은 법 제12조 제3항의 규정에 의하여 계약보증금을 국고에 귀속시키는 경우에는 계약에 특별히 정한 것이 없는 한 당해 계약을 해제 또는 해지하고 계약상대자에게 그 사유를 통지하여야 한다."라고 규정하고 있다. 한편 같은 시행령 제51조 제5항은 "법 제22조에 따른 단가계약으로서 여러 차례로 분할하여 계약을 이행하는 경우에는 당초의 계약보증금 중 이행이 완료된 분에 해당하는 계약보증금은 국고에 귀속하지 아니한다."라고 규정하고 있다.

위와 같은 규정과 그 취지를 종합하면, 국가를 당사자로 하는 계약에 있어서 계약상대자가 정당한 이유 없이 계약상의 의무를 이행하지 아니하여 국가가 계약을 해지하고 계약보증금을 국고에 귀속시키는 경우, 특별한 사정이 없는 한 계약이 해지되면 계약은 장래에 대하여 그 효력을 잃고 더 이상 계약이행의무는 존재하지 않게 되므로, 계약상대자가 계약 해지 전에 요청받았던 물품을 해지 이후에 납품하였더라도 구 국가계약법 시행령 제51조 제5항에서 규정한 "이행이 완료된 분"에 포함되지 않는다고 보아야 한다. 따라서 원고가 2017. 3. 14. 하청업체 생산이 적발되어 직접생산 확인이 취소되었다는 이유로 피고로부터 이 사건 계약의 해지 및 계약보증금 국고귀속의 통지를 받았다면, 원고가 그 이후에 수요기관 등에게 납품을 하였다고 하더라도 이는 계약보증금에서 공제될 이행완료 부분에 포함될 수 없다.

6. 낙찰자 결정
(적격심사 대상자 확인 등)

가. 의의

낙찰자 결정은 발주기관이 입찰공고에 명시한 선정 절차와 방법에 따라 입찰참가자 중에서 국가계약을 체결할 가장 적합한 자를 선택하는 결정 행위이다. 국고의 부담이 되는 경쟁입찰에서 국가계약을 체결할 가장 적합한 자는 충분한 계약이행 능력이 있다고 인정되는 자로서 최저가격으로 입찰한 자이거나 평가기준에 따라 국가에 가장 유리하게 입찰한 자 등을 의미한다.

따라서 국가계약에서는 일반적으로 단순히 가장 낮은 가격을 제시한 자가 아니라 계약을 성실히 이행할 수 있는 능력이 있는 자를 순차적 또는 종합적으로 심사하여 낙찰자로 선정한다. 또한 정책적 필요, 사회적 책임 등도 낙찰자 결정을 위한 선정기준이 된다. 특히 주의할 점은 낙찰자 결정 과정에서 입찰이 무효가 될 수 있다는 것이다. 입찰참가자격이 없는 자의 입찰로 확인되거나, 입찰참가자격의 등록 사항(상호 또는 법인명칭, 대표자의 성명)을 변경 등록하지 않고 입찰한 경우 등은 당해 입찰이 무효가 된다.

낙찰자 결정과 관련하여 국가계약법령은 입찰방식, 계약의 목적물 및 규모 등에 따라 다양한 방법을 정하고 있다. 예를 들어 일정 금액 이상이거나 기술성이 요구되는 공사·용역의 경우에 적격심사낙찰제를 적용하여 입찰가격뿐만 아니라 시공실적, 기술능력, 경영상태, 신인도 등 다양한 항목을 평가하여 낙찰자를 결정한다. 계약 목적의 특성과 복잡성·전문성·기술성 등에 따라 종합심사낙찰제, 협상에 의한 계약, 경쟁적 대화에 의한 계약 등 다른 낙찰자 결정 방식을 활용한다.

국가계약 입찰에서 낙찰자로 결정된 자는 국가 또는 공공기관 등 발주기관과 계약을 체결할 권리를 가지게 되며, 동시에 발주기관과 계약을 체결할 의무를 부담하게 된다. 이에 따라 만약 낙찰자로 결정된 자가 정당한 이유 없이 계약을 체결하지 아니하는 경우에는 입찰보증금을 국고에 귀속하게 된다. 설사 입찰 당시 입찰보증금을 전부 또는 일부를 면제받은 자라 할지라도 발주기관은 입찰보증금에 상당하는 금액을 현금으로 징수한다. 또한 낙찰자로 결정된 자가 계약서류를 위조·변조하거나 허위로 제출하거나 정당한 이유 없이 계약을 체결하지 아니하는 경우에는 부정당업자 입찰참가자격 제한 조치를 받게 된다.

[공사계약 입찰 및 낙찰자 결정방식]

	입찰방식	추정가격	낙찰자 결정방식
일반공사	총액입찰	100억 원 미만	적격심사낙찰제
	내역입찰	100억 원 이상 ~ 300억 원 미만 (지방)	
	물량내역추정입찰	100억 원 이상(국가), 300억 원 이상(지방)	종합심사(평가)낙찰제
	순수내역입찰		
기술형공사	설계·시공일괄입찰 (턴키)	300억 원 이상 (필요시 300억 원 미만도 가능)	아래 방식 중 선택 - 설계적합최저가 - 입찰가격조정 - 설계점수조정 - 가중치 - 확정금액 최상설계(턴키만 가능)

[관련 규정]

국가계약법 제10조(경쟁입찰에서의 낙찰자 결정)

① 세입의 원인이 되는 경쟁입찰에서는 최고가격의 입찰자를 낙찰자로 한다. 다만, 계약의 목적, 입찰 가격과 수량 등을 고려하여 대통령령으로 기준을 정한 경우에는 그러하지 아니하다.

② 국고의 부담이 되는 경쟁입찰에서는 다음 각 호의 어느 하나의 기준에 해당하는 입찰자를 낙찰자로 한다.

1. 충분한 계약이행 능력이 있다고 인정되는 자로서 최저가격으로 입찰한 자
2. 입찰공고나 입찰설명서에 명기된 평가기준에 따라 국가에 가장 유리하게 입찰한 자
3. 그 밖에 계약의 성질, 규모 등을 고려하여 대통령령으로 특별히 기준을 정한 경우에는 그 기준에 가장 적합하게 입찰한 자

③ 각 중앙관서의 장 또는 계약담당공무원은 제2항에도 불구하고 공사에 대한 경쟁입찰로서 예정가격이 100억 원 미만인 공사의 경우 다음 각 호에 해당하는 비용의 합계액의 100분의 98 미만으로 입찰한 자를 낙찰자로 하여서는 아니 된다.

1. 재료비·노무비·경비
2. 제1호에 대한 부가가치세

④ 제2항 각 호에도 불구하고 각 중앙관서의 장 또는 계약담당공무원은 계약의 목적·성질·수량 등 대통령령으로 정하는 요건에 해당하여 1인의 낙찰자로는 계약목적 달성이 곤란하다고 판단되는 경우에는 둘 이상의 입찰자를 낙찰자로 결정할 수 있다. 이 경우 각 중앙관서의 장 또는 계약담당공무원은 둘 이상의 낙찰자를 결정한다는 취지를 입찰공고 또는 입찰통지에 명시하여야 한다.

국가계약법 시행령 제42조(국고의 부담이 되는 경쟁입찰에서의 낙찰자 결정)

① 각 중앙관서의 장 또는 계약담당공무원은 국고의 부담이 되는 경쟁입찰의 경우에는 예정가격 이하로서 최저가격으로 입찰한 자의 순으로 계약이행능력 및 기획재정부장관이 정하는 일자리창출 실적 등을 심사하여 낙찰자를 결정한다.

③ 각 중앙관서의 장 또는 계약담당공무원은 제1항에 불구하고 제18조에 따른 입찰의 경우에는 예정가격 이하로서 최저가격으로 입찰한 자를 낙찰자로 결정한다.

④ 각 중앙관서의 장 또는 계약담당공무원은 제1항에도 불구하고 다음 각 호의 공사 또는 용역입찰에 대해서는 예정가격 이하로 입찰한 입찰자 중 각 입찰자의 입찰가격, 공사수행능력(용역입찰의 경우에는 용역수행능력을 말하며, 제40조 제2항 단서 및 이하에서 같다) 및 사회적 책임 등을 종합 심사하여 합산점수가 가장 높은 자를 낙찰자로 결정한다.

1. 추정가격이 100억 원 이상인 공사
2. 「국가유산수리 등에 관한 법률」 제2조 제1호에 따른 국가유산수리로서 국가유산청장이 정하는 공사
3. 「건설기술 진흥법」 제39조 제2항에 따른 건설사업관리 용역으로서 추정가격이 50억 원 이상인 용역
4. 「건설기술 진흥법 시행령」 제69조에 따른 건설공사기본계획 용역 또는 같은 영 제71조에 따른 기본설계 용역으로서 추정가격이 30억 원 이상인 용역
5. 「건설기술 진흥법 시행령」 제73조에 따른 실시설계 용역으로서 추정가격이 40억 원 이상인 용역

⑤ 제1항에 따른 계약이행능력심사는 해당 입찰자의 이행실적, 기술능력, 재무상태, 과거 계약이행 성실도, 자재 및 인력조달가격·하도급관리계획·외주

근로자 근로조건 이행계획의 적정성, 계약질서의 준수정도, 과거공사의 품질 정도 및 입찰가격 등을 종합적으로 고려하여 기획재정부장관이 정하는 심사 기준에 따라 세부심사기준을 정하여 적격여부를 심사하며, 그 심사결과 적격 하다고 인정되는 경우 당해 입찰자를 낙찰자로 결정한다. 다만, 공사 또는 물품등의 특성상 필요하다고 인정되는 경우에는 각 중앙관서의 장이 기획재정 부장관과의 협의를 거쳐 직접 심사기준을 정할 수 있다.

⑥ 각 중앙관서의 장 또는 계약담당공무원은 제4항에 따른 종합 심사를 실시하려는 경우 입찰자의 계약이행실적, 인력배치계획, 사회적 책임 이행 노력 및 입찰가격 등을 종합적으로 고려하여 기획재정부장관이 정하는 심사기준에 따라 세부심사기준을 정하고, 입찰 전에 입찰에 참가하려는 자가 그 기준을 열람할 수 있도록 해야 한다.

⑦ 각 중앙관서의 장 또는 계약담당공무원은 제4항에 따라 각 입찰자의 입찰가격, 공사수행능력 및 사회적 책임 등을 종합 심사하기 위해 종합심사낙찰제심사위원회(이하 이 조에서 "위원회"라 한다)를 둘 수 있다.

⑧ 위원회는 각 중앙관서별로 그 중앙관서의 소속공무원(「조달사업에 관한 법률 시행령」 제11조에 따라 공사계약의 체결을 조달청장에게 요청한 경우에는 수요기관의 소속공무원을 포함한다), 계약에 관한 학식과 경험이 풍부한 자 등으로 구성하며, 위원회의 구성 및 운영에 관하여 필요한 세부 사항은 각 중앙관서의 장이 정한다.

나. 사례 해설

조정 8 사례는 낙찰자 결정 이후에 해당 입찰을 절차상 하자를 이유로 무효로 할 수 있는지가 쟁점이 된 사안이다. 위원회는 낙찰자가 결정되어 계약이 상당부분 이행된 경우에는 절차상 하자의 존재만으로 낙찰자 결정을 당연히 무효로 할 수 없다고 판단하였다. 절차상 하자가 법령 위반에 해당하지 아니하거나, 일부 입찰참가자에게만 유리하도록 평가가 이루어지는 등의 중대한 것이 아니어서 낙찰자 결정에 결정적인 영향을 주지 않았다면 해당 입찰을 무효로 하는 것이 오히려 정당한 낙찰자의 계약상 권리를 침해할 소지가 있다고 보아야 할 것이다.

판례도 입찰절차의 무효사유를 매우 엄격하게 해석하고 있다. 국가계약법령의 입찰절차에 관한 규정은 국가의 내부규범에 불과하므로 계약담당공무원이 국가계약법령이나 그 세부심사기준에 위반하여 낙찰자를 결정하더라도 그것만으로 위법한 행위가 되거나 무효가 되는 것은 아니라고 한다. 다만, 국가계약법령의 취지를 몰각하는 결과가 되는 특별한 사정이 존재하는 경우, 즉 그 위반한 하자가 입찰절차의 공공성과 공정성이 현저히 침해될 정도로 중대할 뿐만 아니라 상대방도 이러한 사정을 알았거나 알 수 있었을 경우 또는 이러한 낙찰자 결정이나 계약체결이 선량한 풍속 기타 사회질서에 반하는 행위에 의하여 이루어진 것이 분명한 경우에 한하여 무효라고 한다.[15][16]

이와 달리 조정9 사례는 2순위 업체와 협상이 진행 중인 상태에서 입찰을 무효로 하고 재공고할 수 있는지가 문제된 사안이다. 위원회는 국가계약 관련 법령에 취지에 맞지 않은 입찰참가자격으로 1순위 우선협상자를 배제한 것은 과도한 제한에 해당하여 실질적인 입찰 참여기회를 박탈한다고 보고 해당 입찰을 재공고하여야 한다고 결정하였다.

다만, 하도급 및 공동계약 허용 등 관련 법령에서 발주기관에 일정한 재량

---

15 대법원 2006. 4. 28. 선고 2004다50129 판결; 2001. 11. 21. 선고 2001다33604 판결; 2001. 11. 15. 자 2001마3373 결정.

16 김대인 외 3인, 국가계약 당사자의 권리구제제도에 대한 연구, (사)한국공공계약법학회, 2025

적 판단을 인정하고 있는 경우에도 조정9 사례에서 본 바와 같이 그 하자가 입찰절차의 공공성과 공정성이 현저히 침해될 정도로 중대한 것인지에 대한 이론이 있을 수 있다고 본다. 즉 입찰참가자격에 관한 조건이 사업 관련 업계의 현황 등을 고려할 때 관련 법령에 따른 경쟁을 제한할 우려가 있다고 하여 입찰공고한 그 조건에 따라 적법하게 진행 중인 2순위 업체와 협상을 중단하고 재공고할 경우 2순위 업체의 계약상 이익을 침해할 우려가 크기 때문이다. 결국 입찰절차의 하자가 문제된 경우 계약절차의 공정성 확보 등의 공익이 입찰참가자의 계약상 이익보다 크다고 판단되는 경우에만 해당 입찰절차를 취소하는 결정을 할 것으로 보아야 한다.

다. 분쟁조정 사례

조정 8 입찰 무효 조정 청구

가. 사건 개요

청구인은 이 사건 "○○사업 설계변경 용역"입찰(협상에 의한 계약)에 참여한 자로, 제안서 작성을 위해 기존 설계자료를 요청하였으나 피청구인의 거부로 기존 자료 없이 제안서를 작성하여 입찰에 참여하였는데 원안을 설계한 자가 1순위로 낙찰됨.

이에 청구인은 원안설계자의 입찰 참여는 국가계약법 시행규칙 제44조(입찰무효) 제1항 제10의2호의 "실시설계 기술제안입찰 또는 기본설계 기술제안입찰의 경우 원안을 설계한 자가 참여한 입찰"에 해당하여 무효이며, 기존 설계자료를 제공하지 않은 것은 불공정한 경쟁으로 무효임을 주장함.

이에 대해 피청구인은 이 사건 입찰은 입찰무효 사유에 해당하는 "기술제안입찰"이 아니기에 입찰무효 사유가 아니며, 제안서 주요 평가대상이 기존 설계와 연관된 부분(수정)이 아니기에 기존 설계 자료 미제공이 입찰 무효가 될 수 없음을 주장함.

나. 청구 취지
피청구인은 이 사건 입찰건의 낙찰을 무효하라.

다. 주문
청구인의 청구를 기각한다.

라. 당사자 주장
1) 청구인 주장

① 이 사건 "○○사업 설계변경 용역"은 제한경쟁(총액), 협상에 의한 계약, 국내입찰임.

협상에 의한 계약은 다수의 공급자들로부터 제안서를 제출받아 평가하여 협상적격자를 선정한 후 협상절차를 통해 국가에 가장 유리하다고 인정되는 자와 계약을 체결할 수 있는 계약으로 제안서의 평가가 낙찰자 선정에 가장 큰 비중을 차지함.

당해 입찰 건은 설계변경 용역으로 기존설계된 사항을 검토, 분석하고 변경된 대지에 재배치 및 동선계획을 해야하는 사업으로 정확한 제안을 위해 피청구인에게 기존설계도서(조감도, 배치도, 평면도, 입면도, 단면도)를 질의회신으로 요청하였으나, 제공이 어렵다는 답변을 받아, 기존자료 없이 제안서를 작성하여 입찰에 참여함.

1차는 청구인의 단독응찰로 유찰되었으며, 2차에서는 ○○사업의 실시설계를 담당했던 기존업체가 1순위, 당사가 2순위로 개찰되었으며 다른 입찰자는 없음.

② 제안서 평가방법은 가격평가(10점), 정량적평가(20점), 정성적평가(70점)로 점수비중이 가장 큰 정성적 평가서 안에 "예정공사비를 포함한 설계계획서" 항목을 포함하여 평가받아야 하며 기존 설계 업체는 이 용역의 모든 사

항과 각 공종별 공사비와 허가받아야 할 건축물(건물의 개요, 크기, 평면, 입면, 단면, 주출입구 위치 등)을 모두 자세히 파악하고 과업을 수행한 업체로서 제안서를 작성할 시 당사보다 유리한 조건임. 또한 정성적 평가항목인 "1. 과업내용의 이해도", "3. 과업수행(세부추진방법 등)" 또한 원설계자가 이미 과업을 수행한 사항으로 이 또한 당사보다 유리한 상황임.

협상에 의한 계약이라하나 그 이전에 경쟁입찰이라는 큰 틀 안의 입찰로서 공정한 경쟁이 이루어져야 하는 것이 기본이라고 생각하며 당사가 한 입찰경쟁은 이 사건 설계용역의 전반적인 사항을 알고 제안서를 작성한 기존 설계업체와 제한된 자료로 제안서를 작성한 청구인과의 제안서를 평가한 불공정한 경쟁이라고 판단되며, 이는 피청구인과 낙찰인과의 담합이 의심되는 계약으로 보이며,「국가계약법」제7조(계약의 방법) ① 각 중앙관서의 장 또는 계약담당공무원은 계약을 체결하려면 일반경쟁에 부쳐야 한다는 항목에 위반되었다고 판단됨. 또한 「국가계약법 시행규칙」제44조(입찰무효) 10의2. 영 제98조 제2호에 따른 실시설계 기술제안입찰 또는 같은 조 제3호에 따른 기본설계 기술제안입찰의 경우 "원안을 설계한 자 또는 원안을 감리한 자가 공동으로 참여한 입찰"한 경우에 해당된다고 판단됨.

③ 피청구인은 "입찰에 참가한 모두에게 최대한 공정한 평가가 될 수 있도록 입찰공고 전 사전규격 공개를 통해 기준을 설정하였고, 낙찰자의 선정은 이러한 기준과 평가에 따른 다수 위원들의 점수의 합계로 결정되었으며 그 과정에서 기존 설계도 등의 자료제공 여부가 평가에 있어 공정성을 침해할 정도로 영향을 미치지는 아니하였다고 볼 것입니다."라고 답변하였으나, 사전규격 공개 내용은 과업지시서 내용 중 [붙임9]와 [붙임12], 제안요청서 내용 중 [붙임1]부분으로 기존건축물의 면적과 층수만 있을 뿐 정확한 크기와 형태 등을 파악할 수 없었으며, 정확한 제안을 위한 자료제공 요청에도 자료제공이 어렵다고 답변을 받았으므로 본사는 제한된 자료로 제안서를 작성함. 본 사업

의 모든 사항을 알고 제안서를 작성한 원설계자와 제한된 자료로 제안서를 작성한 본사와의 경쟁이 피청구인이 답변한 참여한 입찰자 모두에게 공정한 평가가 되었다고 볼 수 없음.

2) 피청구인 주장

① 피청구인은 ○○사업의 설계 용역을 2022년 완료하였으나, 건립 대상 토지에서 문화재가 발굴되어 대체용지로 사업부지가 변경됨.

이에 사업기간의 단축과 효율적인 사업진행 및 국고보조금의 낭비를 방지하기 위하여 관리동과 온실은 기존의 설계를 검토 및 활용하여 변경을 최소화하고, 다만 토지의 현상 변경에 따라 새로 설계할 수밖에 없는 나머지 오수처리시설, 주차장, 자재창고와 장비창고, 사토장, 시험포지구역의 설계와 인허가 전반 사항은 기존도서를 활용하지 않고 전부 새로 설계할 수밖에 없었기에 이러한 상황에서 당해 계약을 신규설계 용역이 아닌 설계변경 용역으로 입찰을 공고함.

2차 긴급 입찰에서 청구인과 청구인외 건축사사무소A 2인이 제안서를 제출하였으며 '24.○○.○○. 평가위원회에서 평가를 거쳐 건축사사무소A가 우선협상대상자로 선정됨.

피청구인은 '24.○○.○○. 건축사사무소A(공동수급체의 대표)와 계약을 체결하였고, '24.○○.○○. 현재까지 용역은 상당히 진행됨.

② 국가계약법 시행규칙 제44조 제1항 제10의2호의 입찰무효 사유에 해당하는지 여부

국가계약법 시행규칙 제44조 제1항 제10의2호는 입찰무효의 사유 중 '영 제98조 제2호에 따른 실시설계 기술제안입찰 또는 같은 조 제3호에 따른 기본설계 기술제안입찰의 경우 원안을 설계한 자 또는 원안을 감리한 자가 공동으로 참여한 입찰'을 입찰무효사유로 규정하고 있는바, 해당 시행령을 살펴보면, 영 제98조 제2호에서 규정하는 '실시설계 기술제안입찰'은 발주기관이 교

부한 실시설계서 및 입찰안내서에 따라 입찰자가 제1호에 다른 기술제안서를 작성하여 입찰서와 함께 제출하는 입찰이며, 여기서 '기술제안서'란 입찰자가 발주기관이 교부한 설계서 등을 검토하여 공사비 절감방안, 공기단축방안, 공사관리방안 등을 제안하는 문서를 말함.

당해 계약은 발주기관이 이미 만들어진 설계서를 제시하고 이를 바탕으로 공사비 절감방안 등 '기술적인 제안'을 하는 것이 목적이 아니고, 본 용역은 시행규칙에서 정하고 있는 기술제안입찰의 성질과 목적이 전혀 다르며, '기술제안입찰'에서 원안을 설계한 자를 제외시키는 이유는 원안 설계시 공사관리, 절감 등의 방법을 담연히 검토하고 이를 전제로 해당 설계 업무를 수행하는 것은 원안 설계의 용역수행 업무 안에 포함되는 것이 당연함에도 원안설계자가 이를 만연히 또는 고의로 해태하고 이후 '기술제안입찰'에 참여하여 이중적 이득을 취하는 것을 방지하는 취지도 있는 것으로 해석할 수 있는바 이러한 점에서 기술제안입찰이 아닌 당해 용역계약에 준용되거나 적용될 수 없음.

③ 자료의 미제공 및 원안 설계자의 참여가 입찰을 무효로 할 정도로 중대한 하자에 해당하는지 여부

피청구인은 당해 입찰 시 제시한 과업내용서의 과업 범위에 있어 기존 기본 및 실시설계 용역 성과물에 대한 검토를 우선적으로 하며, 기존 성과물의 변경을 최소화하여 과업기간 내 완수라는데 그 목적을 둔다고 기재한 바 있으나, 이는 설계변경계약의 본질에 따라 당연히 포함되어야 할 과업의 내용으로 당해 입찰의 낙찰자(우선협상대상자)와의 협상과정에서 구체적 과업범위를 적시하여 향후 과업의 범위에 대한 불필요한 분쟁을 차단하고 이미 지연된 ○○사업 일정의 단축을 위한 것임.

청구인은 당해 입찰에 있어 피청구인에게 요청하였던 기존 설계도서(조감도, 배치도, 평면도, 입면도, 단면도)를 제공받지 못한 사실만으로 입찰의 공정성이 현저히 침해되었다고 주장하고 있으나 청구인이 당해 입찰에 참여한

사실 자체에서도 확인할 수 있듯이 해당 설계도서의 미확보 상태라 할지라도 설계계획서(설계개요, 설계계획, 관련법규 검토 등)의 작성이 충분한 상황이었고, 제안서 평가에 참석하였던 평가위원들에게도 원안설계는 제공되지 아니하였으며, 평가대상이 기존 설계의 수정과 연관된 부분이 아닌, 사업부지의 현황에 대한 이해를 중심으로 한 새로운 설계를 중심으로 평가하였고, 낙찰자 결정 후 공개된 평가점수 결과를 확인하더라도 일부 평가위원들로 부터 청구인이 청구외인보다 정성 부문에서 더 높은 평가를 받은 사실을 확인할 수 있는데, 이는 당해 입찰에서의 평가가 기설계된 관리동 및 온실의 배치뿐만 아니라 새로운 사업부지 및 주변 환경에 대한 이해, 현 현황에 적합한 오수처리 시설, 주차장, 자재창고와 장비창고, 사토장, 시험포지구역 등의 설계 및 배치, 무엇보다 지역적 상징성을 반영한 디자인 및 친환경적인 공간계획 역시 주요한 과업범위이자 평가대상이었음을 확인한 것이라 하겠음.

나아가 피청구인의 입장에서는 원안설계자가 기존 설계자로서 입찰에 참여함으로서 기존 관리동과 온실 설계에 대한 정보가 일부 불균형할 수 있다는 것과 별개로, 새로운 사업부지에 대한 이해 및 기타 시설의 새로운 설계에 있어서는 청구인과 동일한 조건에서 입찰에 참여한 것이고, 무엇보다 원안설계자가 부정당업자에 해당되는 등 입찰참가가가 제한될 별도의 사유가 없는 한 원안설계자에 대한 입찰참가의 제한 또한 엄격히 판단할 부분이라고 생각하였기에 원안설계자의 참여에 별도의 제한을 두지 아니함.

청구인에게 청구외인에게보다 높은 평가를 내린 평가위원들이 있음이 확인되는바, 청구인이 주장하는 "원안설계도를 확인하지 못한 점(설계일부 기존 정보의 불균형)"만으로 입찰절차의 공공성과 공정성을 현저히 침해당하지 않은 반증이며, 이러한 행위가 선량한 풍속 기타 사회질서에 반할 정도의 위법 부당한 행위에 해당한다고 보기 어려움.

또한, 기존 설계서는 계약예규「용역계약 일반조건」제35조의2 제2항에 따라 준용되는 제56조 제5항에 따라 지식재산권을 배포하려는 경우에는 기존 설계업체의 동의가 있어야 하는데 기존 설계업체가 설계서의 배포에 동의하지 않아서 제공할 수 없었던 것일 뿐만 아니라 기존 설계부분은 평가대상에서 제외되어 있으므로 기존 설계서를 제공하지 않은 것에 절차상 하자가 없고 공정성을 저해하지도 않았음.

④ '24.○○.○○. 계약체결 이후 이미 상당 부분 진행된 설계변경용역

당해 입찰과 관련하여 '24.○○.○○. 설계변경 용역계약이 기체결되었고, 현재 용역은 상당히 진행된 것으로 확인되는바, 현 상태에서 청구인의 청구 취지와 같이 입찰(낙찰)을 무효화한다면 기진행된 용역에 대한 대가 지급으로 경제적 손실이 발생하고 예상치못한 문화재 발굴로 지연된 ○○사업이 무산될 가능성이 높은 상황이므로 이러한 점에 있어서의 이익 형량을 고려하여 주시기 바람.

마. 판단

청구인은 이 사건 입찰이 입찰무효사유를 규정한 국가계약법 시행규칙 제44조 제1항 제10의2호에서 규정한 "실시설계 기술제안입찰 또는 기본설계 기술제안입찰의 경우 원안을 설계한 자가 참여한 입찰"에 해당하고, 제안서 작성을 위해서는 기존 설계가 필요하나 기존 설계를 제공하지 않은 입찰절차상 하자로 불공정한 경쟁이 이루어졌으므로 낙찰자의 낙찰을 무효로 하여야 한다고 주장하고 있음.

먼저 국가계약법 시행규칙 제44조 제1항 제10의2호에 따른 입찰무효 사유에 해당한다는 주장에 대해 살피건대, 위 조항은 "실시설계 기술제안입찰 또는 기본설계 기술제안입찰"에 대하여 적용되는 규정인 바 설계용역임이 명백한 이 사건 입찰에 적용할 수 있는 조항은 아니므로, 결국 청구인의 이 부분 주장은 이유없다고 할 것임.

다음으로 기존 설계를 제공하지 않은 절차상 하자로 불공정한 경쟁이 이루

어졌으므로 이 사건 입찰을 무효로 하여야 한다는 점에 대하여 살펴보면, 위 「용역계약 일반조건」 제56조 제5항의 "지식재산권의 배포"라 함은 당해 지식재산권과 관련한 사업이 아닌 제3의 사업을 위해 배포하는 것을 의미하는 것이지 이 사건과 같이 동일한 사업 목적물에 대한 설계변경용역을 위해 기존 설계를 제공하는 경우에까지 적용되는 것은 아니라 할 것인데 피청구인은 이러한 점에 대한 법률자문 등 면밀한 검토도 없이 기존 설계서를 제공하지 않은 것은 적절하지 않은 조치라고 판단됨.

그러나, 이 사건과 같이 낙찰자가 결정되어 계약이 상당부분 이행된 경우에는 절차상 하자의 존재만으로 낙찰자 결정이나 계약이 당연 무효가 되는 것은 아니고 절차상 하자가 입찰절차의 공공성과 공정성이 현저히 침해될 정도로 중대하고 명백한 경우에 한하여 예외적으로 낙찰자 결정과 계약을 무효로 할 수 있을 것임. 이 사건의 경우 기술능력평가가 90점의 비중을 가지고 있는데 정성평가를 실시하는 제안서 평가가 70점, 업체의 능력·현황을 정량적으로 평가하는 업체현황평가 20점으로 구성되어 있으며, 제안서 평가는 세부 평가항목으로 과업 내용 이해도 10점, 과업계획 10점, 과업수행1) 50점으로 구성되어 있는바, 이 중 기존 설계서에 대한 정보가 직·간접적으로 영향을 미칠 수 있는 평가항목은 제안서 평가 중에서도 과업내용의 이해도 및 과업수행 중 일부 세부 평가항목으로서 배점 비중이 높지 않으며, 실제 제안서 평가시 평가위원들도 기존 설계서를 제공받지 않은 상태로 평가를 실시하였으므로, 기존 설계서를 제공하지 않은 것이 낙찰에 결정적인 영향을 주지는 않았을 것으로 판단됨.

그렇다면 이 사건 입찰절차상 기존 설계서를 제공하지 않은 절차상 하자는 인정되나 그 하자가 입찰질서의 공정성을 현저하게 훼손할 정도의 중대하고 명백한 하자로 보이지는 않으므로, 피청구인의 절차상 하자를 이유로 한 제안서 작성비용 등 입찰비용에 대한 손해배상은 별론으로 하고, 입찰 자체를 무효로 할 만한 사유로 보기는 어렵다고 판단됨. 다만, 피청구인은 향후 입찰에 있어서는 입찰자간 사업 관련 정보의 불균형 등으로 불공정성 문제가 제기되지 않도록 제안서 작성을 위한 참고자료를 적정하게 제공하는 한편, 추가자료 요청이 있을 경우 면밀한 검토를 거쳐 제공여부를 결정하는 등 입찰사무에 주의를 기울일 것을 권고함.

조정 9 우선협상자 지위 확인 관련 청구

가. 사건 개요

이 사건은 우선협상대상자 1순위 대상자인 청구인이 기술협상 결과 불성립 통보를 받고 계약을 체결하지 못함에 따라 이에 불복하여 우선협상대상자 지위에 대한 확인 또는 입찰 조건을 재정비한 후 재공고를 하도록 조정 청구한 사안임.

청구인은 제안서 제출 시 외부 전문업체들(이하 "○○○")과 협업체계를 통해 진행 예정이라고 명시하였고, 외부업체와 하도급이 아닌 다른 형태의 계약을 진행하는 등 충분한 협상 의사가 있음에도 피청구인이 일방적으로 기술협상 불성립 통보를 했다고 주장.

이와 관련하여 피청구인은 제안요청서에 "하도급 불허", "자사인력 구성" 조건을 명시했고, 이 부분에 대해 청구인에게 수차례 수정·보완 기회를 부여했으나 충분한 증빙자료 제출이 이루어지지 않아 기술협상 불성립 통보된 사안이라고 주장.

나. 청구 취지

피청구인은 ①이 사건 입찰에 관하여 청구인이 우선협상대상자 지위에 있음을 확인하거나, ②기술협력 구조를 인정할 수 있도록 입찰 조건을 정비하고 본 건 사업을 재공고하여 다시 절차를 진행하라.

다. 주문

피청구인은 입찰 조건을 정비한 후 본 건 사업을 재공고하여 다시 입찰 절차를 진행하라.

라. 당사자 주장

1) 청구인 주장

① 사건 개요 및 진행 과정

청구인은 이 사건 입찰 제안서에 청구인이 발주기관으로부터 모든 업무를 위탁받되, 일부 전문업무에 한하여 외부 전문업체 3개사(○○○)와 함께 클라우드 서비스를 제공할 것임을 명시했음. 세부적인 사항에 대해서는 정당한 협상 범위 내에서 협의할 수 있을 것으로 기대하고 충분한 설명 및 대안 제시를 통해 협상 의지를 표명하였으나, 피청구인으로부터 협상 불성립 통보(4.10.) 받음.

② 기술협상 불성립 통보의 부당성

◎ 청구인의 성실한 노력에 따른 신뢰보호의 필요성

- 행정기본법 제12조 제1항(신뢰보호 원칙)에 의하면, 행정절차를 통해 형성된 국민(우선협상대상자)의 정당한 신뢰는 존중되고 보호되어야 함. 이 사건 입찰은 국가계약법 시행령 제43조 및 제43조의2에 따라 "협상에 의한 계약체결" 방법을 적용하였는바, 제안서상의 일부 내용에 대해 이견이 있더라도 이는 협상을 통해 해결하는 것이 원칙이나 피청구인은 청구인과의 충분한 협의 없이 협상을 종결함.

◎ 하도급 금지 규정 위반 사유에 대한 오해

- 청구인은 제안서 설명 시 ○○○의 가상데스크톱 인프라(VDI) 솔루션을 활용하여 사업을 수행하겠다 밝혔고, 당시엔 문제가 없었으나 협상 단계에서 피청구인이 "○○○ 역할은 단순 솔루션 공급이 아니라 커스터마이징 용역이므로 하도급에 해당한다"는 해석을 한 것으로 파악됨. 청구인은 해석상의 오

해를 불식시키고자 ○○○의 솔루션을 "단순 구매"하는 형태로 사업에 활용하겠다는 대안을 제시함. 이를 통해 ○○○는 단순 제품 공급자이고 실제 용역 수행은 청구인이 책임지게 되므로 법적으로 하도급에 해당하지 않는다는 점을 충분히 소명함.

- 법률상 (하)도급이란 어떠한 일의 완성에 대한 대가로 보수를 지급하는 거래로서 특정한 "일의 완성"을 책임지는 것이 (하)도급의 핵심 요소이므로 단순히 타인에게 업무를 맡기는 것만으로 (하)도급이 성립되는 것이 아님.

- 과학기술정보통신부 유권해석('25.3.14.)에서도 "하도급 해당 여부는 청구인과 ○○○ 간 구체적인 계약관계를 살펴보아야 정확한 판단이 가능하다."라고 명시한 바, ○○○는 일종의 A/S 차원에서 간헐적으로 업무지원을 하는 것이지 현장 상주 및 유지·관리 용역을 수행하는 것이 아니므로 이를 하도급으로 볼 수 없음.

◎ 제안 인력 투입계획 변경의 합리성(질적 보완)

- 최초 제안서 단계에서는 협력사인 ○○○ 인력이 일부 투입되는 방식이었으나, 하도급 오해를 해소하기 위해 청구인 자체 인력으로 대체하고자 배치계획을 수정하였고 이를 협상 과정에서 피청구인에게 설명하였음. 이는 제안요청서에 명시된 "제안사 인력은 자사인력으로 구성" 조건에 대한 불필요한 오해를 제거함과 동시에 사업수행 품질을 높이기 위한 적극적인 조치로, 사업여건에 맞게 인력 계획을 조정하는 것은 합리적인 협상 범위 안임.

◎ 이 사건 제안요청서에 내재된 한계

- 이 사건 제안요청서에는 단독 사업자만으로는 충족하기 어려운 요소(VDI 솔루션 확보, 운영인프라 구축, 유지보수 서비스 등)들이 다수 포함되어 국내 어떠한 클라우드 사업자들도 외부 지원 없이 수행하기 어려움. 현재 피청구인과 기술협상 진행중인 2순위사업자(△△△)의 제안구조 역시 청구인과 실질적으로 크게 다르지 않음에도 피청구인은 △△△에 대해 별다른 문제제기를

하지 않은 채 협상을 이어가고 있음.

- 이 사건 이전 사업자 선정('19.○○.○○.) 제안안내서에도 이 사건과 동일하게 하도급 금지 조건이 포함되어 있었으나 사업수행자였던 □□는 VDI 솔루션 제공업체와 협업하는 방식으로 사업을 수행한 바, 직전 입찰과의 해석 기준 및 형평성 유지 차원에서 이 사건 입찰에서도 동일한 해석 기준 및 조정 가능성이 적용되어야 함.

2) 피청구인 주장

① 사건의 개요

이 사건 기술협상 중 2순위 협상대상자인 △△△이 조달청 및 피청구인에게 "청구인의 사업 수행방식은 하도급으로 보여지는 부분이 있으므로 확인해달라"는 민원을 제기하였음. 이 사건의 "하도급 여부"를 명확히 하기 위해 피청구인은 과학기술정보통신부에 유권해석을 질의(3.4.)하였고 회신* 받음(3.17.).

* 만약 청구인이 해당 용역의 결과에 대하여 ○○○에 대가를 지급하기로 약정한 것이라면 제안서상 "협력관계"라는 명칭에 상관없이 하도급에 해당. 또한 제안서를 보면 ○○○는 단순 상용SW 구매를 넘어 본건 사업수행을 위한 커스터마이징 용역을 수행하는 것으로 볼 수 있는바, 이는 하도급에서 제외되는 단순 물품 구매로 보기 어려움.

- 이후 기술협상 자리에서 청구인은 "피청구인과 우선 계약을 체결한 후에 ○○○와 계약을 진행하고 하도급 여부를 증빙할 수 있는 자료를 제출하겠다."라고 하였으나, 제안요청서의 조건은 계약체결 전에 확인되어야 하므로 추후 증빙 요청은 수용할 수 없었음.

이후 청구인이 VDI 솔루션 라이센스 납품내역 공문(○○○→청구인)을 피청구인에게 제출했는데, 여기에는 "솔루션 설치 및 배포/UI 및 인터페이스 제공/ 시스템 설치 및 테스트" 등 과학기술정보통신부에서 유권해석 한 하도급 업무를 그대로 포함하고 있으므로 하도급 금지 조건을 명확히 미충족한다고 판단하였음. 또한 투입인력 감축(총 496MM → 279MM, △43.8%)에 대해서도 청구인은 "인력 투입 감소는 불가피하나 서비스 품질에 대한 영향은 없도록 관리 가능"하다고 할 뿐 충분한 소명자료를 제출하지 않아 계약 실무상 인정할 수 없었음.

그간 실시한 협상 내용을 바탕으로 피청구인이 자체 운영 중인 계약심의회에 안건을 상정하였고, 과학기술정보통신부 유권해석 및 청구인이 제시한 협상 조정(안)을 종합적으로 검토*한 결과, 피청구인에게 협상 불성립 통보함.

* ○○○와의 업무 관계는 과기부 유권해석 및 조정의견 등을 검토한 바 하도급으로 판단됨, 투입인력의 일방적 감축은 발주처에 현저히 불리한 조건으로 협상 불성립 판단.

② 청구인 주장에 대한 피청구인 의견

◎ 청구인의 성실한 노력에 따른 신뢰보호의 필요성

- 청구인이 우선협상대상자로 선정되어 이 사건 계약을 낙찰받을 것으로 기대한 것은 "정당하고 합리적인 신뢰"에 해당하지 않음. 이는 배타적인 우선 협상의 기회를 주는 것일 뿐, 피청구인이 청구인의 제안서 내용대로 협상를 진행해야 한다거나 최종적으로 청구인과 계약을 체결해야 한다고 볼 수 없음. 또한 충분한 협의 없이 협상을 종결했다는 청구인 주장은 사실과 다르며, 오히려 통상적인 기술협상 기간을 훨씬 초과하는 시간을 주면서까지 청구인에게 충분한 제안서 내용의 수정·보완 기회를 부여했음.

◎ 하도급 금지 규정 위반 사유에 대한 오해

- 청구인이 제출한 증빙자료를 보면 ○○○가 청구인에게 VDI 솔루션 라이센스를 납품할 계획이며, 여기에는 "DaaS 솔루션 설치 및 배포/UI 및 인터페이스 제공/시스템 설치 및 테스트"가 포함되어 있다고 명시됨. 이는 과학기술정보통신부가 유권해석한 하도급 업무를 그대로 포함하고 있으므로 이를 하도급으로 판단.

◎ 제안 인력 투입계획 변경의 합리성(질적 보완)

- 청구인은 기술협상 마무리 단계에서 갑자기 투입인력을 대폭 감축하는 조정(안)(총 496MM → 279MM, △43.8%)을 협상자료로 제출(4.1.). 이에 피청구인은 인력 감축에 대한 명확한 근거 및 세부자료를 요구했으나 청구인은 "인력 투입 감소는 불가피하나 서비스 품질에 대한 영향은 없도록 관리 가능"하다고 할 뿐 구체적인 참여인력 자료를 제시하지 않음.

◎ 이 사건 제안요청서에 내재된 한계

- 우정사업본부는 처음 사업을 추진('20년)하면서부터 "하도급 및 공동수급 불허"를 명시하였고 이러한 조건에 대해 이의제기 없이 협상 진행 및 계약 체결하였음. 이 사건 입찰에도 동일한 사업 수행 조건을 명시하였고 제안요청 설명회에서도 이의제기 내용이 없었음. 피청구인은 관계부처인 과학기술정보통신부 유권해석에 근거하여 제안요청서 내용에 부합하게 협상을 진행하였고, 이는 모든 입찰 참가자들에게 동일한 기준이 적용되는 것으로, 피청구인이 2순위 협상대상자(△△△)에게는 별다른 문제제기를 하지 않은 채 협상을 이어가고 있다는 청구인 주장은 사실이 아님.

마. 판단

(1) 이 사건 조정 청구는 결국 입찰공고('24.○○.○○.) 단계에서 제시된 "하도급 불가" 및 "자사인력 구성" 조건이 판단의 쟁점이라 할 것임. 이와 관련하여 이 사건 제안요청서에는 다음 사항(해당 내용 발췌)이 명시되어 있음.

Ⅴ. 제안 안내 사항

1. 입찰참가자격

라. 본 사업은 공동수급 방식의 입찰 참여를 제한하며, 단독수급의 형태로 참가할 수 있습니다.

아. 일반 사항

◎ 본 사업은 하도급을 허용하지 않는 사업입니다.

5. 입찰 시 유의 사항

◎ 제안사 인력은 자사인력으로 구성하여야 합니다.

(2) 먼저 하도급 불가 조건과 관련하여 살펴보고자 함.

청구인은 법률상 하도급은 특정한 일의 완성에 대한 대가를 지급하는 것이므로 하도급 여부는 당사자 간 업무 협업 방식을 구체적으로 확인한 후 판단해야 한다는 입장인 반면, 피청구인은 과학기술정보통신부(이하 "과기부") 유권해석('25.OO.OO)을 근거로 청구인의 업무 위탁 방식을 하도급으로 판단하고 있음.

피청구인 판단의 근거가 된 과기부 유권해석을 살펴보면, 과기부는 「클라우드컴퓨팅 발전 및 이용자 보호에 관한 법률」(이하 "클라우드 컴퓨팅법")에서 구체적으로 규정하고 있지 않은 하도급에 관해서는 「소프트웨어 진흥법」 규정이 적용된다고 보아 클라우드 컴퓨팅법 관련 규정은 별도로 검토하지 않았다고 전제하면서, OOO는 DaaS 솔루션을 청구인에게 제공하면서 요구사항 분석, UI·인터페이스 설계 및 개발 등 단순 상용 SW 구매를 넘어 본 사업 수행을 위한 커스터마이징 용역을 수행하는 것으로 보이는바, 이는 하도급에서 제외되는 단순 물품 구매로 보기 어렵다는 입장을 밝힘.

그러나 클라우드 서비스는 소프트웨어 개발 용역, 구독 서비스, 장비 납품 등 3가지 영역이 결합된 새로운 형태의 서비스로, 전통적 의미의 하도급 기준을 기계적으로 적용하는 것은 한계가 있음. 하도급 여부는 클라우드 컴퓨팅법의 취지나 동종 업계의 작업 환경 등을 종합적으로 고려하여 해석하는 것이 적절하고, 피청구인 또한 현실적으로 입찰 참가자들이 이 사건 입찰 조건을 명확히 충족하기 어렵다는 청구인의 주장에 대해 일정 부분 수긍하고 있는 것으로 보여짐.

아울러 소프트웨어 진흥법 제51조 제1항은 SW사업자가 국가기관 등과 SW 계약을 체결하는 경우 사업금액의 50%를 초과하여 하도급할 수 없다고 규정하고 있는바, 이는 사업금액의 50% 범위 안에서는 발주기관의 판단에 따라 하도급을 허용할 수 있는 재량이 있다고 할 것임. 특히「국가를 당사자로 하는 계약에 관한 법률」(이하 "국가계약법") 시행령 제72조 제2항은 "경쟁에 의하여 계약을 체결하고자 할 경우에는 계약의 목적 및 성질상 공동계약에 의하는 것이 부적절하다고 인정되는 경우를 제외하고는 가능한 한 공동계약에 의하여야 한다."라고 규정하고 있는바, 업체 간 협업이 불가피한 클라우드 서비스 업계의 작업 환경을 고려하면 이 사건 입찰에 있어서도 공동계약이 가능한 방향으로 입찰 조건이 정해질 필요가 있음.

이와 같이 법령상 허용될 수 있음에도 불구하고 하도급 및 공동수급 자체를 원천적으로 금지하고 있는 이 사건 입찰참가자격은 다양한 협업 형태로 입찰에 응하려는 업체의 참가 자체를 과도하게 제한하는 측면이 있음.

(3) 자사인력 구성 조건과 관련하여 살펴보고자 함.

피청구인은 해당 용역 관련 투입 인력이 40% 넘게 감소했다고 주장(총 496MM → 279MM, △43.8%)하고 있으나, 청구인은 최초 제안한 외부인력을 자사인력으로 전환함에 따라 기존보다 더욱 효율적으로 인력 운용이 가능하다고 주장하고 있음. 50일이 넘는 협상 기간 내에 합의점을 도출하지 못한 사실은 존재하나, 투입인력계획 조정은 양 당사자 모두 추가 협상이 가능하다는 의견을 낸 바, 인력계획 부분은 향후 양 당사자 간 의견의 합치 가능성이 있다고 판단됨.

(4) 이처럼 다양한 역무가 제공되는 클라우드 서비스 사업 특성상 기존 하도급 기준을 기계적으로 적용하기 어려운 동 업계의 작업 환경 및 이 사건과 유사한 협업 구조를 가진 선행 사업이 지속적으로 진행된 사실 등을 종합적으로 고려해 봤을 때, 피청구인이 이 사건 제안요청서에 제시한 "단독수급 및 하도급 불허용" 조건은 이를 만족하는 업체가 국내에 존재하지 않거나, 있다 하더라도 사실상 기술독점의 위치에 있는 업체만 입찰 참여가 가능한 것으로 보

임. 그 결과 상기 조건을 유지하는 한 이 사건 입찰은 "공개경쟁 형태를 가진 사실상 수의계약"으로 변질될 여지가 있음. 또한 동 조건은 사업금액의 50% 미만 수준에서 하도급을 허용하는 「소프트웨어 진흥법」 제51조 제1항 및 경쟁에 의한 계약체결 시 공동계약을 원칙으로 하는 국가계약법 시행령 제72조 제2항의 취지와도 부합하지 아니한 것으로 볼 수 있음.

따라서 입찰자 간 공정한 경쟁을 근간으로 하는 국가계약법의 취지에 맞춰, 과도 제한된 입찰참가자격으로 인해 입찰 희망업체의 실질적인 참여기회가 박탈되지 않도록 피청구인은 클라우드 서비스 업계의 업무 특성을 고려하여 공동수급체 또는 기술협력을 일정 부분 허용하는 방향으로 입찰 조건을 정비한 후 이 사건 입찰을 재공고하여 다시 입찰절차를 진행하는 것이 적절하다고 판단됨.

조정 10 낙찰자 결정 조정 관련 청구

가. 사건 개요

이 사건 입찰의 제안서는 정량적 제안서와 정성적 제안서로 나누어져 있는데, 청구인이 정량적 제안서를 제출하면서 평가항목 중 시험결과서를 2024년이 아닌 2023년 시험결과서를 제출함에 따라 피청구인(수요기관)은 해당 항목을 "0점"으로 처리하였고 이에 따라 청구인은 우선협상대상자로 선정되지 못함.

이에 대해 청구인은 정량적 제안서에 2023년 시험결과서를 포함한 것은 단순 착오에 기인한 것이고 정성적 제안서에는 '24년도 결과서가 정상 첨부되어 있으므로 해당 항목에 점수를 부여하여 청구인이 우선협상대상자로 선정하여야 함을 주장하며 분쟁조정을 청구함.

나. 청구 취지

피청구인은 이 사건의 정량평가 미반영 점수를 적용하여 우선협상대상자를 변경할 것을 요청.

다. 주문

청구인의 청구를 기각한다.

라. 당사자 주장

1) 청구인 주장

① 이 사건 입찰공고에 따르면 제안서 관련 제출서류로 "정성적 제안서 1식", "정량적 제안서 1식"이며, 기술성 평가기준은 총 배점 100점(정량평가 10점+정성평가 90점)이고, 정량평가 기술능력 평가항목 및 배점은 상생협력 5점, ○○○ 규격·성능 시험결과 5점으로 구성됨.

② 청구인은 제안서 평가 전날인 '24.○○.○○. 정량평가 항목 중 "○○○ 규격·성능 시험결과" 항목에 첨부된 결과서가 착오로 인하여 2023년도 결과서가 첨부되어 0점 처리되었다는 내용을 전달받음.

청구인은 통보를 받은 즉시 피청구인에게 착오로 인하여 2023년 결과서가 삽입되었으나, '24.○○.○○. 모든 평가항목을 통과한 결과서를 보유하고 있으며 다른 장표에는 정상적인 2024년 결과서가 첨부되어 있으니 해당 자료로 평가를 요청하였으나, '24.○○.○○. 제안서평가 시 해당 항목에 대해 점수가 부여되지 않아 우선협상대상자에 선정되지 못하였음.

③ 피청구인은 「(계약예규) 협상에 의한 계약체결 기준」 제7조 제3항*에 따라 본 사업의 정량 필수제안 평가는 장비규격에 대한 평가로 시험결과서 제출 여부는 중요한 사항으로 경미한 사항에 해당되지 않는다고 주장하나, 이는 부당한 해석임.

* ③ 제안서의 평가에 있어서 필요한 서류가 첨부되어 있지 않거나 제출된 서류가 불명확하여 인지할 수 없는 경우에는 제안서 내용의 변경이 없는 경미한 사항에 한하여 기한을 정하여 보완을 요구하여야 한다.

"경미한 사항"의 해당 여부 판단에 대해서는 첨부되지 않거나 불명확한 서류를 보완하는 것이 제안서 내용 자체의 변경을 가져오느냐에 따라서 정해지는 것임.

청구인이 제출한 제안서 중 정량평가 항목 중 "○○○ 규격·성능 시험결과" 항목의 내용은 청구인이 평가항목 전체를 합격하였다는 것이며, 다만 청구인의 실수로 이를 증빙하는 자료를 잘못 제출하였을 뿐으로, 청구인이 이를 바로잡기 위해 2024년 평가서를 보완 제출하는 것은 전혀 제안서 내용의 변경을 가져오지 않음.

청구인은 지극히 실무자의 지극히 기초적인 착오, 즉 당해 연도가 아닌 전년도의 자료를 제출한 "경미한 실수"를 바로 잡으려고 한 것인데, 피청구인은 이는 중요한 사항이므로 보완이 안된다는 납득할 수 없는 사유를 들어 보완을 거부한 것임.

④ 또한 피청구인은 입찰공고문의 "사후 추가 제출 불가"를 또 다른 근거로 들었으나, 이는 「(계약예규) 협상에 의한 계약체결 기준」 제7조 제3항을 정면으로 반하는 것임.

⑤ 피청구인이 발주한 타 사업의 경우 시험결과를 기존 결과로 대체 가능한 경우도 있었음.

2) **피청구인 주장**

① 이 사건 사업 제안요청서에는 "○○○ 규격·성능시험 결과"가 필수제안 항목으로 포함되어 있고, 입찰공고서에는 아래와 같이 명시되어 있음.

------------------------------ 〈아래〉 ------------------------------

② 정량적 제안서 1식(증빙자료 포함)

-정량 필수제안: 입찰자는 제안요청서의 정량 필수제안 항목을 확인하고 제시된 내용을 입증할 수 있는 서류를 제출하여야 하며, 미제출 또는 기준 미충족 시에는 해당 항목에 0점을 부여합니다. (사후 추가(보완) 제출 불가함)

----

* 입찰공고서 4페이지, 6페이지 2회 기재됨

청구인은 정량적제안서 증빙자료(결제서명통합패드 △△△ 결과 확인서)에 2023년 시험결과서를 제출하였고, 제안요청서 및 입찰공고서에 따라 정량평가 실시하였고, 평가결과를 0점으로 고지('24.○○.○○.)하였음.

청구인은 2024년 자료가 삽입된 "정성적 제안서 III-40" 장표와 "정성적 제안요약서 23페이지" 장표로 평가를 요청하면서 2024년 시험결과서를 추가 제출하였으나, 결과 변경없음으로 회신함.

② 이 사건 제안요청서에는 장비의 요구 규격이 제시되어 있으며, 규격에 대한 "시험결과" 자체가 평가항목에 해당하므로 정량제안서의 "시험결과서"가 곧 "제안서의 내용"에 해당하며, 이의 추가(보완) 제출은 "제안서 내용의 변경"으로 볼 수 있으며, 시험결과서의 제출 여부에 따라 평가결과가 달라지는 것이 명백하므로 "경미한 사항"으로 볼 수 없음.

또한, 제안요청서의 정량평가 기준에 미제출 등의 평가 점수가 안내되었고, 입찰공고문에는 정량평가서는 보완 제출이 불가하다고 안내되어 있음.

③「(계약예규) 협상에 의한 계약체결 기준」제7조 제3항의 보완요구 조건은 첨부되지 않거나, 불명확한 경우에 한하여 가능하나, 청구인이 제출한 정량제안서는 2023년 시험결과서가 첨부되었고, 인지할 수 있는 상태이므로 보완요구 조건에 해당하지 않음.

따라서 추가(보완)제출은 불가하며, 정량평가 0점을 부여한 결정은 정당한 것임.

④ 제안요청서의 "제출된 서류 기재 사항 누락과 내용이 상이함에 따른 불이익은 입찰자가 감수하여야 합니다."라는 문구는 입찰 참가업체에게 공통적으로 적용되는 것으로, 청구인의 적합한 시험결과서 미제출(2023년 시험결과서 제출)에 대한 0점 부여는 불이익이 아닌 정당한 정량평가 결과임.

입찰 시 제출된 정량제안서로만 평가해야 경쟁입찰자와의 형평성에도 어긋나지 않는다고 판단됨.

⑤ 청구인은 유사 사업에서 시험결과를 기존 결과로 대체 가능한 조건이 제안요청서에 명시되어 있다고 하지만, 이 사건 사업 제안요청서에는 명시되어 있지 않음. 본건 사업은 필수제안 항목으로 유효한 시험결과서 제출을 요구하고 있으며, 평가기준에도 미제출시 0점 부여기준을 안내하고 있음.

또한, 청구인이 제출한 정량제안서의 결제서명통합패드 시험결과서(2023년 자료)에는 인증서 평가항목이 입찰마감일 기준 유효기간이 경과하여 적합하지 않음.

⑥ 제안서 평가 전, 정량 제안서 평가 결과를 청구인에게 알린 것은 규정에 따라 평가 결과를 통보한 것일 뿐, 청구인에게 보완을 요청한 것은 아님.

마. 판단

청구인은 정량적 제안서의 "결제서명통합패드 △△△ 결과확인서"(이하 "결과확인서"라 함)를 2024년 시험결과서가 아닌 2023년 시험결과서로 제출하였으나, ① 이는 단순한 착오에 기인한 것으로서「(계약예규) 협상에 의한 계약체결 기준」제7조 제3항에* 따라 보완이 가능할 뿐만 아니라, ② 이미 정성적 제안서에 2024년 시험결과서가 제출되어 있으므로 동 결과서로 정량적 제안서에 첨부된 2023년 시험결과서를 대체하는 방식으로 보완하여야 하며 이를 기초로 정량적 평가가 이루어질 경우 청구인이 우선협상대상자가 되어야 한다고 주장하고 있음.

*「(계약예규) 협상에 의한 계약체결 기준」제7조 제3항 제안서의 평가에 있어서 필요한 서류가 첨부되어 있지 않거나 제출된 서류가 불명확하여 인지할 수 없는 경우에는 제안서 내용의 변경이 없는 경미한 사항에 한하여 기한을 정하여 보완을 요구하여야 한다.

먼저, 정량적 제안서의 결과확인서가 계약예규에 따른 보완대상에 해당하는지 살피건대, 상기 조항은 필요한 서류가 첨부되지 않거나, 불명확한 경우에 한하여 보완이 가능함을 명시하고 있는바, 이 사건의 경우 청구인이 제출한 정량적 제안서에 결과확인서가 첨부되었고, 그 내용을 쉽게 인지할 수 있는 상태였다 할 것이므로 동 조항에 따른 보완대상에 해당하지 않는다 할 것임.

다음으로 정량적 제안서 평가시 동 제안서에 첨부된 2023년 시험결과서를 정성적 제안서에 첨부된 2024년 시험결과서로 대체하는 방식으로 보완하여야 한다는 주장에 대해 살펴보면, 정성적 제안서 평가 전일인 '24.○○.○○., 청구인은 피청구인이 정량적 평가결과를 통보함에 따라 정량적 평가서에 2023년 시험결과서가 첨부된 사실을 인지하고 피청구인에게 즉시 기 제출된 정성적 제안서에 2024년 시험결과서가 첨부되어 있으니 동 결과서로 대체하여 달라고 요청한 사실은 인정되나, 「조달청 협상에 의한 계약 제안서평가 세부기준」 제9조에 따라 이 사건 입찰의 정량 필수 제안인 결과확인서에 대하여는 정성 제안서와 별도로 수요기관이 평가를 실시하도록 되어 있어 피청구인은 정량적 제안서를 평가함에 있어 정성적 제안서의 내용을 확인하여야 할 의무가 있는 것은 아닐 뿐만 아니라, 피청구인은 정량적 평가가 이미 완료된 '24.○○.○○.에야 정성적 평가서에는 2024년 시험결과서가 첨부되어 있다는 사실을 인지한 것으로 보이므로, 2023년 시험결과서를 대체하여 보완하게 한 후 다시 정량적 평가를 실시하여야 할 의무가 있다고 판단되지는 않으며, 나아가 이를 우선협상대상자를 변경할 만큼의 중대한 절차적 하자로 볼 수도 없는 것으로 판단되므로 결국 청구인의 주장은 이유가 없다 할 것임.

조정 11 낙찰자 결정 관련 조정 청구

가. 사건 개요

청구인은 이 사건 입찰에서 낙찰예정자로 선정되었으나, 피청구인이 적격심사과정에서 청년감리원의 교육실적(2점)을 0점으로 평가함에 따라 부적격 통보를 받음.

피청구인은 적격심사기준 제2조 2항에 따라 각 평가요소별 평가기준일은 입찰공고일이 원칙이며, 별표3 감리업자의 사업수행능력 세부평가기준에서 교육실적은 협회에서 실시하는 교육을 이수한 경우 적용하도록 하고 있어 교육실적 인증은 불가함을 주장.

이에 대해 청구인은 피청구인이 입찰공고에서 청년감리원의 자격을 2024년 1분기 중 전문교육이수 예정인 자도 포함시키고 있으므로, 청년감리원이 이수 예정인 교육도 교육실적으로 인정하여야 함에도 교육실적의 평가기준일을 입찰공고일 기준으로 하여 교육점수 "0점"을 부여한 것은 부당하다며 조정을 청구.

나. 청구 취지

청구인은 이 사건 입찰에서 낙찰예정자로 선정되었으나, 피청구인이 적격심사과정에서 청년감리원의 교육실적(2점)을 0점으로 평가함에 따라 부적격 통보를 받음. 청구인은 피청구인이 입찰공고에서 청년감리원의 자격을 2024년 1분기 중 전문교육이수 예정인 자도 포함시키고 있으므로, 청년감리원이 이수 예정인 교육도 교육실적으로 인정하여야 함에도 교육실적의 평가기준일을 입찰공고일 기준으로 하여 교육점수 "0점"을 부여한 것은 부당하다며 "부적격통보를 취소하고, 청구인을 낙찰자로 결정"하는 조정을 청구함.

다. 주문

청구인의 청구를 기각한다.

라. 당사자 주장

1) 청구인 주장

① 이 사건 용역입찰의 공고문은 적격심사기준 중 청년감리원의 자격에 관하여 "청년감리원의 자격은 '배전감리전문교육' 과정을 이수 완료 또는 이수 예정('24년 1분기 이내 교육이수 후 증빙자료제출)인 공고일 전일 기준, 만 34세 이하 초급 이상 감리원"이라고 기재하고 있음.

이에 청구인은 위 공고문을 신뢰하고 일자리창출우대가점을 부여받고자

1993년생 전○○을 참여감리원에 포함시켜 감리용역사업수행능력평가서를 제출하였으며, 동 평가서에서 청년감리원의 교육실적을 2024년 1분기 중 전기감리전문교육 기본과정과 배전과정을 수료할 예정임을 전제로 2점(만점)으로 평가하였음.

② 이 사건 입찰공고에 따르면 청년감리원의 자격이 인정되기 위해서는 ㉠공고일 전일기준으로 만34세 이하일 것, ㉡공고일 전일기준으로 초급이상의 등급을 갖춘 감리원일 것, ㉢적격심사일 기준으로 '배전감리전문교육' 과정을 이수하였거나 2024.1분기까지 이수하고 증빙자료를 제출할 것이 요구되며, ㉢과 관련하여 '배전감리전문교육' 과정은 사전등록제도가 있어 이수예정자 확인을 받을 수 있는 것이 아니므로 적격심사 시에는 교육이수 여부에 관하여 아무런 증빙을 제출하지 않더라도 ㉠과 ㉡가 충족되는 한 청년감리원의 자격을 부인할 수 없음.

따라서 위 입찰공고는 청년감리원의 교육이수요건은 추후 보완 사항이라는 것과 이에 대한 증빙자료의 제출기한은 '24.○○.○○.까지임을 정하고 있다고 할 수 있으며, 이는 적격심사기준 제2조 제2항에서 말하는 바와 같이 청년감리원의 교육실적과 관련하여 평가기준일을 별도로 정하고 있는 것이라고 할 수 있음.

③ 청년감리원의 자격요건으로 교육이수 관련 사항을 포함시키고 그 평가일을 2024년 1분기 내(2024.3.31.)로 정하면서도 교육실적 평가항목의 평가기준일은 입찰공고일로 해석하는 것은 입찰신청인에게 일방적으로 불리한 해석이며, 불명확한 입찰공고로 발생한 불이익을 입찰참가자에게 지우는 것은 부당함.

④ 청년감리원의 교육이수실적을 입찰공고일 기준으로 평가하는 것은 청년감리원 제도를 도입한 목적 및 교육이수예정인 청년감리원에 대해서도 교육을 이미 이수한 청년감리원과 동일하게 경력축적의 기회를 부여코자 하는 제

도의 취지에도 어긋나는 것으로, 피청구인의 주장대로 청년감리원의 교육이수요건에 관한 공고내용이 일자리우대가점항목에 한하여 적용되는 사항이라면 교육이수예정 청년감리원을 고용하여 배치하는 경우 가점 1점은 부여하되 교육실적 항목에서 사실상 0.4점을 감점하겠다는 것과 다름이 없어 청년일자리 창출을 위한 인센티브로서의 가점1점을 사실상 해석에 의해 0.6점 가점 부여로 축소·수정하는 것임.

⑤ 피청구인의 주장대로 교육실적에 있어 청년감리원도 다른 감리원과 동일하게 입찰공고일을 기준으로 교육이수증빙자료를 제출해야 한다면 공고문과 적격심사기준에 그 내용을 명시하여 불확실성이 해소되었어야 함.

피청구인은 코로나19 기간 중 관련교육과정이 정상적으로 운영되지 않는 사정을 감안하여 발주하는 입찰에서 교육실적에 대한 평가기준을 수차례 변경한 바 있고 청년감리원제도의 도입으로 평가기준에 대한 불명확성이 증가했음에도 이를 해소하는 조치를 취하지 않음.

2021년도 공고문에는 "청년감리원의 교육이수 여부는 만점처리한다."라는 명시적인 문구를 넣었다가 2022년에는 해당 문구를 삭제하였으며, 2022년에는 청년감리원 가점을 받고 낙찰된 경우 즉시 교육을 이수할 것을 조건으로 하였으나, 2023년부터는 이수예정인 경우를 자격에 아예 포함시켜 차년도 1분기 이내 이수 후 증빙자료를 제출하는 것으로 변경함.

⑥ 또한, 이 사건 용역입찰의 적격심사기준 [별표3] 감리업자 사업수행능력 세부평가기준에 따르면 책임감리원의 자격 사항에 따라 별도의 가점을 부여하고 있는데 청구인은 쟁점1의 주장에서와 같이 청년감리원이 교육실적 2점을 모두 받을 것으로 계산하여 책임감리원 조○○, 남○○, 남○○ 3인 중 조○○이 보유한 전기기사 및 OA산업기사 자격을 제외하고 제출함.

위와 같이 청구인은 사업수행능력 종합평가표를 제출하면서 자체적으로 책임감리원 남○○, 남○○의 자격보유만을 기재·계상하여 해당 항목의 가점 평점을 0.57점이 아닌 0.33점으로 기재하였고 피청구인은 이에 따라 평가함.

㉧ 적격심사는 입찰가격점수에서 가장 높은 점수를 받은 입찰참가자를 대상으로 사업수행능력이 있는지 여부를 검증하는 절차로서, 다른 입찰참가자들과의 상대적 비교가 아니라 해당 업체의 수행능력을 절대적으로 평가하여 일정 수준 이상이 되는지 여부를 검증하는 성격을 가지므로 입찰참가자가 제출한 증빙서류를 기반으로 평가가 이루어져야 하며 입찰참가자가 자체적으로 기재한 평점에 평가자가 구속될 이유는 없음.

그럼에도 불구하고 피청구인이 적격심사기준 [별표2] 사업수행능력 종합평가표 하단의 "감리업체가 기재한 평가항목의 점수가 과소 계산된 경우 기재된 점수대로 평가한다."라는 일방적인 문구내용을 근거로 실제 사업수행능력을 증빙하는 서류가 아닌 청구인이 과소 기재한 평점에 기초하여 평가한 것은 증빙자료의 기제출 여부 및 과소기재의 착오 여부와 무관하게 해당 기준을 일률적으로 적용한 것으로 이는 입찰참가자에게 일방적으로 불리한 불공정조항에 해당됨.

2) 피청구인 주장

① 적격심사기준 제2조 제2항에 따라 각 평가요소별 평가기준일은 입찰 공고일을 원칙으로 하며, [별표3] 감리업자의 사업수행능력 세부평가기준에서 교육실적은 협회에서 실시하는 교육을 이수한 경우에 적용하도록 하고 있음.

따라서 입찰공고일 기준으로 교육을 이수완료한 경우에만 교육실적 인정이 가능하며, 이는 적격심사기준 양식4 및 양식5에 따라 기술인협회에서 발급하는 감리원 경력확인서 확인을 통해 평가함.

② 본 용역의 적격심사기준 [별표3]에는 교육실적과 일자리 창출 우대가점(청년감리원 가점)이 별개의 평가항목으로 명시되어 있고, 교육실적과 일자리 창출 우대가점의 평가기준일은 적격심사기준 제2조 제2항에 따라 입찰공고일임.

일자리 창출 우대가점이 적용되는 청년감리원의 자격은 배전감리전문교육과정을 이수완료 또는 '24년 1분기 교육이수 예정인 만 34세 이하 초급이상 감리원으로, 이는 일자리 창출 우대가점 항목에 한하여 적용되는 사항임.

또한, 입찰공고문에서 청년감리원의 기술경력에 대해서만 평가를 만점처리 한다고 명시가 되어 있을 뿐, 교육실적에 대해서는 별도의 예외조항을 두고 있지 않는바 다른 감리원과 동일하게 평가해야 함.

③ 청년감리원의 자격에 배전감리전문교육과정 이수 완료뿐만 아니라 "이수 예정"인 자들도 포함한 것은 해당 교육이 한국전기기술인협회 주관으로 시행되며 교육정원이 충분하지 않아 교육 참여가 쉽지 않은 상황을 감안하여 청년감리원 참여 유도 및 교육이수 부담 완화를 위해 1분기까지 교육이수를 유예한 것임.

④ 또한, 적격심사기준 제10조 제3항에 적격심사 대상자가 제출한 자기평가서에 기재한 평가항목의 점수가 과소계산된 경우 기재된 점수로 평가하도록 명시하고 있으므로 참여감리원의 자격보유 가점은 이에 근거하여 평가된 것으로 문제없음.

마. 판단

이 사건 용역계약에 적용되는 적격심사기준상 교육실적과 일자리 창출 우대가점은 별개의 평가항목으로 구성되어 있고, 입찰공고에서 일자리 창출 우대가점의 경우 "24년 1분기까지의 교육이수 예정자"도 청년감리원으로서 자격을 충족한 것으로 보는 예외규정을 두고 있으나, 교육실적과 관련하여서는 별도의 예외규정을 명시하고 있지 않으므로 적격심사기준 제2조 제2항에 따라 원칙대로 입찰공고일을 기준으로 평가하는 것이 타당한 것으로 판단됨. 나아가, 청구인은 입찰참가자로서 입찰공고문에 불명확한 부분이 있었다면 피청구인에게 문의하여 불확실성을 해소할 수 있었음에도, 청구인이 이러한 주의를 기울인 바는 없었으므로, 이를 근거로 이 사건 용역계약의 낙찰자 선정

결과를 뒤집을 만큼 중대한 하자가 있다고 단언하기는 힘들 것으로 판단됨.

또한, 책임감리원의 자격보유 가점 인정여부와 관련하여서도 적격심사기준에 "감리업체가 기재한 평가항목의 점수가 과소 계산된 경우 기재된 점수대로 평가한다."라고 명시하여 입찰참가자에게 과소 기재로 인해 예상되는 불이익을 안내하고 있으므로 피청구인이 청구인이 누락한 자격증까지 합산하여 평가할 이유는 없다 할 것이어서 청구인의 청구를 기각함.

다만, '21년과 '22년에는 코로나19 등으로 인해 청년감리원을 포함한 전체 감리원에 대한 대면교육이 힘들었던 점을 감안, 감리원에 대한 교육실적 점수를 만점으로 처리하였다가, '23년부터 교육실적에 대한 평가를 정상화하면서도 이에 대한 충분한 고지가 이루어지지 못해 청구인과 같이 평가기준 등을 오인하는 사례가 발생할 수도 있으므로, 향후에는 일자리 창출 취지에 부합하면서도 입찰자들이 오해할 만한 여지가 없도록 입찰공고문의 평가기준을 보다 명확하게 명시토록 권고함.

라. 유권해석 사례

해석 사례 29 낙찰예정자 1순위업체가 입찰참가 부적격자인 경우 처리

【회 신】 (계약제도과-1587, 2013.11.14.)

계약예규 「물품구매(제조)입찰유의서」 제16조 제10항에서는 낙찰자로 결정된 자가 계약체결 이전에 입찰 무효 등 부적격자로 판명되어 낙찰자 결정이 취소된 경우에 동 부적격자를 제외하고 유효한 입찰이 성립될 때에는 차순위자 순으로 입찰절차를 진행할 수 있도록 하고 있음. 따라서 계약체결 전에 1순위 업체가 입찰참가 부적격자로 판명된 경우 동 부적격자를 제외하고 유효한 입찰자가 2인 이상인 경우에는 해당 입찰절차가 무효가 되는 것은 아니며,

차순위자 순으로 입찰절차를 진행할 수 있음.

해석 사례 30 계약 체결 후 계약상대자가 부적격자로 판명된 경우

【회 신】　　　　　　　　　　　　　(계약제도과-643, 2015.05.26.)

「공사입찰유의서」 제18조 제6항에는 "계약담당공무원은 낙찰자로 결정된 자가 계약체결 이전에 입찰 무효 등 부적격자로 판명되어 낙찰자 결정이 취소된 경우로서 동 부적격자를 제외하고 2인 이상 유효한 입찰이 성립되어 있는 때에는 차순위자 순으로 필요한 심사 등을 실시하여 낙찰자를 결정한다."라고 규정되어 있음. 즉, 계약체결 이전에는 기존의 낙찰참가자를 대상으로 낙찰 절차를 계속하여 진행할 수 있음. 하지만, 낙찰자를 결정하고 계약을 체결한 후에는 그 낙찰 절차는 종료되기 때문에, 낙찰자 결정 후 계약이 취소된다면 차순위자를 심사하여 낙찰자 결정을 할 수 없고 새로운 입찰절차를 거쳐서 낙찰자를 선정하여야 함.

해석 사례 31 낙찰자로 결정된 자의 입찰 무효 등 부적격자의 의미

【회 신】　　　　　　　　　　　　　(계약제도과-175, 2017.02.17.)

「용역입찰유의서」 제15조 제6항에서는 낙찰자로 결정된 자가 계약체결 이전에 입찰 무효 등 부적격자로 판명되어 낙찰자 결정이 취소된 경우로서 동 부적격자를 제외하고 2인 이상 유효한 입찰이 성립되어 있는 때에는 차순위자 순으로 필요한 심사 등을 실시하여 낙찰자를 결정하도록 규정하고 있음. 이 경우 부적격자란 계약담당공무원의 착오에 의하여 잘못 결정된 낙찰자 또는 허위 서류 제출 등 입찰 무효로 판명된 낙찰자 등과 같이 원래부터 낙찰을 받을 수 없는 자를 의미한다고 할 것임.

해석 사례 32 종심제 낙찰자 결정 대상과 균형가격 산정

【회 신】　　　　　　　　　　　(계약제도과-165, 2018.02.02.)

계약예규「종합심사낙찰제 심사기준」제15조 제1항은 "입찰자가 부도, 파산, 해산, 부정당업자 제재, 영업정지(건설업 등의 등록말소·취소 포함), 입찰무효 등 상태에 있는 경우에는 심사대상에서 제외(이하 이 조에서 "결격사유"라 한다.)한다."라고 규정하고 있음. 이는 입찰서 제출마감일 이후부터 낙찰자를 결정하기 전의 심사기간 동안 상기 결격사유가 발생한 경우 심사대상에서 제외하며, 이에 따라 낙찰자 결정 대상에서 제외됨을 의미함.

동 기준 제8조 제1항 각 호에서는 균형가격 산정 시 제외되는 입찰금액에 대하여 규정하고 있는바, 제15조에 따라 심사대상에서 제외되는 입찰자의 입찰금액은 균형가격 산정 시 제외되는 입찰금액에 해당되지 않음.

해석 사례 33 계약체결 이전 부적격자 판명

【회 신】　　　　　　　　　　　(계약정책과-1132, 2023.11.08.)

계약예규「용역입찰유의서」제15조 제6항에서는 낙찰자로 결정된 자가 계약체결 이전에 입찰무효 등 부적격자로 판명되어 낙찰자 결정이 취소된 경우로서 동 부적격자를 제외하고 2인 이상 유효한 입찰이 성립되어 있는 때에는 차순위자 순으로 필요한 심사 등을 실시하여 낙찰자를 결정하도록 규정하고 있음. 이 경우 부적격자란 입찰무효로 판명된 낙찰자 등과 같이 원래부터 낙찰을 받을 수 없는 자를 의미한다고 할 것임.

국가를 당사자로 하는 계약을 함에 있어서 발주기관의 착오로 정당한 적격심사대상자를 배제하고 제3자를 낙찰자로 결정한 후 착오사실을 발견하였을 경우에는 낙찰자 결정을 취소하고 정당한 입찰자를 낙찰자로 결정할 수 있을 것임.

해석 사례 34 둘 이상의 낙찰자 결정 관련 세부 사항

【회신】 (계약정책과-1063, 2024.11.14)

「국가를 당사자로 하는 계약에 관한 법률」제10조 및 「국가를 당사자로 하는 계약에 관한 법률 시행령」제47조의3은 1인의 낙찰자로는 계약 목적 달성이 곤란하다고 판단되는 경우 둘 이상의 입찰자를 낙찰자로 결정할 수 있도록 하고 있음. 이때 계약담당공무원은 계약목적 달성을 위해 낙찰자별로 세부 계약 내용을 정하는 것도 가능함. 국가계약법령은 둘 이상의 낙찰자 결정에 대한 세부 사항을 규정하고 있지 않으나 규정 도입 취지가 예상하지 못한 계약 불이행 상황 발생 등에 대비하기 위한 것인 점, 낙찰자는 둘 이상이지만 한 개의 계약 내용을 이행하여야 하는 점 등을 고려하면 원칙적으로는 동일한 가격으로 낙찰되어야 할 것임. 다만 각 중앙관서의 장 또는 계약담당공무원이 계약의 목적, 특성 등을 검토하여 필요하다고 판단할 경우 가격을 다르게 하거나 낙찰자별 계약목적물에 대한 과업비율을 설정하는 것도 가능할 것임.

마. 판례

판례 낙찰자 결정의 무효 요건

(대법원 2001. 12. 11., 2001다33604 결정)

이 사건 입찰에 국가를 당사자로 하는 계약에 관한 법령에서 정한 입찰절차나 낙찰자 결정기준에 관한 규정이 적용된다고 하더라도 이는 국가의 내부규정에 불과하여 위 법령에 어긋나게 적격심사를 하였다고 하더라도 그 사유만으로 당연히 낙찰자 결정이나 그에 기한 계약이 무효가 되는 것은 아니고, 이를 위배한 하자가 입찰절차의 공공성과 공정성이 현저히 침해될 정도로 중대할 뿐 아니라 상대방도 이러한 사정을 알았거나 알 수 있었을 경우 또는 누가 보더라도 선량한 풍속 기타 사회질서에 반하는 행위에 의하여 이루어진 것임이 분명한 경우 등 이를 무효로 하지 않으면 그 절차에 관하여 규정한 법령의 취지를 몰각하는 결과가 되는 특별한 사정이 있는 경우에 한하여 무효가 된다고 해석함이 타당함.

판례 잘못된 낙찰자 결정을 취소한 후 차순위자 선정

(대법원 2014. 1. 23., 2013마2088 결정)

A청이 적격심사 세부기준을 잘못 적용하여 B를 낙찰자로 선정한 이 사건 낙찰자 선정결정을 곧바로 취소하고 새로운 적격심사를 통하여 C를 낙찰자로 결정한 조치에 별다른 하자가 있어 보이지 않을 뿐 아니라, 설령 C를 낙찰자로 결정한 조치에 일부 하자가 있더라도 그러한 하자가 입찰절차의 공공성과 공정성이 현저히 침해될 정도로 중대하고 누가 보더라도 낙찰자의 결정 및 계약체결이 선량한 풍속 기타 사회질서에 반하는 행위에 의하여 이루어진 것임이 분명하여 위 조치를 무효로 하지 않으면 그 절차에 관하여 규정한 관계 법령 및 심사기준의 취지를 몰각하는 결과가 되는 특별한 사정이 있는 경우에 해당한다고 볼 자료도 없는 점 등을 종합하여 보면, A청이 B에 대한 이 사건 낙찰자 취소 결정을 하고 새로운 적격심사를 통하여 차순위자인 C를 낙찰자로 결정한 조치가 위법하거나 당연 무효라고 볼 수 없고, 오히려 이 사건 낙찰자 취소결정은 적격심사 세부기준을 잘못 적용하여 B를 낙찰자로 선정한 낙찰자 선정결정의 잘못을 바로잡은 정당한 조치라고 봄이 상당하다.

7. 계약금액 조정 등

가. 의의

국가계약은 대부분 계약상대자가 계약목적을 달성하면 이행 비용이 얼마인지를 묻지 않고 계약된 금액을 대가로 지급하는 확정계약이 일반적인 형태이다. 이는 계약의 내용이 계약 이행과정에서 변화가 없고, 예측 가능한 범위에 있다는 것을 전제로 하는 것이다. 이로 인해 계약상대자는 특별한 사정이 없는 한 이행 비용이 계약금액을 초과하더라도 추가적인 대가의 지급을 청구할 수 없는 것이고, 발주기관도 계약상대자가 적은 비용으로 계약을 이행하였다는 이유로 계약금액을 감액할 수 없는 것이 원칙이다.

그러나 계약기간이 장기간에 걸치면 그 과정에서 경제상황의 급변으로 물가변동이 커질 수 있고, 실제 현장에 당초 설계를 적용할 수 없는 경우가 있을 수 있으며, 발주기관이 정책변화에 따라 계약의 내용을 변경할 필요가 생길 수 있다. 국가계약법령은 이러한 상황에 대비하여 계약의 종류 또는 규모와 상관없이 계약 당시 예측하지 못한 설계변경, 물가변동, 계약내용의 변경 등 특별한 사정변경이 있는 경우에 정해진 절차와 방법으로 계약금액을 조정할 수 있도록 하고 있다. 이러한 사정변경에 의한 계약금액조정은 계약상대자의 계약상 이익이라고 보아야 한다.

예를 들어 자재비, 노무비 등의 가격이 통상적인 물가수준 이상으로 상승하거나 설계변경으로 인해 계약된 공정·물량이 증가하는 경우, 계약기간 연장으로 인해 간접비가 발생하거나 발주기관이 추가업무를 지시하는 경우 등이 계약금액조정의 사유에 해당한다. 따라서 계약상대자는 위와 같은 사유가 발생하는 경우 발주기관에 계약금액조정을 신청할 수 있다.

그런데 국가계약법령에서 계약금액조정 사유와 방법·절차 등을 정하고 있음에도 불구하고 구체적인 계약의 일반조건 또는 특수조건에서 계약금액조정을 전면적으로 배제하거나 일부 비목만 인정하는 제한 규정을 두는 경우가 있어 발주기관과 계약상대간에 분쟁이 발생한다. 국가계약법 제5조 제3항은 "이 법 또는 관계 법령에 규정된 계약상대자의 계약상의 이익을 부당하게 제한하는 특약 또는 조건을 정하여서는 아니 된다."라고 하고, 같은 조 제4항에서 "제3항에 따른 부당특약 등은 무효로 한다."라고 규정하고 있다. 국가계약법이 설계변경, 물가변동 등 특별한 경우에 계약상대자의 계약상 이익을 보호하기 위하여 계약금액을 조정하도록 한 입법취지를 고려하면 전면적으로 배제하는 계약조건은 부당특약으로 허용될 수 없다고 할 것이다. 그러나 계약금액조정의 일부만 제한하는 계약조건은 계약의 특성, 계약체결 당시의 상황 등을 종합적으로 고려하여 계약상대자의 계약상 이익을 부당하게 제한하는 것인지를 판단하여야 할 것이다.

[물가변동에 따른 계약금액 조정 중 품목조정률 방식]

■ 품목조정률 = $\dfrac{\Sigma \text{각 품목 또는 비목의 수량} \times \text{등락폭①}}{\text{계약금액②}}$

① 등락폭: 다음 3가지 상황에 따라 계산
   계약단가 < 입찰 당시 가격 < 물가변동 당시 가격→ 등락률 = 계약단가 × 등락률
   입찰 당시 가격 < 계약단가 < 물가변동 당시 가격→ 등락률 = 물가변동 당시 가격 - 계약단가
   입찰 당시 가격 < 물가변동 당시 가격 < 계약단가→ 등락률 = 0
  * 계약단가: 입찰서 제출 시 첨부한 산출금액내역서상 단가

② 등락률 = $\dfrac{\text{물가변동 당시 가격} - \text{입찰 당시 가격}}{\text{입찰 당시 가격}}$

* 물가변동 당시 가격: 물가변동 당시 산정한 각 품목 또는 비목의 가격
  입찰 당시 가격: 입찰서 제출 마감일 당시 산정한 각 품목 또는 비목의 가격

[물가변동에 따른 계약금액 조정 중 지수조정률 방식]

■ 지수조정률 = (Σ비목별 지수변동률①×해당 비목별 가중치②)-1

① 비목별 지수변동률

  노무비 지수변동률 = $\dfrac{\text{조정기준일 당시 노임단가 평균치}}{\text{계약 체결 시 노임단가 평균치}}$

  재료비, 경비 지수변동률 = $\dfrac{\text{조정기준일 당시 표준품셈 가격 평균치}}{\text{계약 체결 시 표준품셈 가격 평균치}}$

② 비목별 가중치 : 지수변동률 비목군에 해당하는 산출내역서상의 금액이 동 내역서상의 재료비, 노무비 및 경비의 합계액에서 차지하는 비율
* 지수조정률의 세부 산정방법은 「정부 입찰·계약 집행기준」 제68조~제69조, 「지방자치단체 입찰 및 계약 집행기준」 1장 6절 참조

[관련 규정]

국가계약법 제19조(물가변동 등에 따른 계약금액 조정)
  각 중앙관서의 장 또는 계약담당공무원은 공사계약·제조계약·용역계약 또는 그 밖에 국고의 부담이 되는 계약을 체결한 다음 물가변동, 설계변경, 그 밖에 계약내용의 변경(천재지변, 전쟁 등 불가항력적 사유에 따른 경우를 포

함한다)으로 인하여 계약금액을 조정(調整)할 필요가 있을 때에는 대통령령으로 정하는 바에 따라 그 계약금액을 조정한다.

국가계약법 시행령 제64조(물가변동으로 인한 계약금액의 조정)

① 각 중앙관서의 장 또는 계약담당공무원은 법 제19조의 규정에 의하여 국고의 부담이 되는 계약을 체결(장기계속공사 및 장기물품제조 등의 경우에는 제1차 계약의 체결을 말한다)한 날부터 90일 이상 경과하고 동시에 다음 각 호의 어느 하나에 해당되는 때에는 기획재정부령이 정하는 바에 의하여 계약금액(장기계속공사 및 장기물품제조 등의 경우에는 제1차 계약체결 시 부기한 총 공사 및 총 제조 등의 금액을 말한다. 이하 이 장에서 같다)을 조정한다. 이 경우 조정기준일(조정사유가 발생한 날을 말한다. 이하 이 조에서 같다)부터 90일 이내에는 이를 다시 조정하지 못한다.

1. 입찰일[수의계약(제28조 제2항에 따라 준용되는 같은 조 제1항의 수의계약은 제외한다)의 경우에는 계약체결일을, 2차 이후의 계약금액 조정의 경우에는 직전 조정기준일을 말한다. 이하 이 항 및 제6항에서 같다]을 기준일로 하여 기획재정부령으로 정하는 바에 따라 산출된 품목조정률이 100분의 3 이상 증감된 때

2. 입찰일을 기준일로 하여 기획재정부령이 정하는 바에 의하여 산출된 지수조정률이 100분의 3 이상 증감된 때

② 각 중앙관서의 장 또는 계약담당공무원은 제1항의 규정에 의하여 계약금액을 조정함에 있어서 동일한 계약에 대하여는 제1항 각 호의 방법 중 하나의 방법에 의하여야 하며, 계약을 체결할 때에 계약서에 계약상대자가 제1항 제2호의 방법을 원하는 경우 외에는 동항 제1호의 방법으로 계약금액을 조정한다는 뜻을 명시하여야 한다.

③「국고금관리법 시행령」제40조의 규정에 의하여 당해 계약상대자에게 선금을 지급한 것이 있는 때에는 제1항의 규정에 의하여 산출한 증가액에서 기

획재정부령이 정하는 바에 의하여 산출한 금액을 공제한다.

④ 각 중앙관서의 장 또는 계약담당공무원은 관계법령에 의하여 최고판매가격이 고시되는 물품을 구매하는 경우 기타 제1항의 규정을 적용하여서는 물품을 조달하기 곤란한 경우에는 계약체결 시에 계약금액의 조정에 관하여 제1항의 규정과 달리 정할 수 있다.

⑤ 제1항의 규정을 적용함에 있어서 천재·지변 또는 원자재의 가격급등으로 인하여 당해 조정제한 기간 내에 계약금액을 조정하지 아니하고는 계약이행이 곤란하다고 인정되는 경우에는 동항의 규정에도 불구하고 계약을 체결한 날 또는 직전 조정기준일부터 90일 이내에 계약금액을 조정할 수 있다.

⑥ 제1항 각 호에도 불구하고 각 중앙관서의 장 또는 계약담당공무원은 공사계약의 경우 특정규격의 자재(해당 공사비를 구성하는 재료비·노무비·경비 합계액의 1천분의 5를 초과하는 자재만 해당한다)별 가격변동으로 인하여 입찰일을 기준일로 하여 산정한 해당자재의 가격증감률이 100분의 15이상인 때에는 그 자재에 한하여 계약금액을 조정한다.

⑦ 각 중앙관서의 장 또는 계약담당공무원은 환율변동을 원인으로 하여 제1항에 따른 계약금액 조정요건이 성립된 경우에는 계약금액을 조정한다.

⑧ 제1항에도 불구하고 각 중앙관서의 장 또는 계약담당공무원은 단순한 노무에 의한 용역으로서 기획재정부령으로 정하는 용역에 대해서는 예정가격 작성 이후 노임단가가 변동된 경우 노무비에 한정하여 계약금액을 조정한다.

나. 사례 해설

설계변경 또는 물가변동으로 인한 계약금액조정과 관련한 분쟁은 주로 계약조건의 부당성이 문제되고 있다. 다양한 계약에서 계약금액조정을 제한하는 계약조건을 두는 경우가 있는데, 발주기관이 우월적 지위에서 계약상대자의 계약상 이익을 제한하려는 의도로 볼 여지도 있지만, 국가 등이 추진하는 사업은 그 특성이 일률적이지 않음에 따라 계약의 특성을 반영하여 계약조건을 정하는 것이 합리적인 경우가 있을 수 있다. 이러한 경우 전형적인 계약에서의 계약조건과 비교하여 계약상대자가 부당하다고 주장할 수 있으나, 그러한 계약조건이 부당한지 여부는 판례뿐만 아니라 위원회도 개별 계약의 특성 등 다양한 요소를 종합적으로 고려하여 판단하고 있다.

조정12 사례에서 위원회는 물가변동으로 인한 계약금액조정에 관한 계약조건 규정을 엄격하게 해석하고 있는데, 여기서 "엄격하게"의 의미는 계약조건을 계약상대자의 계약상 이익을 제한하지 않는 방향으로 해석하겠다는 것으로 볼 수 있다. 즉 발주기관이 우월적 지위에서 계약조건을 자신에게 유리한 방향으로 해석하는 것을 경계하는 것이다. 사례에서 전체 계약금액의 57%를 차지하는 주자재 부분을 계약금액조정 대상에서 배제하는 것으로 계약조건을 해석한다면 부당특약이 될 소지가 있음을 지적하였다. 피청구인 주장처럼 주자재는 청구인이 미리 확보할 계약상 의무가 있어 물가변동의 대상이 되지 않는다고 볼 여지가 있으나, 국가계약법상 물가변동에 의한 계약금액조정은 주자재에 대한 단품 조정이 아닌 이상 계약금액 전체를 조정하는 것이므로 피청구인의 주장은 타당하지 않다고 할 것이다.

조정13 사례에서 위원회는 계약조건의 부당성 등을 판단함에 있어 국제상거래 관행도 그 근거가 될 수 있음을 인정하고 있다. 또한, 원리금 상환비, 금융비 등이 물가변동으로 인한 계약금액 조정의 대상이 되는지에 대해서는 명확히 밝히지 않았지만, 계약상대자의 경영적 판단에 의하여 발생한 계약 이행 비용 증가는 계약금액 조정의 대상이 될 수 없다고 보아야 한다.

다. 분쟁조정 사례

조정 12 물가변동 계약금액 관련 조정 청구

가. 사건 개요

청구인들은 A사를 대표사로 하는 공동수급체로 이 사건 사업의 수행 과업은 전체 11개로 구성되며, 사업 수행 중 물가변동 사유가 3차례 발생하여 피청구인에게 물가변동 조정요청을 하였으나, 피청구인은 추가특수조건*을 근거로 11개 과업 중 설치부분(기타설비, 설치, 철거)만 물가변동 대상에 해당된다며 물가변동 계약금액 변경요청을 반려함.

* (추가특수조건 SC-28. 가격 및 지급조건) 설계변경 등 계약상대자에게 책임이 없는 사유를 제외하고는 최종 과업완성 시 실제투입, 시공수량의 증가로 인한 추가보상을 요구하거나 단가 변경을 요청할 수 없다. 단, 설치부분은 "국가를 당사자로 하는 계약에 관한 법률 시행규칙"이 정하는 바에 의하여 산출된 지수 조정률에 따라 물가조정한다.

청구인은 이를 부당하다고 판단하여 분쟁조정을 청구함.

나. 청구 취지

청구인들은 A사를 대표사로 하는 공동수급체로, 이 사건 계약은 설계, 구매, 공사가 혼재된 사업으로 전체 11개 과업으로 구성되어 있는바, 청구인들은 물가변동에 따라 11개 과업 전체에 대해 지수조정률을 적용하여 계약금액 증액(약 ○○○억 원)을 요청하였으나, 피청구인이 추가특수조건을 근거로 11개 과업 중 설치부분(기타설비, 설치, 철거)만 물가조정 대상에 해당된다며 요청을 반려함에 따라 조정을 청구.

다. 주문

피청구인은 이 사건 계약의 11개 과업 전체에 대해서 물가변동에 따른 계약금액 조정을 이행하라. 단 계약금액 조정 신청 전 차수 준공이 완료된(1, 2차) 분은 제외한다.

라. 당사자 주장

1) 청구인 주장

① 청구인들은 A사를 대표사로 하는 공동수급체로 이 사건 사업에 관한 물품구매계약(장기계속계약)을 피청구인과 체결하였고, 이 사건 사업의 수행 과업은 전체 11개*임.

* 11개 과업은【①주자재 ②기타설비 ③상세설계 ④설치 및 연동 ⑤철거 ⑥시험 및 시운전 ⑦시험장비 ⑧교육훈련 ⑨긴급복구용자재 ⑩운용및유지보수매뉴얼 ⑪기술지원】이며, 이 중 "④설치 및 연동"을 "4-1 설치"와 "4-2 연동"으로 분리하면 총 12개 과업임.

② 사업 수행 중 코로나 사태의 장기화로 인한 원자재 가격 급등으로 생산자물가지수가 크게 상승하는 등, 물가변동 사유가 3차례 발생하여 수행 과업 전체에 대해 물가변동 조정요청*을 하였으나, 피청구인은 청구인과 체결한 추가특수조건을 근거로 설치부분(기타설비, 설치, 철거)만 물가변동 대상에 해당된다며 조정 청구를 반려하였음.

③ 하지만 추가계약특수조건 SC-28 본문은 "설계변경 등 계약상대자에게 책임이 없는 사유를 제외하고는 최종 과업완성시 실제투입, 시공수량의 증가로 인한 추가보상을 요구하거나 단가 변경을 요청할 수 없다."라고만 규정하고 있음.

따라서 이를 물가변동으로 인한 계약금액 조정 배제에 관한 내용이라고 볼 수 없고, 청구인들과 피청구인 사이에 설치 부분을 제외한 과업에 대하여 물가변동에 따른 계약금액 조정을 배제하기로 하는 합의는 없었으므로, 국가계약법 제19조, 같은 법 시행령 제64조에 따라 계약금액을 증액하여야 함.

④ 부산지방법원 또한 특수조건 SC-28항 본문과 유사한 내용의 "이 사건 공

사를 시행함에 있어 피고의 요구에서 비롯되는 일부 재료 변경이나 기타에 있어서 금액의 추가비용도 발생치 않는다."라는 특약에 관하여, 문언에 의하더라도 물가변동 배제특약이라고 보기 어렵다고 판단하였음(부산지방법원 2007.11.22. 선고 2005가합4485, 2005가합14512 판결).

⑤ (예비적 주장) 설령 이 사건 추가특수조건 SC-28이 물가변동 배제특약으로 해석되더라도, 위 특약은 청구인들의 권리를 부당하게 제한하는 특약으로서 무효임.

전체 계약금액의 57%를 차지하는 과업(설치, 기타설비, 철거를 제외한 나머지 8개 과업)에 대해 물가변동에 따른 계약금액 조정을 배제하는 위 특약은 청구인들에게 지나치게 불리하고, 물가변동에 따른 계약금액 조정을 하지 않을 경우 코로나 이후 물가 지수가 가파르게 상승하여 청구인들에게 불이익이 확정적으로 발생하며, 추가특수조건에 대하여 협의할 기회를 갖지 못한 점 등에 의해 위 조항은 부당특약으로서 무효임이 명백함.

2) 피청구인 주장

① 국가계약법상 물가의 변동으로 인한 계약금액 조정 규정은 계약상대자가 계약 당시에 예측하지 못한 물가의 변동으로 계약이행을 포기하거나 그 내용에 따른 의무를 제대로 이행하지 못하여 공공계약의 목적 달성에 지장이 초래되는 것을 막기 위한 데 그 취지가 있는 것임(대법원 2017.12.21. 선고 2012다74076 전합 판결 등).

그런데 본 건 구매설치계약 제안요청서에 따르면, 입찰에 참가하는 계약상대자는 구매 대상인 물품 목록에 대하여 제조사 물품공급 및 기술지원 확약서를 제출하여야 하는 등 이미 구매 대상인 물품을 확보하였음을 증빙하여 입찰에 참가하여야 하는 바, 본 건 입찰에 있어 구매 부분의 경우, 사업 수행의 핵심이 되는 부분으로서, 시공 상황에 맞춰 그때그때 수급되는 일반적인 자재 등과 달리, 일정 성능과 조건을 갖춘 물품의 선확보 그 자체가 계약상대자로서의 능력을 좌우하는 중요한 평가요소였음.

따라서 설치부분을 제외한 나머지의 경우 계약이행 도중 물가상승의 영향을 받게 된다고 보기 어려워 추가계약특수조건 SC-28과 같은 특수조건을 마련해두게 된 것이며, 청구인들 역시 동의하였음.

② 또한 추가계약특수조건 SC-28의 해석에 대해서도, 본 건 추가특수조건(SC-28. 가격 및 지급조건)의 경우 단서에서 "단, 설치부분은 '국가를 당사자로 하는 계약에 관한법률 시행규칙'이 정하는 바에 의하여 산출된 지수 조정률에 따라 물가조정한다."라고 정하고 있는바, 이와 같은 단서 부분은 본문에서 정한 사항에 대해 범위를 한정하거나, 예외적인 경우, 또는 일반에 대한 특별의 경우를 의도한 것으로서, 금번 계약 건의 경우 설계, 구매, 공사가 혼재된 계약으로 혼재된 항목 중 물가변동의 영향을 받는 '설치'부분 항목만 계약금액의 조정이 가능하다는 의미로 해석이 되는 것임.

청구인들은 부산지법 2005가합4485, 2005가합14512 판결을 들어 유사한 특약이 있는 사안에서 그 특약이 물가변동 배제특약이라고 보기 어렵다는 판단이 있었다고 주장하나, "이 사건 공사를 시행함에 있어 피고의 요구에서 비롯되는 일부 재료 변경이나 기타에 있어서 금액의 추가비용도 발생하지 않는다."는 것으로 본 건 추가특수조건 중 어느 부분과 유사하다는 것인지 알기 어려움.

③ 그리고 이 사건 사업의 입찰공고, 제안요청서 설명회, 기술협상, 가격협상, 계약상대자의 자체 법률검토 등의 계약체결의 과정에서 청구인은 해당 계약에 최우선으로 적용되는 계약문서인 '계약추가특수조건(SC-28)'에 대하여 질의하거나 이의를 제기하지 않았음.

입찰설명서에는 "이 입찰에 참가하는 자는 다음의 입찰설명서를 구성하는 서류 및 각종 법령 및 기준 등을 반드시 열람하고 숙지하여야 하며, 숙지하지 못함에 따라 발생하는 모든 책임은 입찰자에게 있음을 알려드립니다."라고 명시되어 있고, 관련 판례에서도 입찰공고문 등에 대해 질의할 기회가 있었음에도 하지 않은 상황에서 섣불리 자신에게 유리한 해석을 믿고 입찰에 나아간 계약상대자의 주장을 받아들이지 않았음.

④ 청구인들은 배제특약으로 해석되더라도, 부당한 특약이라고 주장하고 있으나, 이 사건 계약 역시 사적자치의 원칙에 입각한 계약으로서 추가특수조건의 유효성이 함부로 부정되어서는 안 됨.

대법원 전원합의체 판결(대법원 2017. 12. 21. 선고 2012다74076 전합)은 "국가를 당사자로 하는 계약이나 공공기관의 운영에 관한 법률의 적용 대상인 공기업이 일방 당사자가 되는 계약(이하 편의상 '공공계약'이라 한다)은 국가 또는 공기업(이하 '국가 등'이라 한다)이 사경제의 주체로서 상대방과 대등한 지위에서 체결하는 사법(私法)상의 계약으로서 본질적인 내용은 사인 간의 계약과 다를 바가 없으므로, 법령에 특별한 정함이 있는 경우를 제외하고는 서로 대등한 입장에서 당사자의 합의에 따라 계약을 체결하여야 하고 당사자는 계약의 내용을 신의성실의 원칙에 따라 이행하여야 하는 등 사적 자치와 계약자유의 원칙을 비롯한 사법의 원리가 원칙적으로 적용된다."라고 판시한 바 있고, 이후 많은 판례가 있음.

마. 판단

가. 물가변동으로 인한 계약금액 조정 여부

① 추가특수조건 SC-28. 가격 및 지급조건은 "설계변경 등 계약상대자에게 책임이 없는 사유를 제외하고는 최종 과업완성 시 실제투입, 시공수량의 증가로 인한 추가보상을 요구하거나 단가 변경을 요청할 수 없다. 단, 설치부분은 국가를 당사자로 하는 계약에 관한 법률 시행규칙이 정하는 바에 의하여 산출된 지수조정률에 따라 물가조정한다."라고 규정하고 있음.

살피건대, 위 규정의 본문과 단서의 구조에 따른 단서규정에 대한 엄격해석의 필요성, 단서규정에 대한 문리해석에 의하면 위와 같은 단서 규정만으로 기자재 부분에 대해서는 물가변동으로 인한 계약금액을 배제한다고 합의한 것으로 보기 어려움.

따라서 이 부분에 대한 청구인의 주장이 타당하다 할 것이므로 특별한 사정이 없는 한 피청구인은 청구인의 주장에 따라 기자재 부분에 대해서도 물가변동으로 인한 계약금액을 조정하는 것이 타당한 것으로 보임.

② (이 사건 추가계약 특수조건 SC-28이 국가계약법상 부당특약인지 여부까지 판단할 필요는 없다고 보이나, 조정 청구에 따라 예비적으로 판단)

대법원 판례에 따라 사적 자치와 계약자유의 원칙상 계약 내용의 효력을 함부로 부인할 것은 아니며, 개별 계약의 구체적 특성, 계약이행에 필요한 물품의 가격 추이 및 수급 상황 등을 종합적으로 고려하여 판단하여야 하므로 물가변동 배제특약이 언제나 부당특약으로 무효가 되는 것도 아니고, 합리적이고 정당한 이유가 존재할 경우 유효할 수도 있을 것임.

살피건대, 이 사건의 경우 주자재 등 물품의 경우 실제로 구매 단가가 인상되지 않았음에도 모든 과업에 대해 일률적으로 지수상승률을 반영하여 계약금액을 조정하는 것이 부적절해 보이는 측면도 있으나, 전체 계약금액의 57%를 차지하는 과업에 대해 물가변동에 따른 계약금액 조정을 배제하고 있다는 점, 피청구인이 물가변동 배제 특약 규정의 근거로 주장하는 주자재의 선확보(물품공급확약서)는 그 자체로 물품의 단가도 확약하여 계약기간 중 물품의 가격 인상이 발생하지 않는 것이 아니라는 점 등을 감안할 때, 국가계약법상 물가변동에 따른 계약금액 조정 규정을 배제하기 위한 합리적이고 정당한 이유가 있다고 보기 어려워 보임.

나. 물가변동으로 인한 계약금액 조정

장기계속공사계약에서 공사기간 연장으로 인한 계약금액의 조정 사유가 발생하였다고 하더라도 그 자체로 계약금액 조정이 자동적으로 이루어지는 것이 아니라, 계약당사자의 상대방에 대한 적법한 계약금액 조정신청에 의하여

비로소 이루어지므로, 연차별 계약에서 정한 공사기간이 아니라 총괄계약에서 정한 총 공사기간의 연장을 이유로 한 계약금액 조정신청은 적법한 계약금액 조정신청이라 보기 어려움. 따라서 공사기간 연장을 이유로 한 조정신청을 당해 연차별 공사기간의 연장에 대한 공사금액 조정신청으로 인정할 수 있으려면, 연차별 계약의 최종 기성대가 또는 준공대가의 지급이 이루어지기 전에 계약금액 조정신청을 마치는 등 당해 연차별 신청의 요건을 갖추어야 하고, 조정신청서에 기재된 공사 연장기간이 당해 차수로 특정되는 등 조정신청의 형식과 내용, 조정신청의 시기, 조정금액 산정 방식 등을 종합하여 볼 때 객관적으로 연차별 공사기간 연장에 대한 조정신청 의사가 명시되었다고 볼 수 있을 정도에 이르러야 함(대법원 2021. 7. 8. 선고 2020다221747 판결).

소위 총괄계약설이 아닌 차수계약설을 취한 위 대법원 전원합의체 판례 등에 따라 장기계속공사계약에서 계약상대자가 발주기관에게 설계변경, 물가변동, 공기연장 등으로 인한 계약금액을 조정하기 위해서는 반드시 당해 차수계약 준공대가 수령 전에 계약금액 조정을 신청한 사실이 인정되어야 할 것임.

살피건대, 이 사건의 경우 청구인의 주장처럼 2차 계약에서 2회, 3차 계약에서 1회 등 총 3차에 걸친 물가변동 사유가 발생하였으나, 청구인은 자신의 사정으로 각 1차 및 2차 계약 준공대가 수령 전에 1차 및 2차 계약과 관련한 물가변동으로 인한 계약금액 조정을 청구한 사실이 인정되지 않으므로 청구인은 피청구인에게 3차 계약에서 발생한 물가변동으로 인한 계약금액 조정을 청구할 수 있을 것임.

따라서 청구인은 이 사건 3차 계약에 한정하여 물가변동으로 인한 계약금액 조정을 청구할 수 있다 할 것이므로 피청구인은 이 사건 계약과 관련하여 물가변동으로 인한 계약금액을 조정함에 있어서 1, 2차 계약분은 제외해야 할 것임.

조정 13 물가변동으로 인한 계약금액 조정 청구

가. 사건 개요

청구인은 이 사건 계약을 체결한 이후 코로나19 등의 영향으로 2014년 계약 시점 대비 2024년 현재 물가가 50% 이상 급등하여 그에 따른 누적 적자가 발생하고 있다고 주장하며, 「국가를 당사자로 하는 계약에 관한 법률」(이하 "국가계약법"이라 한다) 제19조, 「국가를 당사자로 하는 계약에 관한 법률 시행령」(이하 "시행령"이라 한다) 제64조에 따라 운임 및 체선료 등에 대하여 조정기준일(2024년 1월 1일)에 대한 품목조정률(운임 36.2%, 체선료 58.7%)을 적용하여 계약금액을 조정하라고 국가계약분쟁조정위원회에 2024년 7월 29일 조정(調停)을 청구하였음.

이에 대하여 피청구인은 장기용선계약은 특성상 일정 기간 동안 물가변동에 따른 득실을 당연히 예정하고 있으며, 유가변동에 따른 운임을 조정하고 있는 상황에서 국가계약법 제19조 및 시행령 제64조에 따른 물가변동으로 인한 계약금액조정은 불필요하다는 입장임.

나. 청구 취지

장기용선계약 운임은 U$8.25로 조정하고, 하역항 체선료는 U$15,870로 조정하여 미지급금 ○○○원을 지급하라.

다. 주문

청구인의 청구를 기각한다.

라. 당사자 주장

1) 청구인 주장

① 이 사건 장기용선계약의 피청구인은 국가계약법 제19조 및 시행령 제64조 제1항에 따라, 계약을 체결한 날로부터 90일 이상이 경과하고, 입찰일을 기준으로 하여 품목조정률 또는 지수조정률이 100분의 3 이상 증감이 되는

두 가지 요건을 충족하는 경우에 이 사건 계약의 계약금액을 조정할 의무가 있음.

② 2014년 ○○월 ○○일 피청구인과 장기용선계약을 체결한 이후 2018년 ○○월 ○○일부터 현재까지 총 36개 항차의 운송을 성공적으로 수행 중이나, 2020년 이후 코로나19 상황으로 인해 건화물선 운임을 비롯한 해운업계의 물가는 전년 대비 200% 이상 상승하는 폭등을 겪었고, 2024년 현재까지도 해운업계 물가는 2014년 ○○월 대비 50% 이상의 높은 수준을 유지하고 있음.

③ 이 사건 용선계약에서는 별도로 산출내역서를 제출하고 있지 않음에 따라, 국가계약법 시행규칙 제74조 제1항을 직접 적용할 수는 없어 해당 규정을 유추 적용하여 품목조정률을 산출하였음.

2014년 ○○월경의 입찰당시가격 및 조정기준을 당시 물가변동 당시가격 및 계약단가를 기준으로 계산하면 조정기준일 기준 품목조정률은 운임 36.2%, 체선료 58.7%로 물가변동폭 100분의 3을 초과한다는 점은 명백함.

④ 따라서 이 사건 계약에서 운임단가를 U$ 6.06/MT에서 36.2% 증가된 U$ 8.25로 조정하고, 하역항 체선료는 U$ 10,000에서 58.7% 증가된 U$ 15,870으로 조정하여 미지급금 ○○○원을 지급하여야 함.

2) 피청구인 주장

① 장기용선계약은 특성상 일정 기간 동안 물가변동에 따른 일방 계약당사자의 득실을 당연히 예정하고 있는 등 애초에 해상운송 계약 및 업종의 특성으로 인해 국가계약법 제19조 및 시행령 제64조 제1항의 사유가 인정된다고 할지라도 물가변동으로 인한 계약금액조정의 필요성을 인정할 수 없음.

② 그럼에도 해상운송은 특성상 많은 양의 연료를 소모하게 되어 유류비가 전체 운임에서 차지하는 비중이 높아(통상 20~30%), 청구인은 계약운임 단가(U$ 6.06/MT)에 매 항차별로 유가를 조정·지급(장기용선계약서 제4조 제1항, 제4항)하고 있음.

③ 청구인은 최초 계약체결 시에 청구인 소유 벌크선을 피청구인으로부터 지정선박으로 승인을 받았으나, 선가(船價)가 급등하던 2021~2022년도에 위 선박을 매도 후 2022년 00월부터 선박을 단기임대하여 이 사건 계약을 위한 항차에 투입함에 따라 청구인의 매출손실이 크게 증가한 사정은 장기용선계약의 특성을 무시한 청구인의 이례적 경영판단에 의한 것임.

청구인의 품목조정률 산출내역에서도 "원리금 상환액"(122.8%), "인수/운영 금융비"(109.0%)가 다른 품목에 비하여 압도적으로 높은 등락률을 보이며, "원리금 상환액"과 "인수/운영 금융비"를 제외하면 품목조정률은 급격히 낮아짐.

④ 장기용선계약의 운임은 유가, 환율, 물동량 등 다양한 요인의 변경에 복합적으로 영향을 받기 때문에, 단순히 품목 또는 비목별 단가를 산정하여 산출내역서를 작성하는 것이 불가능함.

따라서 청구인이 적용한 품목조정률 역시 임의적인 방법으로 산정한 수치에 불과하며, 물가변동당시가격 산정 시 입찰당시가격을 산정한 때에 적용한 기준과 방법을 동일하게 적용하지 않음.

마. 판단

(1) 국가계약법 제19조 및 시행령 제64조가 이 사건 장기용선계약에도 적용되는지에 대하여, 국가계약법 제19조 및 시행령 제64조는 계약체결 이후 물가변동이 있는 경우 계약금액을 조정하도록 규정하고 있는바, 명시적으로 위 규정을 배제하는 특약을 정하고 있지 않는 한 국가 등을 당사자로 하는 계약에 위 규정이 일반적으로 적용되는 것임. 그러나 이 사건과 관련하여, 장기용선계약에서는 국제상거래 관행 등에 비추어 해상운송의 특성 등을 고려할 필요성이 매우 높은 바, 일반적 용역계약에서와 같이 국가계약법 및 시행령에 근거한 물가변동으로 인한 계약금액조정을 그대로 적용하는 것은 무리가 있어 보임.

(2) 물가변동으로 인한 계약금액조정에 대한 청구인 주장에 따라 피청구인과 조정할 필요성이 있는지에 대하여, 일반적으로 계약기간이 장기간인 계약의 경우에 물가변동 등 특별한 사정변경으로 인한 계약금액조정은 그 필요성이 있다고 할 것임. 다만, 이 사건 계약은 기존 계약 관행 및 계약의 특성 등으로 인해 산출내역서를 작성하지 않고 체결하였고, 청구인이 주장하는 원리금상환비, 인수/운영 금융비 등이 물가변동으로 인한 계약금액조정의 기준이 되는 품목 또는 비목 등에 해당하는지에 대한 계약당사자 간에 합의가 없을 뿐만 아니라, 청구인이 제출한 조정액도 산출근거가 국가계약법 및 시행령에 근거한 객관적 기준에 의한 것인지 명확하지 않음. 또한 피청구인은 청구인의 주장과 달리 장기용선계약은 그 계약의 특성상 일정 기간 동안 물가변동에 따른 득실을 당연히 예정하고 있어 하역항 체선료 등은 물가변동으로 인한 계약금액조정의 대상이 되지 않는다고 일관되게 주장하고 있음. 이러한 사정을 종합적으로 고려할 때 합리적 조정방안을 마련하는 것이 현실적으로 곤란하고 조정의 실익도 크지 않다고 할 것임.

(3) 다만, 장기용선계약은 장기에 걸친 계약이행을 전제로 하고 있다는 점에서 계약체결 당시 예상하기 어려운 우발적 사건 등에 의한 물가변동으로 계약당사자 일방이 부당한 이익을 보거나 손실을 볼 우려가 있다는 점에서 피청구인은 향후 유사분쟁이 최소화되도록 관련 기준 정비 여부를 검토하는 것이 필요함.

조정 14 과업 추가에 따른 계약금액 증액 등 관련 조정 청구

가. 사건 개요

이 사건 청구인은 기능점수(Function Point) 증가에 따른 계약금액 증액 지급 및 장기계약 2차 계약기간 연장을 요청하였고, 또한 본 건 용역계약이 3차로 나누어져 있지만, 이는 예산상, 편의상 구분이기에, 2차 검수요청에 대하여 "통합테스트 통과"라는 최종 검수기준 적용과 검수요청 거부, 지체상금 부과는 부당함을 주장함.

이에 대해 피청구인은 설계단계 이후 기능점수를 증가시키는 과업 변경, 추가 과업요구 사항이 없었고, 기간 연장을 요하는 현장조건의 변화 등 어떠한 사건이나 사유도 없었으며, 청구인과 피청구인은 장기계속계약에 따른 차수별 계약기간과 계약 의무 이행 사항을 합의하고 계약을 체결하였고, 청구인이 주장하는 기능점수는 오류가 많으며 전문가(PMO)가 산정한 기능점수와 상이하여 수용이 어려움을 주장하였기에 분쟁조정이 청구됨.

나. 청구 취지

피청구인은 이 사건 계약과 관련하여 청구인에게 ○○○원을 지급하고, 2차 계약기간을 2024.○○.○○.까지 연장하라.

다. 주문

청구인의 청구를 각하한다.

라. 당사자 주장

1) 청구인 주장

① (계약체결 및 용역업무 수행) 청구인과 피청구인은 2022.○○.○○. 「△△사업」용역계약을 체결하였음.

장기계속계약은 각각의 과업에 대한 분할적 구분이 된 것이 아닌 사업의 통일된 목표하에, 장기계약 과정에 대한 피청구인의 재정적 상황과 예산 및 결산상 문제점, 청구인의 공정계획 수립에 따른 구분이고, 특별한 변수가 발생하지 않는다면, 각 공정별 기간 조정을 통해 계약기간 내에 완수가 가능할 것으로 예상하여 공정계획이 작성됨.

청구인은 위 계약에 따른 장기계속 1차 계약을 완료하였고, 현재 장기계속 2차 계약의 완료기준에 대한 다툼이 지속되고 있지만, 장기계속 2차 용역 부분을 수행하고 있으며, 최근 장기계속 3차 계약을 체결하여 장기계속 3차 용역 또한 병행하여 수행하고 있음.

② (FP(Function Point) 증가에 따른 비용증가) 청구인은 용역 수행을 완료하기 위한 설계를 완료하는 시점에, 기능점수(FP) 산정을 포함한 설계산출물을 작성하여 제출하였고, 2023.00.경 외부 기관인 감리단에 설계단계 종료 감리를 받게 됨에 따라 감리 자료를 만들었음.

2022.○○.경 청구인이 피청구인과 계약할 당시에 산정한 기능점수(FP)는 9,322.3이었으나, 2023.○○.경 정통법에 따라 산정한 기능점수(FP)는 13,065.9로 설계 당시보다 약 40% 증가함.

청구인은 2024.○○.○○.경 「기능점수 증대에 따른 계약금액 및 계약기간 변경 요청의 건」 공문을 통해 분석/설계 완료 후 산출된 업무량이 계약 대비 대폭 상승하고 설계변경(제도개선, 기능개선)이 다수 발생하여 국가용역계약 일반조건에 따른 계약금액 및 수행기간 변경을 요청함.

기능점수(FP) 증가에 따라 계약금액은 000만원 상당이 증가하였고, 개발물량이 약 40% 증가함에 따라 필요한 추가기간은 약 2.4개월, 설계확정 후 개선사항 108개 반영한 기간 1개월, 테스트 및 검수로 인한 개발기간 약 0.6개월 연장이 필요하여 합계 약 4개월의 추가기간이 소요됨.

계약 당시보다 기능점수(FP)가 증가한 이유는, 단위프로세스(프로그램)가 2,367본에서 3,798본으로 약 60% 증가하여 과업증가의 주요한 원인이며, 이는 최초 계약 당시 피청구인측에서 불필요한 것으로 인식되어 삭제되었던 기능들 중, 시스템 개발 및 사용과정에서 필요한 기능으로 인식되어 다시 기능 추가를 요청하여 과업이 증대된 사항도 있으며, 실무자, 관리자들이 새로이 필요한 기능에 대한 추가를 요청한 사항도 반영된 것임.

피청구인은 청구인의 계약변경 요청은, ① 관련법령 및 규정에 의한 "과업내용변경요청" 절차를 미준수한 사안으로 과업 수행 전 규정에 의한 과업내용 변경절차(상세증빙서류 포함) 준수가 필요하고, ②기능점수/계약물량이 대폭 증가하였음에도 세부 증빙서류 미제출 등 해당 내용 검토를 위한 근거가 제시되어 있지 않으며, ③ 청구인이 제시한 기능점수는 상세설계단계에서 "TF(피청구인) - PMO - 수행사" 간 이미 확인, 협의가 완료된 사안이고, ④ 상호 인지하 당시에 종결된 사항이므로 수용할 수 없다는 의견을 개진함.

　피청구인은 실제 과업이 증대되었다는 사실을 인정하였고, 청구인의 FP 산정기준이 잘못되었다고 하면서 실제 과업이 증대되지 않은 것, 중복 산정된 것들이 존재한다고 주장하나 이는 계약 시점 이후 사용자들의 추가요구로 인해 변경된 기능, 분석설계하는 과정에서 피청구인측 관리자들이 필요한 기능이라고 해서 보완한 기능을 제대로 구분하지 못하여 잘못 판단한 것이라고 할 것임.

　피청구인은 청구인 측 PM과 피청구인 측 사이에 과업증대 부분은 주장하지 않기로 협의된 사안이라고 주장하나 이는 근거 없는 일방적 견해임.

　③ (부당한 검수요청 거부) 본건 용역계약은 사업의 전체적 목표하에 각 과정별로 구분된 독립적, 개별적 계약이 아니라, 목표를 향해 가는 과정을 편의상 구분한 것에 불과하기에 청구인은 사업 과업을 지속적으로 하기 위하여 장기계약 2차 계약 종료시점인 ○○.○○까지 완료된 부분에 대한 검수를 요청함.

　피청구인은 장기계약 2차 과업이 미완성(2차수 검수요건 "통합테스트 통과")이라는 이유로 검수를 할 수 없다고 답변하면서도, 청구인과 3차 계약을 체결하여 사업을 계속하고 있다는 것은, 피청구인 또한 사업의 연속성, 비분할성을 인정하고 있는 것이라 할 것임.

　피청구인은 근거 없이 통합테스트(통과)만이 검수요청의 기준이라고 주장하나, 이는 이 계약의 속성에 대한 이해를 제대로 하지 못하고, 단순히 형식적 면에만 치우쳐 오히려 용역완성을 위한 사업진행을 방해한 것이므로, 피청구인은 이미 완료된 부분에 대한 검수절차를 통해 본 건 사업이 안정성과 지속성을 유지할 수 있도록 할 필요성이 있음.

④ (지체상금 부과의 부당성) 피청구인은 청구인이 과업 물량 증대에 따른 과업기간 연장을 요청하였으나, 기간 연장의 사유 및 필요성에 대하여 검토를 하는 대신 단순히 기간초과를 이유로 지체상금을 부과함.

용역계약이 진행되는 도중에 장기적 계약의 일부 분할된 회차의 용역이 완료되지 않았다고 하여, 보증회사에 용역 미완성 사고 신고를 통해 지체상금을 부과하여 청구하는 경우는 없다고 할 것임.

지체상금 부과기준은 계약 총 금액이 아닌 각 회차별 금액을 기준으로 한다는 규정은, 지체상금을 전체 금액을 기준으로 부과할 경우 하도급 업체에게 불리해지기에 하도급 업체를 보호하기 위하여 지체상금을 축소하여 부과하도록 마련한 규정일 뿐, 각 계약이 독립적이고 분리된 계약이라는 의미가 아님.

⑤ (과업변경심의위원회 관련) 소프트웨어 진흥법에 따라 과업심의위원회 개최를 요청할 수 있다고 규정하고 있어, 당사자의 신청에 따른 임의절차로 규정하고 있음.

또한, 소프트웨어 진흥법이나, 국가를 당사자로 하는 법률규정에도 소프트웨어 진흥법에 따른 과업변경요청 절차가 반드시 거쳐야만 되는 필요적 절차, 즉, 필요적 전치주의로 규정하고 있지 않음.

청구인은 소프트웨어 진흥법에 따른 과업변경요청서를 발주기관장(피청구인)에게 제출하였으나, 발주기관에서 과업심의위원회에 회부를 하지 않아 위 절차를 이용할 수 없었음.

2024.○○.○○일자 공문을 통해 "기능점수(Function Point) 증가에 따른 과업변경 요청" 제목으로 과업변경요청서를 발송하였으나, 피청구인은 ○월 ○일, ○월 ○일 2회에 걸쳐, 과업 증가 사유가 명확하지 않다고 주장하며 추가 자료 제출을 요구하는 등 "과업변경은 없고 따라서 2차연도 준공 승인은 불가하다."라는 요지의 공문을 발송함.

2) 피청구인 주장

① ("계약체결 및 용역업무 수행" 관련) 청구인은 발주처와 협상 및 수용을 통해 계약 체결하였음. 청구인은 상호 협상(합의) 내용에 근거하여 사업수행계획서, WBS 등 계약서 포함서류를 발주처에 제출하였으며, 입찰공고문, 계약서 등에서 "계약 관련 법령 및 규정, 계약특수조건 등"을 숙지하도록 고지한 바, "장기계속계약 계약기간 내 계약상 의무완료", "지체상금 부과" 기준도 충분히 인지한 상태에서 사업을 착수하였음.

장기계속계약 구분은 각 차수별로 기간만 설정한 것이 아닌, "각 차수별 기간 내 계약상 의무가 완료되어야 함"을 상호 합의하였음.

* 관련 근거
- 「제안서 협상 결과 통보서(성립)」 P.2(3번), P.9(21번) 참조
- 사업수행계획서 "일정관리", "시험계획" 등 참조

발주처와 청구인은 "차수별 계약완료기준", "지체상금 부과기준" 등에 대해서는 관련 법령 및 규정, 계약서 등에 명시된 내용을 성실히 이행해야 함에 따라, 청구인의 부당한 주장에 동의할 수 없음.

② ('FP(Function Point) 증가에 따른 계약금액 및 과업 변경 필요 中 기간연장 관련) 청구인 귀책에 의한 2차수 계약이행 의무 사항 지체가 발생한 사항으로서, 발주처의 귀책사유가 없으며, 청구인의 계약기간 연장의 필요에 응해야 할 이유는 없음.

계약과정에서 "용역계약 일반조건" 등에서 제시한 "불가항력", "발주기관의 책임으로 인한 용역착수 지연" 등의 사정변경이 발생하지 않았고, 청구인은 명확한 근거를 제시하지 않았으며, 설계단계 이후 발주처에서는 추가과업 및 과업변경 요청을 한 사실이 없음.

설계단계 종료 감리결과 전반적으로 청구인의 설계 및 사업관리가 미흡함을 지적하였음. 감리결과 총 10건의 시정 사항을 통보하였으나, 청구인은 감리 종료 2개월 지난 시점('24.○월)에도 8건 미조치되는 등, 전반적으로 사업

관리가 미흡하였음.

청구인은 최초 계약 시부터 개발/ 단위테스트 완료는 무리한 일정으로 판단하였다고 주장하나, 최초 계약 시 해당내용 숙지 후 발주처와 청구인 간 협상(수용)을 통해 계약을 체결하였고, 이후 청구인은 사업수행계획서, WBS 등을 통해 해당 일정을 제시함에 따라 무리한 일정 등에 대한 청구인의 주장에 동의할 수 없음.

③ (FP(Function Point) 증가에 따른 계약금액 및 과업 변경 필요 중 FP(Function Point) 증가 관련) 계약금액의 증액 및 계약기간의 연장을 요하는 과업변경은 관련 규정 및 계약서(사업수행계획서 등)에 의거, 사전 발주처와 협의 및 관련 사실을 구체적으로 증빙할 수 있는 자료를 첨부하여 절차에 의한 요청이 이루어져야 하나, 청구인은 이러한 절차에 의한 계약기간의 연장이나 과업변경의 요청이 없었고, 절차를 준수하였더라도 계약금액 증액 및 계약기간 연장 관련 타당한 사유가 없음에 따라, 수용할 수 없음.

* '24.○○.○○. 청구인의 과업변경 요청에 대해 전문가(PMO) 검토결과 과업내용 변경 심의 적정성 판단결과 기준(관련 증빙서류 작성 미흡, 산출물 일부 미제출)을 충족하지 못하였고, '24.○○.○○. 발주처 사업대표 담당자와 청구인대표단과 회의과정에서 청구인은 해당 계약증액(+00억 원) 건은, "지체상금 면제를 위한 허수"라고 발언.

설계단계 청구인이 산정한 기능점수(13,065.9FP)는 산정 시 다수 오류*가 있었고, 오류가 결과 및 PMO가 재산정한 기능점수(10,813.2FP)에 대해 회의와 감리결과 통지를 통해 알고도 별도 이의 제기가 없었으며, 본사 경영진과 회의 시 기능점수(FP) 증가에 따른 계약금액 증액(00억 원)은 본인들도 "허수"임을 인정함.

* PMO 오류 사항 지적: ①소프트웨어 개발대상 업무 요구 사항 확인 부족, ②데이터 기능 및 트랜잭션 기능 오류 식별, ③재사용율 산정 오류, ④보정

계수 보완필요(사업종료 시점 기준으로 현행 기능점수(FP) 재작성 후 사업관리기관에 보고 권고)

소프트웨어사업은 소프트웨어 크기와 복잡성 등을 고려하여 계약 체결시 간이법에 의해 기능점수(FP)를 산정하고, 설계단계 종료 및 사업종료 단계에 정통법에 의한 기능점수(FP)를 재산정하는 절차로 이루어지며, 전문가(PMO) 의견 확인 결과 소프트웨어사업에 있어 동일업무에 대한 간이법과 정통법 비교 시 +20~30% 차이는 과업 등의 증가가 아닌 동일수준으로 판단하여 적용함을 알 수 있음.

본 사업 또한 계약체결 시 간이법에 의해 산정된 기능점수 9,322.3FP에 대해 설계단계 정통법으로 재산정한 결과 기능점수 10,813.2FP로서, 동일업무에 대한 간이법과 정통법 비교결과 16%(1,490.9FP) 수준의 차이를 나타내는 바, 본 사업 계약금액의 증액이나 기간연장에 영향을 미칠 수 있을 정도가 아닌 사항임.

④ ("부당한 검수요청 거부" 관련) 발주처는 청구인의 일방적이고 부당한 주장에 동의할 수 없으며, 정상적인 2차수 계약이행조건 완료 후 관련 법령·규정 등에 따라 검사·검수를 의뢰할 것을 요청함.

본 계약 관련법령 및 규정에서 검사·검수를 위한 전제조건은 "계약이행 완료, 용역이 완성하였을 때"라는 것을 확인할 수 있음

앞에서 언급하였듯이 "제안서 협상 결과 통보서" 등에서 각 차수별 기간과 계약의무 이행 사항에 대해 청구인은 수용을 하였고, 청구인은 2차수 계약이행조건(구현/단위테스트, 통합테스트)이 완료되지 않은 상태를 스스로 인지한 상태에서도 지체상금 면제를 위해 관련법령, 규정 요건에 부합하지 않은 무리한 검수를 요청하였으나, 검수를 위한 필수 산출물 94종 중 26종은 임의로 누락(미제출)하였고, 그나마 제출한 68종의 산출물은 전문가(PMO) 검토 결과 '초안', '미완성' 수준임을 확인함.

⑤ ('지체상금 부과의 부당성' 관련) 발주처는 청구인의 일방적이고 부당한 주장에 일체 동의할 수 없으며, 관련 법령·규정, 계약이행조건에 따른 계약이행을 요청하는 바임.

국가계약법 시행령과 계약예규(용역계약일반조건) 등에서 "장기계속 용역계약"의 경우에는 연차별 계약금액을 기준으로 하도록 규정되어 있음. 앞에서 언급한 것과 같이 본 사업은 장기계속계약으로서 각 차수별 계약기간과 계약이행조건을 구분하여 계약체결되었고, 이에 따라, 차수별 지체 사항 발생시 관련법령과 규정에 따라, 지체상금 부과 등을 적용하는 것은 당연*하다 할 수 있음.

* 장기계속계약은 규정 등에 의거 차수별 구분하여 계약이 체결되었고, 청구인 또한 차수별 검수를 요청한 점은 차수별 이행 지연·검수요건 미충족 시 지체상금이 부과된다는 사실을 인지하였다고 볼 수 있음.

청구인은 2차수 계약이행조건이 완료되지 않은 상태를 스스로 인지한 상태에서도 해당 지체상금 면제를 위해 관련법령·규정 요건에 부합하지 않은 무리한 검수를 요청하였고, 검수를 위한 산출물 중 일부는 임의로 미제출하였고, 제출한 산출물 또한 완성도가 미비하였음.

⑥ (과업변경심의위원회 관련) 계약금액 및 기간 조정 청구는 관련 법령 규정에 따르면 과업변경 사항 발생에 따른 후속절차이며, 이는 설계변경 계약 여부 검토 등 발주처와 계약 상대자 간 사전에 충분한 검토와 확인이 필요한 중요한 절차 사항임.

'24.○○.○○. 청구인은 발주처(피청구인)의 안내에 따라 과업변경 요청을 하였으나, 전문가(PMO) 검토결과 과업내용 변경 심의 적정성 판단결과 기준(관련 증빙서류 작성 미흡, 산출물 일부 미제출 등)을 충족하지 못하였고, 특히 '24.○○.○○. 발주처 사업대표 담당자와 청구인 대표단과 회의과정에서 청구인은 "해당 계약증액 건은, 지체상금 면제를 위한 허수"라고 발언하는 등, 청구인측에서 주장하는 기능점수(FP) 증가 관련한 근거가 미흡하고, 청구인 역시 기능점수(FP) 증가가 허수임을 인정하는바, 발주처는 '24.○○.○○. 2회의 공문으로 해당내용이 부당함을 통보한 것임.

마. 판단

소프트웨어사업의 과업추가에 따른 계약금액 조정 및 이와 관련한 계약기간 연장을 구하는 이 사건의 경우, 당초 계약에 비해 과업의 존부 및 범위가 먼저 확정되어야 할 것이나 이 사건 조정 기일까지 청구인이 제시한 자료만으로는 이를 판단하기에 충분하지 않음. 소프트웨어사업의 과업변경을 위해서는 소프트웨어 진흥법 제50조 및 계약예규「용역계약 일반조건」제53조에 따라 소프트웨어 분야의 전문가 등으로 구성된 소프트웨어 과업심의위원회의 심의를 받도록 규정된 점, 청구인이 이 사건에 대한 분쟁조정을 청구하기 이전인 '24.○○.○○. 피청구인에 대해 과업내용변경요청서를 제출하였음에도 피청구인은 동 요청서의 내용 및 증빙자료가 피청구인 내부 판단기준에 미치지 못한다는 이유만으로 소프트웨어 과업심의위원회에 상정하지 아니한 점 등을 종합적으로 고려할 때, 추가 과업의 존부가 쟁점이 된 이 사건 분쟁에 대하여는 소프트웨어 과업심의위원회의 판단을 거치도록 하는 것이 적절하다고 판단되므로, 결국 이 사건은「국가계약분쟁조정위원회 운영규정」제14조 제1항 제4호에서 정한 "그 외 위원회에서 조정하는 것이 적합하지 아니하다고 인정"되는 경우에 해당한다고 할 것임.

조정 15 계약금액(전력비) 관련 청구

가. 사건 개요

청구인은 "공사용 전력비"는 물량내역서에 포함(명시)되어야 함에도, 누락된 계약품목으로 설계변경으로 해당비용을 반영하여야 함을 주장함.

피청구인이 원가계산서의 "기타경비 등"에 포함되어 있다고 하나, 엄연히 공사용 전력비(물량내역서)와 전력비(원가계산서)는 다른 용어임.

이에 대해 피청구인은, 계약목적물을 시공하는데 소요되는 전력비를 기타경비에 포함하여 예정가격을 작성하였으며, 현장설명회 자료에 명확히 명시함.

청구인은 별 이견없이 3년 이상 공사를 수행하였으나, 마무리 단계에서 전력비의 내역누락을 주장하는 것은 부정당한 행위로 사료됨.

나. 청구 취지

피청구인은 이 사건 공사의 설계변경으로 인해 증액된 공사용 전력비 ○○○원을 지급하라.

다. 주문

청구인의 청구를 기각한다.

라. 당사자 주장

1) 청구인 주장

① 「(계약예규) 공사계약일반조건」 제3조 제4항은 "공사계약특수조건에 「국가를 당사자로 하는 계약에 관한 법령」, 공사 관계법령 및 이 조건에 의한 계약상대자의 계약상 이익을 제한하는 내용이 있는 경우에 특수조건의 해당 내용은 효력이 인정되지 아니한다."라고 규정하고 있음.

본 건에서 주장하는 공사용 전력비는 원가계산서의 전력비와는 명백하게 다른 항목이며 물량내역서에 포함(조달청 질의회신)되어야 함. 이에 공사계약 일반조건 19조의 2(설계서의 불분명·누락·오류 및 설계서간의 상호모순 등에 의한 설계변경)에 해당하여 설계변경을 요청하였음.

② 피청구인은 공사용 전력비가 원가계산서의 "기타경비 등"에 포함되어 있음을 주장하였으나 이는 계약상대자의 계약상 이익을 제한하는 내용이며, 현장설명서의 불일치 및 기타경비에 대한 계약작성기준을 근거로 반박하였음.

[현장설명 및 계약서 모순/오류 발췌(갑제7호증)]

구분	상세항목	내용
현장설명서	III.14.아.	기타경비 등(전력비, 용수비 포함)에는 전력비, 공사용 용수비…
	IV.4.2.다.	기타경비
계약내역서		기타경비 등(가설전력사용료, 가설용수비 등 포함)

[원가계산서의 기타경비에 공사용 전력비는 어떠한 기준에도 포함되지 않음(갑제7호증)]

구분	상세구분	세부항목
정부입찰·계약집행기준	제73조 제3항 기타경비	수도광열비, 복리후생비, 소모품비, 여비·교통비·통신비, 세금과공과, 도서인쇄비, 지급수수료
예정가격작성기준	제39조 제2항 10.기타간접경비	수도광열비, 복리후생비, 소모품비, 여비·교통비·통신비, 세금과공과, 도서인쇄비
원계산 제비율 적용기준	조달청 발표자료	수도광열비, 복리후생비, 소모품비 및 사무용품비, 여비·교통비·통신비, 세금과공과, 도서인쇄비
원가계산서 실무해설	-	수도광열비, 복리후생비, 소모품비 및 사무용품비, 여비·교통비·통신비, 세금과공과, 도서인쇄비

　③ 엄연히 다른 용어인 공사용 전력비(물량내역서)와 전력비(원가계산서)를 오남용하며, 물량내역서 및 현장설명서에 "공사용 전력비 포함"이라는 문구가 없었음에도 포함이라고 억지 반박을 하는 것은 명백하게 계약상대자의 계약상 이익을 제한하는 내용이라고 판단됨.

　④ 또한, 피청구인은 현장설명서 14. 입찰서 작성 관련 사항. 아.에 따라 "기타경비 등"이 전력비 및 지급수수료에 한하여 설계금액을 초과할 경우 조정할 수 있다고 주장하나 당초 전력비 설계금액을 확인할 수 없으므로 정산이 불가능함.

　2) 피청구인 주장

　① 이 사건 공사는 입찰참가자격 사전심사 및 종합심사낙찰제로 발주된 공사이며, 계약문서로는 계약서, 설계서, 산출내역서, 공사계약일반조건 등이

있으며, 현장설명서(설계서에 해당)에 전력비는 "기타경비 등"에 포함되어 있다고 명시되어 있고, 계약내역서(원가계산서)상에는 "기타경비 등(가설전력사용료, 가설용수비 등 포함)"으로 작성되어 있음.

하지만 청구인은 계약목적물을 시공하는 데 소요되는 공사용 전력비는 현장설명서 및 계약내역서(원가계산서)에 명시된 내용과는 다른 사항이며 내역에 누락되어 있으므로 설계변경 대상이라고 주장하고 있음.

② 이 사건 공사는 사업 추진여건을 고려하여 계약목적물을 시공하는 데 소요되는 전력비를 기타경비에 포함하여 예정가격을 작성하였고, 입찰 참가자가 동 내용을 충분히 숙지하고 입찰에 참여하도록 "현장설명서 14. 입찰서 작성 관련 사항"에 명확히 명시하여 자료 배포 및 현장설명회('20.○○.○○., 유의사항 등 안내 및 공사 예정지 방문 등)를 시행하였음.

현장설명서 14. 입찰서 작성 관련 사항. 아. (36p)
아. '기타경비 등(전력비, 용수비 포함)'에는 전력비, 공사용 용수비, 수도광열비, 복리후생비, 소모품비, 여비·교통비·통신비, 세금과공과, 도서인쇄비 및 지급수수료 등 경비비목 9종이 포함되어 있으며, 만약 '기타경비 등'이 설계금액을 초과할 경우 전력비 및 지급수수료에 한하여 계약상대자가 제출하는 관련 증빙자료를 확인한 후 조정할 수 있습니다.

현장설명서에 명시된 "전력비"는 계약목적물을 시공하는 데 직접 소요되는 비용을 의미하며, 청구인이 주장하는 "공사용 전력비"와 동일한 사항임. (청구인이 제출한 법률검토의견서에도 같은 의미로 해석하고 있음.)

현장설명회('20.○○.○○.) 이후 입찰과 관련하여 '20.○○.○○. ○○시까지 질의접수 기간이 있었으나 "기타경비 등"과 관련해서는 어떠한 질의나 이의신청이 없었고, 입찰참가자 모두 "전력비"는 "기타경비 등"에 포함되어 있음을 충분히 숙지하고 입찰에 참여했다고 판단되며, 계약체결('20.○○.○○.) 이후 "기타경비 등"에 대해서 별 이견 없이 3년 이상('20.○○.○○.~) 공사를 시행하였음.

③ 설계예가 산정을 위한 원가계산 시 기타경비 요율 등은 법정요율이 아니

므로 공신력이 있는 기관의 통계자료를 토대로 계약담당공무원이 판단하도록 되어 있음.

조달청에서 발표 "제비율 적용기준"에 따르면 ○○○억 원 이상공사에 대해 기타경비율 8.3%를 적용하게 되어 있고, 당해 공사와 같이 직접공사비가 ○○○억 원을 초과하는 공사에 대한 제비율은 발표한 사실이 없음(일반적으로 공사규모가 클수록 요율이 감소하는 추세).

당해 공사 발주 시 공사 규모 등을 고려하여 일반관리비 요율, 이윤 요율 등은 일부 조정하였으나, "기타경비 등"에 적용한 요율은 전력비를 감안하여 하향 조정 없이 8.3%를 적용하였음.

④ 공사를 마무리하는 시기('24.○○.○○.)에 이르러 "전력비"의 "내역 누락"을 주장하면서 설계변경을 요청하고 있는 청구인의 행위는, 시공사에서 입찰 당시('20.○○.○○.) 추정한 원가와는 전혀 다른 금액으로 입찰한 뒤, 계약 이후 설계변경을 통해 원가를 보전하려는 등의 부정당한 행위로 사료됨.

따라서, 청구인이 "기타경비 등"에 포함된 경비 비목 9종의 지출 증빙자료를 제출하지 않거나, "기타경비 등"의 지출금액이 당초 설계금액을 초과하지 않을 경우에는 "전력비"에 대한 설계변경은 불가함.

⑤ 청구인은 당초 전력비 설계금액을 확인할 수 없으므로 정산이 불가능하다고 주장하고 있으나, 전력비 금액의 규모와 무관하게 "기타경비 등"의 발생금액이 설계금액을 초과할 경우 증액할 수 있으므로 증빙자료를 제출할 경우 정산이 가능함.

마. 판단

청구인은 "공사용 전력비"는 직접 경비로 계상하여야 함에도 불구하고 물량내역서에서 누락되었으므로 설계변경 대상에 해당한다고 주장하고 있음. 살피건대, 「(계약예규)예정가격작성기준」 제19조는 공사경비의 세비목으로 "전력비"를 명시하고 있는데, 이 사건 공사의 경우 물량내역서에 "전력비" 항목을 두고 있지 아니함. 그러나, 입찰서 작성 시 유의 사항 등을 규정한 이 사건 현장설명서는 물량내역서의 "기타경비 등"에 "전력비"가 포함되어 있다고 명시[17] 하고 있으므로, 피청구인이 물량내역서를 작성함에 있어 "전력비"를 별도 항목으로 분리하지 않은 채 기타 제비용과 합산하여 "기타경비 등"으로 분류한 것이 다소 부적절한 측면은 있으나, 동 비용이 물량내역서에 포함하여 전체 원가산정에 반영이 된 이상 이를 누락되었다고 판단하기는 어려움. 한편, 청구인은 현장설명서의 "기타경비 등"의 내역에 "공사용 전력비"로 명확히 적시되지 않고 "전력비"로만 규정되어 있는바, 이는 "공사용 전력비"가 아닌 "가설용 전력비"에 해당하여 여전히 "공사용 전력비" 부분은 누락되어 있다고 항변하나, 위 「예정가격작성기준」은 경비 항목으로 "공사용 전력비"를 별도로 구분하지 않은 채 "전력비"로만 명시하고 있는 점을 감안할 때 "전력비"에 "공사용 전력비"가 배제되어 있다고 보기는 어려우므로 청구인의 위 항변은 받아들이지 아니함.

다음으로 청구인은 "기타경비 등"에 "가설용 전력비"뿐만 아니라 "공사용 전력비"까지 포함된 것이라면, 별도 항목으로 계상될 경우 실제 예정물량이 반영되는 것에 반해 "기타경비 등"은 실제 예정물량이 아닌 재료비와 노무비의 합산금액에 일정비율(이하 "요율"이라 함)을 곱한 금액 범위로 제한이 되므로 적정한 비용이 반영되지 못할 우려가 있으므로 결국 위 현장설명서 Ⅲ.14.아는 계약상대자의 정당한 계약상 이익을 제한하는 부당특약으로서 무효에 해당한다고 주장함.

살피건대, 「(계약예규)예정가격작성기준」은 "기타경비 등"의 항목으로 7개

---

[17] 현장설명서 14. 입찰서 작성 관련 사항. 아. '기타경비 등(전력비, 용수비 포함)'에는 전력비, 공사용 용수비, 수도광열비, 복리후생비, 소모품비, 여비·교통비·통신비, 세금과공과, 도서인쇄비 및 지급수수료 등 경비비목 9종이 포함되어 있으며, 만약 '기타경비 등'이 설계금액을 초과할 경우 전력비 및 지급수수료에 한하여 계약상대자가 제출하는 관련 증빙자료를 확인한 후 조정할 수 있습니다.

경비항목을 명시하고 있는 반면, 이 사건 공사의 경우 "전력비"와 "공사용 용수비"가 추가된 9개의 항목으로 구성되어 개별 경비항목이 과소계상될 우려도 있으나, 한편으로는 공공공사의 비용 산정 참고자료로 활용되는「조달청 시설공사 원가계산 간접공사비 적용기준」(이하 '제비율 적용기준'이라 함)은 이 사건 계약 당시인 '20.00월 1,000억 원 이상 공사에 대하여 요율을 8.3%로 규정하고 있으며, 동 요율은 공사의 규모가 커짐에 따라 낮아지는 경향이 있는 점, 위 조달청 "제비율 적용기준"의 1,000억 원 이상 공사에 대한 일반관리비율은 4.5%이나 이 공사의 경우 공사 규모 등을 고려하여 3.9%로 책정한 점 등을 감안하면, 직접공사비가 4,500억 원을 상회하는 이 사건 공사에 대하여 '제비율 적용기준'상 1,000억 원 이상 공사의 요율보다 낮은 요율을 적용하여야 할 것이나 이와 동일한 8.3%의 요율을 적용하고 있으며 이는 추가된 2개 경비 항목을 고려한 것으로 판단되므로 이 부분이 반드시 계약상대자에게 불리한 조건이라고 단언하기는 어려움.

나아가 위 Ⅲ.14.아.는 요율 계상방식에 따른 비용의 과소계상 우려를 보완하기 위해 "'기타경비 등'이 설계금액을 초과할 경우 전력비 및 지급수수료에 한하여 계약상대자가 제출하는 관련 증빙자료를 확인한 후 조정할 수" 있다고 규정하고 있으며, 구체적인 정산도 이 사건 조정기일에서 피청구인이 제시하고 있는 바와 같이 9개 경비항목의 합산액이 내역서에 계상된 "기타경비 등"의 금액을 초과하는 금액과 실제 지출된 전력비와 지급수수료의 합계 중 적은 금액을 한도로 정산하는 등의 방법이 있으므로 위 조항에 따라 발생할 수 있는 청구인의 경제적 손해를 보상받을 수 있는 수단도 구비된 것으로 인정할 수 있음.

그렇다면 위 Ⅲ.14.아.는 전체 계약내용과 조건을 고려해 볼 때 계약상대자에게 일방적으로 불리한 조항으로 보기 어려운 점, 청구인이 주장하는 "공사용 전력비"는 약 10억 원으로 "기타경비 등" 항목으로 계상된 금액(317억 원,

변경3차 및 부가세 별도 기준)의 3.2% 수준으로 이 부분과 관련하여 청구인에게 실제 손해가 발생하였을 가능성도 높지 않은 점 등을 종합하면 부당특약이 아니라고 할 것임.

라. 유권해석 사례

해석 사례 35 물가변동 관련 조정률 방식 변경

【회 신】 (계약제도과-1091, 2014.08.27.)

계약예규 「물품구매(제조)계약일반조건」 제11조 제2항에서는 계약을 체결할 때 계약상대자가 지수조정률 방법을 원하는 경우 외에는 품목조정률 방법으로 계약금액을 조정하도록 계약서에 명시하여야 하며, 이 경우 계약이행 중 계약서에 명시된 계약금액 조정방법을 임의로 변경하여서는 아니 된다고 규정하고 있음. 계약체결 당시 계약상대자의 의사와 관계없이 공공기관의 내규에 근거하여 지수조정률 방식으로 계약서에 명시하였으나, 차후에 계약상대자가 이를 품목조정률로 정정하여 줄 것을 요구한 경우에 이를 정정하여 주는 것은 발주기관의 우월적 지위 남용으로부터 계약상대자를 보호하는 국가계약법 시행령 제4조의 취지 및 공공기관 내규의 상위 규정이라 할 수 있는 계약예규 "물품구매(제조)계약일반조건"에 부합한다 할 것임.

해석 사례 36 설계서상 경비 및 일반관리비 누락 시 설계변경 해당 여부

【회 신】 (계약제도과-992, 2015.07.23.)

공사계약의 경우 발주기관이 교부한 설계서의 누락, 오류가 있는 경우에는 계약예규 「공사계약일반조건」 제19조의2의 규정에 따른 설계변경 및 제20조에 따른 계약금액 조정이 가능할 것임. 따라서 경비 중 다른 법령에 의해 규정되어 있거나 의무 지워진 경비가 누락된 경우에는 설계서에 이를 추가하는 설계변경이 가능할 것이나, 일반관리비의 누락은 설계변경 사항이 아니라고 할 것임.

해석 사례 37 산출내역서 오류 수정과 계약금액 조정

【회 신】   (계약제도과-1310, 2015.09.15.)

계약예규 「용역계약일반조건」 제4조에서는 계약서, 유의서, 일반조건, 특수조건, 과업내용서 및 산출내역서를 계약문서로 정의하고 있으며, 상호보완의 효력을 가진다고 규정하고 있음. 또한 산출내역서는 기성대가 지급 및 계약금액 조정의 적용기준으로서 효력을 가진다고 규정하고 있음.

산출내역서 중 계약상대방이 총액에 맞춰 작성한 부분에 대해 오류가 있는 경우에는 기성대가 변경이 필요하며, 이에 따른 계약금액 조정도 필요하다 할 것임.

해석 사례 38 최저임금에 미달할 경우 계약금액 조정 가능 여부

【회 신】   (계약제도과-1270, 2019.07.24.)

「국가를 당사자로 하는 계약에 관한 법률(이하 "국가계약법"이라 함) 시행령」 제66조 제2항에는 "각 중앙관서의 장 또는 계약담당공무원은 단순한 노무에 의한 용역으로서 기획재정부령으로 정하는 용역에 대해서는 「최저임금법」에 따른 최저임금액이 변동되어 당초의 계약금액(제64조 제8항에 따라 계약금액 조정을 하는 경우를 포함한다)으로는 최저임금 지급이 곤란하다고 인정하는 경우로서 기획재정부장관이 정하는 요건에 해당하는 경우 계약금액을 조정한다."라고 규정하고 있으며, 「정부 입찰·계약 집행기준」(기획재정부

계약예규 제446호) 제76조의6 제1항에서는 "기준 노임단가에 해당 계약의 낙찰률을 곱한 금액(이하 '내역서상 노임단가'라 한다)이 최저임금에 미치지 못하는 경우"를 요건으로 규정하고 있음. 따라서 단순한 노무에 의한 용역이 상기 규정에 해당하는 경우에는 「정부 입찰·계약 집행기준」제76조의6 제2항의 "시행령 제66조 제2항에 따른 계약금액 조정은 최저임금을 하회하는 내역서상 노임단가에 대하여 최저임금을 적용하는 방식으로 한다."라는 규정에 따라 계약금액을 조정하는 것이 타당할 것임.

해석 사례 39 "예정가격 작성기준" 변경 시 계약금액 조정 가능 여부

【회 신】 (계약정책과-64, 2020.05.27.)

「국가를 당사자로 하는 계약에 관한 법률」제19조 및 같은 법 제64조 내지 제66조에 따른 계약금액 조정제도는 물가의 급등락, 불가피한 설계변경 등 계약체결 이후 발생한 중대한 사정변경을 반영하기 위해 계약금액을 증감하는 제도임. 계약예규 '예정가격 작성기준'은 발주기관이 예정가격을 작성하는 경우 지켜야 할 기준 등을 정한 규정으로서 적정하게 예정가격이 산정되어 계약이 체결되었다면 그 이후에 예정가격 작성기준이 변경되었다 하더라도 특별한 사유가 없는 한 동 사유만으로 계약금액을 조정하기는 어려울 것임.

해석 사례 40 공공기관의 납품대금조정 협의제도와 계약금액 조정

【회 신】 (계약정책과-631, 2021.04.27.)

「국가계약법」제19조 및 같은 법 시행령 제64조 등에 따른 계약금액 조정제도는 같은 법령 소정의 요건을 충족한 경우에 한하여 계약금액의 조정을 허용하는 제도임. 따라서 공공기관이 「상생협력법」제22조의2에 따라 거래 중인 중소기업 등으로부터 납품대금 조정 신청을 받은 경우에도, 계약담당공무원 등은 국가계약법령에 따른 계약금액 조정 요건을 충족하지 못한 경우에는 납품대금을 조정할 수 없음.

마. 판례

판례 장기계속공사계약의 총 공사기간 연장에 따른 계약금액 조정

(대법원 2021. 7. 8. 선고, 2020다221747 판결)

장기계속공사계약에서 공사기간 연장으로 인한 계약금액의 조정 사유가 발생하였다고 하더라도 그 자체로 계약금액 조정이 자동적으로 이루어지는 것이 아니라, 계약당사자의 상대방에 대한 적법한 계약금액 조정신청에 의하여 비로소 이루어지므로, 연차별 계약에서 정한 공사기간이 아니라 총괄계약에서 정한 총 공사기간의 연장을 이유로 한 계약금액 조정신청은 적법한 계약금액 조정신청이라 보기 어렵다.

공사기간 연장을 이유로 한 조정신청을 당해 연차별 공사기간의 연장에 대한 공사금액 조정신청으로 인정할 수 있으려면, 연차별 계약의 최종 기성대가 또는 준공대가의 지급이 이루어지기 전에 계약금액 조정신청을 마치는 등 당해 연차별 신청의 요건을 갖추어야 하고, 조정신청서에 기재된 공사 연장기간이 당해 차수로 특정되는 등 조정신청의 형식과 내용, 조정신청의 시기, 조정금액 산정 방식 등을 종합하여 볼 때 객관적으로 연차별 공사기간 연장에 대한 조정신청 의사가 명시되었다고 볼 수 있을 정도에 이르러야 한다.

8. 개산계약
(사후원가검토조건부 계약 정산 등)

가. 의의

국가계약은 계약상대자가 계약을 이행하면 계약된 금액을 대가로 지급하는 확정계약이 원칙이다. 이는 입찰 전에 미리 원가계산에 의한 예정가격을 작성하고 낙찰자를 결정한 후 계약금액을 확정할 수 있음을 의미한다. 그러나 계약의 특성, 긴급한 상황 등으로 인해 사전에 원가계산을 통한 계약금액을 정할 수 없는 경우가 있다. 이러한 상황에서 활용할 수 있는 계약의 형태가 개산계약이다. 이는 개략적인 금액으로 계약을 체결하고 계약을 완료한 후 정산하게 된다.

국가계약법 제23조 제1항은 개산계약으로 개발시제품의 제조계약, 시험·조사·연구 용역계약, 공공기관과의 관계 법령에 따른 위탁 또는 대행 계약, 시간적 여유가 없는 긴급한 재해복구를 위한 계약을 제시하고 있다.

개산계약은 계약단가 및 계약금액이 확정되어 있지 않고 계약을 완료한 후에 계약금액을 정산하게 된다는 점에서 미리 원가계산에 의한 계약금액을 정하는 확정계약과는 반대의 절차로 진행된다. 그래서 사후정산 방법 및 기준이 매우 중요하다. 발주기관은 개산계약을 체결하려는 경우에 입찰 전에 계약목적물의 특성·계약수량 및 이행기간 등을 고려하여 원가검토에 필요한 기준 및 절차 등을 정하여야 하고, 이를 입찰에 참가하려는 자가 열람할 수 있도록 하여야 한다.

개산계약의 경우에도 지체상금 부과 및 물가변동·설계변동에 의한 계약금액조정이 필요할 수 있다. 지체상금과 계약금액조정은 계약금액 또는 계약단가에 기초하여 부과하거나 조정하게 되는데, 개산계약에서는 이러한 기초자료가 없어, 어떻게 하여야 하는지에 대해 분쟁이 발생한다. 이러한 점에서도 사후정산 기준이 중요한 의미를 가지며, 분쟁에 대비하여 지체상금 부과 및 계약금액조정 방법·기준을 명확히 하여야 한다. 만약 사후정산 기준을 정하지 않은 경우라면 계약상대자의 실제 투입비용을 근거로 정할 수도 있을 것이다.

또한 개산계약에서 사후정산 기준에 의하여 산정한 금액이 계약서상의 개산금액을 초과하더라도 그 금액을 대가로 지급할 수 있는지가 문제될 수 있다. 계약문서에 계약서상 개산금액의 범위 내에서 정산한다는 규정을 두고 있다면 대가로 지급할 사후정산 금액은 개산금액의 범위로 제한된다고 할 것이나, 그러한 규정을 두고 있지 않은 경우라면 사후정산 금액을 개산금액으로 제한할 수 없다고 보아야 할 것이다.

개산계약과 유사하게 사후정산을 조건으로 하는 사후원가 검토 조건부 계약이 있다. 그러나 사후원가 검토 조건부 계약은 개산계약과 달리 입찰 전에 예정가격을 구성하는 일부 비목별 금액을 결정할 수 없는 경우에 체결한다.

[확정계약, 개산계약, 사후원가 검토 조건부 계약 비교]

구분	확정계약	개산계약	사후원가 검토 조건부 계약
개념	• 계약금액을 확정하여 계약을 체결하는 계약방법 • 정부계약의 원칙, 통상적인 계약형태	• 미리 가격을 정할 수 없을 때 개략적인 금액으로 계약을 체결하고 계약이행이 완료된 후 정산하는 형태의 계약방법	• 예정가격을 구성하는 일부 비목별 금액을 결정할 수 없는 경우 계약이 완료된 후 해당 비목의 원가를 검토하여 정산하는 방식의 계약방법
근거 법령	• 국가계약법 제11조 • 지방계약법 제14조	• 국가계약법 제23조, 시행령 제70조 • 지방계약법 제27조, 시행령 제81조~86조	• 국가계약법 시행령 제73조 • 지방계약법 시행령 제89조

[관련 규정]

국가계약법 제23조(개산계약) ① 각 중앙관서의 장 또는 계약담당공무원은 다음 각 호의 어느 하나에 해당하는 계약으로서 미리 가격을 정할 수 없을 때에는 대통령령으로 정하는 바에 따라 개산계약(槪算契約)을 체결할 수 있다.

1. 개발시제품(開發試製品)의 제조계약

2. 시험·조사·연구 용역계약

3. 「공공기관의 운영에 관한 법률」에 따른 공공기관과의 관계 법령에 따른 위탁 또는 대행 계약

4. 시간적 여유가 없는 긴급한 재해복구를 위한 계약

② 제1항에 따른 개산계약의 사후정산의 절차·기준 등에 관하여 필요한 사항은 대통령령으로 정한다.

③ 각 중앙관서의 장 또는 계약담당공무원은 제1항에 따라 개산계약을 체결하는 경우 제2항에 따른 사후정산의 절차·기준 등에 대하여 입찰공고 등을 통하여 입찰참가자에게 미리 알려주어야 한다.

국가계약법 시행령 제70조(개산계약) ① 각 중앙관서의 장 또는 계약담당공무원은 법 제23조의 규정에 의하여 개산계약을 체결하고자 할 때에는 미리

개산가격을 결정하여야 한다.

② 각 중앙관서의 장은 제1항의 규정에 의하여 개산계약을 체결하고자 할 때에는 입찰 전에 계약목적물의 특성·계약수량 및 이행기간 등을 고려하여 원가검토에 필요한 기준 및 절차 등을 정하여야 하며, 이를 입찰에 참가하고자 하는 자가 열람할 수 있도록 하여야 한다.

③ 계약담당공무원은 제1항의 규정에 의하여 개산계약을 체결한 때에는 이를 감사원에 통지하여야 하며, 계약의 이행이 완료된 후에는 제9조 및 제2항의 규정에 의한 기준 등에 따라 정산하여 소속중앙관서 장의 승인을 얻어야 한다.

나. 유권해석 사례

해석 사례 41 잠정단가 항목의 정산 기준

【회 신】　　　　　　　　　　　　(계약제도과-864, 2013.07.11.)

국가를 당사자로 하는 계약에 관한 법령에서는 잠정단가 및 이의 정산방법에 관하여는 규정하고 있지 않음. 다만, 국가기관이 체결한 계약에 있어서 국가계약법령은 확정계약을 원칙으로 하고 있는바, 예외적으로 국가계약법 시행령 제70조의 개산계약 및 제73조의 사후원가 검토조건부계약 또는 관련 법령에서 정산토록 규정하고 있거나 사후정산특약이 있는 경우에는 사후정산이 가능함. 따라서 입찰공고 시 사후정산토록 명시한 경우라면 사후정산이 가능할 것이나 구체적인 경우는 입찰공고 시 명시한 조건들을 검토하여 판단·결정하여야 함.

해석 사례 42 개산가격을 기준으로 지체상금을 산정하여 부과할 수 있는지

【회 신】　　　　　　　　　　　　(계약제도과-1586, 2013.11.14.)

국가계약법에서는 개발시제품의 제조계약, 시험·조사·연구 용역계약, 정부

투자기관 또는 정부출연기관과의 법령의 규정에 의한 위탁 또는 대행계약 등에 있어서 미리 가격을 정할 수 없을 때에는 대통령령이 정하는 바에 의하여 개산계약을 체결할 수 있다고 규정하고 있음. 아울러, 계약상대자가 계약상의 의무를 지체한 때에는 계약금액에 지체상금률과 지체일수를 곱한 금액을 현금으로 납부하도록 하고 있는바, 계약금액과 지체상금이 확정되면 기 부과한 지체상금을 정산하는 방법도 가능하다 할 것임. 또한, 지체상금은 계약상대자에게 지급할 대가, 지연이자, 또는 기타 예치금 등과 상계할 수 있으므로, 대가 지급 시 확정된 계약금액에 따른 지체상금을 상계한 후 지급하는 방법도 가능할 것임.

해석 사례 43 개산계약, 사후원가검토조건부 계약의 대가 지급

【회 신】　　　　　　　　　　　　(계약제도과-1433, 2015.10.08.)

개산계약 또는 사후원가검토조건부 계약의 경우 계약이행 완료 후 원가정산이 완료되지 않았더라도 「국가를 당사자로 하는 계약에 관한 법률 시행령」 제58조 제1항에 따라 대가를 지급해야 함. 계약상대자의 청구에 따른 대가의 지급은 계약서상의 금액을 기준으로 하되, 정산은 동 시행령 제70조 제3항 및 제73조 제3항에 따라 처리하여야 할 것이고, 원가정산 후 확정된 금액이 계약상대자 청구 후 지급된 금액보다 큰 경우라도 그 차액은 동 시행령 제59조의 지연이자 지급 대상이 아닐 것임.

해석 사례 44 개산계약의 정산기준을 사후 임의로 가감할 수 있는지 여부

【회 신】　　　　　　　　　　　　(계약제도과-2017, 2019.11.28.)

각 중앙관서의 장 또는 계약담당공무원은 국가계약법 제23조 및 시행령 제70조에 의한 개산계약을 체결하고자 할 때에는 시행령 제70조 제2항의 규정에 따라 입찰 전에 계약목적물의 특성·계약수량 및 이행기간 등을 고려하여 원가검토에 필요한 기준 및 절차 등을 정하여야 하며, 시행령 제9조 및 제70조 제2항의 규정에 의한 기준 등에 따라 정산하여 소속 중앙관서 장의 승인을 얻어야 할 것임. 따라서 발주기관이 당초 계약체결 시 정한 원가검토기준 등에 명시되지 않은 사항을 임의로 가감하여 정산가격을 조정하는 것은 타당하지 않을 것임. 한편, 계약이행 종료 후 제반 여건을 참작하여 정산한 금액을 조정할 수 있다는 특약이 계약상대자의 권리나 이익을 부당하게 제한하는지는 계약목적물의 특성, 조정 내용 등을 고려하여 판단되어야 할 사항으로 보임.

해석 사례 45 개산계약과 사후원가검토조건부 계약

【회 신】　　　　　　　　　　　(계약정책과-241, 2023.03.30.)

개산계약은 사전에 계약목적물의 금액을 산정할 수 없는 경우에 개략적인 금액으로 계약을 체결하고 계약 이행 완료 후에 정산하는 방식의 계약으로서, 전체 계약금액이 확정되지 않은 상태에서 계약을 체결할 뿐만 아니라, 예정가격 작성 원칙(「국가를 당사자로 하는 계약에 관한 법률」 제8조의2, 동법 시행령 제7조의2 제2항 제2호)의 예외에 해당하는 방식의 계약이므로, 국가계약의 공정성 및 재정집행의 효율성 확보를 위해 불가피한 경우에 한하여 활용토록 할 필요가 있음. 이에 따라 개산계약에 대하여는 그 근거를 법률에 두고 개발시제품 제조계약 등 불가피한 경우에 한하여 집행토록 규율하고 있음. 반면, 사후원가검토조건부 계약의 경우 사후에 계약금액을 정산한다는 측면에서 개산계약과 유사하나, 전체 목적물의 가격이 아닌 목적물을 이루는 일부 비목의 가격을 결정하기 어려운 경우에 잠정적인 계약금액으로 계약을 집행하는 방식으로 개산계약에 비해 계약금액의 변동성이 크지 않으며 예정가격 작성 원칙의 예외 사유에도 해당하지 않는다는 차이점이 있음. 따라서, 사후원가검토조건부 계약은 공정성 및 재정집행 효율성 측면에서 규율의 필요성

정도가 개산계약에 비해 크지 않으므로 그 근거를 시행령에 두고 있다고 보아야 할 것임.

사후원가검토조건부 계약의 경우, 계약이행이 완료된 이후 발주기관이 입찰 시 제시한 사후원가검토 기준과 예정가격 산정기준 등에 따라 원가를 계산하여 정산하여야 하며, 설계변경·과업추가 등 계약내용이 변경되지 않은 한 원칙적으로 당초 계약금액을 초과하는 증액 정산은 허용되지 않음.

다. 판례

판례 다른 법령에 따른 사후정산 여부가 명기되지 않은 계약

(대법원 2020. 10. 15. 선고, 2018다209157 판결)

국가를 당사자로 하는 계약에 관한 법률 시행령(이하 '국가계약법 시행령'이라 한다) 제73조(사후원가 검토 조건부 계약)는 각 중앙관서의 장 또는 계약담당공무원은 입찰 전에 예정가격을 구성하는 일부 비목별 금액을 결정할 수 없는 경우 사후 원가검토 조건으로 계약을 체결할 수 있고(제1항), 각 중앙관서의 장은 제1항의 규정에 의한 계약을 체결하고자 할 때 입찰 전에 계약목적물의 특성·계약수량 및 이행기간 등을 고려하여 사후 원가검토에 필요한 기준 및 절차 등을 정하고 이를 입찰에 참가하고자 하는 자가 열람할 수 있도록 하여야 한다고 정하고 있다(제2항). "정부 입찰·계약 집행기준"(회계예규 2200-04-159-5, 2007. 10. 12., 이하 "정부 입찰·계약 집행기준"이라 한다) 제93조는 "계약담당공무원은 건강보험료 등의 사후 정산과 관련하여 국가계약법 시행령 제73조에 따라 사후 정산을 하게 된다는 사항 등을 입찰공고 등에 명시하여 입찰에 참가하고자 하는 자가 미리 열람할 수 있도록 하여야 한다."라고 정하고 있다.

이 규정들은 그 문언의 내용과 규정 형식 등에 비추어 건강보험료 등을 사후 정산하는 조건으로 계약을 체결할 경우 그에 필요한 절차를 정한 것이지, 그와 같은 조건으로 계약을 체결하지 않은 공공건설공사에서 건설산업기본법과 그 시행령에서 정한 건강보험료 등의 정산을 금지하거나 제한하는 것이 아니다.

9. 지체상금
(부과 및 산입범위 등)

가. 의의

계약의 일방 당사자가 국가 또는 공공기관이 되는 국가계약이라 할지라도 계약의 기본적 권리의무관계는 사법상 계약과 달리 취급되지 않는다. 즉 국가 등은 계약상대자가 계약 이행을 완료하면 계약금액을 대가로 지급할 의무가 있고, 계약상대자는 계약의 목적을 성실히 이행할 의무를 부담하게 된다. 따라서 계약상대자가 계약상 의무를 정당한 이유 없이 자신의 책임에 속하는 사유로 정해진 기한 내에 이행하지 못하는 경우 발주기관은 계약상대자에게 손해배상을 청구할 수 있을 것이다. 국가계약에서 발주기관은 이런 경우를 대비하여 계약조건에 지체상금 부과 규정을 두고 있다. 이는 민법상 손해배상액의 예정으로 본다.

일반적으로 국가계약에서는 매 지체일수마다 계약서에 정한 지체상금률에 계약금액을 곱하여 산출한 금액을 현금으로 납부하도록 하고 있고, 납부할 지체상금이 계약금액의 100분의 30을 초과하는 경우에는 100분의 30으로 한다. 그런데 국가계약법 시행령 제75조에 따르면 발주기관은 지체상금이 계약보증금에 달하는 경우로서 계약상대자의 귀책사유로 계약을 이행할 가능성이 없음이 명백하다고 인정되면 계약보증금을 국고에 귀속하고 해당 계약을 해제·해지할 수 있다(국가계약법 시행령 제75조 제2항 제1호). 이 경우와 같이 계약이 해제·해지되면 더 이상 지체상금의 부과는 문제가 되지 않는다. 즉 지체상금과 계약보증금은 그 사유를 달리하는 것이므로 계약을 해제·해지한 후 계약보증금을 국고에 귀속하면 계약 이행의 지체를 이유로 하는 지체상금을 병과하여 부과할 수 없는 것이다.

이에 대하여 계약보증금은 계약상대자가 계약상의 의무를 이행하지 않아 발주기관이 입게 되는 모든 손해를 담보하는 것이고, 그 손해에는 이행지체로 인한 손해도 포함된다고 보는 주장이 있다. 발주기관이 계약보증금의 귀속을 주장하면서 동시에 그 액수 범위 내에 있는 지체상금의 지급을 구할 수는 없고, 계약보증금액을 초과하는 지체상금의 지급만을 구할 수 있다[18][19]는 것이다. 그러나 현행 국가계약법령은 지체상금이 계약보증금 상당액에 달하는 경우에 계약을 해제·해지할 수 있도록 하고 있는 점에 비추어 계약보증금을 국고에 귀속하는 이상 지체상금을 부과할 수 없다고 보아야 할 것이다.

다만, 지체상금이 계약보증금에 달하는 경우라도 계약상대자가 계약을 이행할 가능성이 있으면서 계약을 유지할 필요성도 인정되는 경우에는 계약을 해제·해지하지 아니하고 계약을 유지할 수 있다(국가계약법 시행령 제75조 제2항 제2호). 계약을 유지한다는 의미는 기존 계약을 존속시킨다는 것에 그치고, 지체상금을 면제하는 것은 아니라고 보아야 한다. 계약을 유지하는 것은 발주기관으로서는 계약을 해제·해지함에 따른 시간적 손실을 줄일 수 있는 이익을 얻게 되고, 계약상대자는 계약의 해제·해지로 인한 추가적 비용 손

---

18 서울중앙지방법원 2014. 11. 28. 선고 2012가합69321, 2014가합41006 판결.

19 김대인 외 3인, 국가계약 당사자의 권리구제제도에 대한 연구, (사)한국공공계약법학회, 2025

실뿐만 아니라 부정당업자 입찰참가자격 제한 등으로부터 벗어날 수 있는 이점이 있다. 조달청 등 실무적으로는 계약을 유지하는 경우 지체상금을 부과하는 조건으로 계약기간을 연장하고 있다. 다만, 계약기간을 연장하면서 지체상금을 부과하는 것이 모순적일 수 있으나, 계약상대자의 지체 책임을 인정하면서 납기일을 명확히 하고자 하는 의도로 볼 수 있을 것이다.

계약이행의 지체가 천재지변 등 계약당사자의 통제범위를 벗어난 사태로 인한 것이면 그 해당일수를 지체일수에 산입하지 아니한다. 그러나 천재지변과 계약상대자의 이행 지체에 상당한 인과관계가 인정되어야 한다. 예를 들어 폭우·폭설 또는 화재 등이 발생하였다고 하더라도 계약상대자가 위치한 지역과 관련이 없거나, 그 지역에 위치한 경우라도 계약상대자의 현실적 계약이행에 아무런 지장을 초래하지 않았다면 지체일수 면제사유로 인정되지 않을 것이다. 또한 물품구매계약에서 계약상대자가 계약이행을 위해 계약 목적물과 동일한 물품을 제조·판매하는 여러 업체 중 어느 한 업체와 계약을 체결한 경우에 그 업체가 유일한 제조·판매업체가 아닌 이상 그 업체에 발생한 천재지변 등의 사유는 국가 등 발주기관과 계약상대자의 관계에서는 적용이 제한적일 것이다.

발주기관의 사유에 의하여 계약이행 중 중지명령, 관급자재 공급의 지연, 발주기관의 책임으로 인한 계약 착수 지연 등으로 인해 이행기한을 도과하는 경우에는 그 기간을 지체일수에 산입하지 않는다. 지체상금의 부과 기준과 산정 방식은 계약서, 일반조건, 관련 예규 등에 명시되어 있으며, 발주기관은 이 기준에 따라 객관적으로 산출해야 한다. 과도한 지체상금 부과는 법원에서 감액될 수 있다.

[지체상금 계산방식]

지체상금 = 계약금액(①)×지체상금률(②)×지체일수(③)

① **계약금액**(국가계약법 시행령 제74조, 지방계약법 시행령 제90조)
장기계속 공사계약, 장기계속 물품제조계약, 장기계속 용역계약은 연차별 계약금액을 의미하고, 기성 또는 기납부분에 대해 검사를 거쳐 이를 인수한 경우 그 부분에 상당하는 금액은 계약금액에서 공제함

② **지체상금률**(국가계약법 시행규칙 제75조, 지방계약법 시행규칙 제75조)

구분		지체상금률	
		국가계약	지방계약
공사		0.5/1000	0.5/1000
용역(소프트웨어 사업 시 물품과 용역을 한꺼번에 입찰에 부치는 경우 그 용역 제외)		1.25/1000	1.3/1000
물품	제조·구매(소프트웨어 사업 시 물품과 용역을 한꺼번에 입찰에 부치는 경우 포함)	0.75/1000	0.8/1000
	계약 이후 설계와 제조가 일괄하여 이루어지고, 그 설계에 대하여 발주한 중앙관서(지자체)의 장의 승인이 필요한 제조·구매	0.5/1000	0.5/1000
	수리·가공·대여	1.25/1000	1.3/1000
군용 음·식료품 제조·구매		1.5/1000	-

③ **지체일수**(국가계약: 공사, 물품, 용역위약벌산조건,
지방계약: 「지방자치단체 입찰 및 계약집행기준」 제13장~제15장)

구분		지체일수 계산
공사	불산입	• 준공기한 안에 준공신고서 제출한 경우 준공검사에 소요된 기간은 불산입 • 불가항력의 사유(태풍·홍수 기타 악천후, 전쟁 또는 사변, 지진, 화재, 전염병, 폭동 기타 계약당사자의 통제범위를 벗어난 상태의 발생)에 의한 경우 • 대체 사용할 수 없는 중요 관급자재 등의 공급이 지연되어 공사의 진행이 불가능한 경우 • 발주기관의 책임으로 착공이 지연되거나 시공이 중단되었을 경우 • 계약상대자의 부도 등으로 보증기관이 보증이행업체를 지정하여 보증시공할 경우 • 설계변경(계약상대방의 책임 없는 사유에 한함)으로 준공기한 내에 계약을 이행할 수 없을 경우 • 원자재의 수급 불균형으로 인하여 해당 관급자재의 조달지연 또는 사급자재의 구입 곤란 등 계약상대자의 책임에 속하지 않는 사유로 인하여 지체된 경우
	산입	• 준공기한 안에 준공신고서 제출 후 준공기한 이후에 시정조치를 한 경우에는 시정조치를 한 날부터 최종 준공검사에 합격한 날까지의 기간은 산입 • 준공기한을 지나서 준공신고서를 제출한 경우 준공기한 다음 날부터 준공검사 합격한 날까지의 기간은 산입

구분		지체일수 계산
물품	불산입	• 납품기한 안에 물품(검사에 필요한 서류 포함)을 납품한 경우 검사소요 기간은 불산입. • 불가항력의 사유에 의한 경우. • 계약상대자가 대체 사용할 수 없는 중요한 관급재료의 공급이 지연되어 제조공정의 진행이 불가능했을 경우 • 발주기관의 물품제작을 위한 설계도서 승인이 계획된 일정보다 지연된 경우(관련서류의 누락 등 계약상대자의 잘못을 보완하는 기간은 제외). • 계약상대자가 시험기관 및 검사기관의 시험·검사를 위해 필요한 준비를 완료하였으나 시험기관 및 검사기관의 책임으로 시험·검사가 지연된 경우. • 설계도서 승인 후 발주기관의 요구에 의한 설계변경으로 인하여 제작기한이 지연된 경우 • 발주기관의 책임으로 제조의 착수가 지연되었거나 중단되었을 경우 • 기타 계약상대자의 책임에 속하지 않은 사유로 인하여 지체된 경우.
	산입	• 납품기한 안에 물품(검사에 필요한 서류 포함)을 납품한 후 납기이후에 시정조치를 한 때에는 시정조치를 한 날부터 최종 검사에 합격한 날까지의 기간은 산입. • 납품기한을 지나서 물품(검사에 필요한 서류 포함)을 제출한 경우: 납품기한 다음 날부터 검사에 합격한 날까지의 기간은 산입.
용역	불산입	• 용역수행기간 안에 용역목적물(완료보고서)을 제출한 경우 검사소요 기간은 불산입 • 불가항력의 사유에 의한 경우 • 발주기관의 책임으로 용역착수가 지연되거나 용역수행이 중단된 경우 • 계약상대자의 부도 등으로 보증기관이 보증이행계약체를 지정하여 보증 이행한 경우 • 소프트웨어사업으로서 구현하고자 하는 기능의 변경에 대해 계약이행기간 내에 발주기관과 계약상대자간의 이견이 발생하여 과업내용을 조정한 경우 • 기타 계약상대자의 책임에 속하지 않은 사유로 인하여 지체된 경우
	산입	• 용역수행기간 안에 용역목적물(완료보고서) 제출 후 용역수행기간 이후에 시정조치를 한 때에는 시정조치를 한 날부터 최종 검사에 합격한 날까지의 기간은 산입 • 용역수행기간을 지나서 용역목적물(완료보고서)를 제출한 경우: 용역수행기간 다음 날부터 검사에 합격한 날까지의 기간은 산입
공사, 물품, 용역		• 준공기한, 납품기한, 용역수행기한의 말일이 공휴일(관련 법령에 따라 발주기관의 휴무일인 경우, 근로자의 날 포함)과 중복된 경우는 기한이 다음 날로 종료되고 지체일수는 그 종료일 다음 날부터 계산.

지체상금이 계약금액(기성 또는 기납부분에 대하여 검사를 거쳐 인수한 경우에는 그 부분에 상당하는 금액을 계약금액에서 공제한 금액)의 100분의 30을 초과할 수 없음(국가계약법 시행령 제74조, 지방계약법 시행령 제90조)

[관련 규정]

국가계약법 시행령 제74조(지체상금)

① 각 중앙관서의 장 또는 계약담당공무원은 계약상대자(국가기관과 지방자치단체를 제외한다)가 계약상의 의무를 지체한 때에는 지체상금으로서 계약금액(장기계속공사계약·장기계속물품제조계약·장기계속용역계약의 경우에는 연차별 계약금액을 말한다. 이하 이 조에서 같다)에 기획재정부령이 정하는 율과 지체일수를 곱한 금액을 계약상대자로 하여금 현금으로 납부하게 하여야 한다. 이 경우 계약상대자의 책임없는 사유로 계약이행이 지체되었다고 인정될 때에는 그 해당일수를 지체일수에 산입하지 아니한다.

② 제1항의 경우 기성부분 또는 기납부분에 대하여 검사를 거쳐 이를 인수한 경우(인수하지 아니하고 관리·사용하고 있는 경우를 포함한다. 이하 이 조에서 같다)에는 그 부분에 상당하는 금액을 계약금액에서 공제한 금액을 기준으로 지체상금을 계산하여야 한다. 이 경우 기성부분 또는 기납부분의 인수는 성질상 분할할 수 있는 공사·물품 또는 용역 등에 대한 완성부분으로서 인수하는 것에 한한다.

③ 제1항 및 제2항에 따라 납부할 지체상금이 계약금액(제2항에 따라 기성부분 또는 기납부분에 대하여 검사를 거쳐 이를 인수한 경우에는 그 부분에 상당하는 금액을 계약금액에서 공제한 금액을 말한다)의 100분의 30을 초과하는 경우에는 100분의 30으로 한다.

제75조(계약의 해제·해지)

① 각 중앙관서의 장 또는 계약담당공무원은 법 제12조 제3항의 규정에 의하여 계약보증금을 국고에 귀속시키는 경우에는 계약에 특별히 정한 것이 없는 한 당해 계약을 해제 또는 해지하고 계약상대자에게 그 사유를 통지하여야 한다.

② 각 중앙관서의 장 또는 계약담당공무원은 제74조 제1항에 따른 지체상

금의 징수사유가 발생하고 그 금액이 제50조 제1항에 따른 계약보증금상당액(면제된 계약보증금을 포함한다)에 달하는 경우에는 다음 각 호의 구분에 따른 방법으로 계약을 해제 또는 해지하거나 유지할 수 있다. 〈개정 2010. 7. 21., 2018. 12. 4.〉

1. 계약상대자의 귀책사유로 계약을 수행할 가능성이 없음이 명백하다고 인정되는 경우: 법 제12조 제3항에 따라 계약보증금을 국고에 귀속시키고 해당 계약을 해제 또는 해지한다.

2. 제1호 외의 경우로서 계약상대자의 계약 이행가능성이 있고 계약을 유지할 필요가 있다고 인정되는 경우: 계약이행이 완료되지 아니한 부분에 상당하는 계약보증금(당초 계약보증금에 제74조 제3항에 따른 지체상금의 최대금액을 더한 금액을 한도로 한다)을 추가 납부하게 하고 계약을 유지한다. 이 경우 계약보증금의 추가납부에 관하여는 제50조 제6항부터 제8항까지 및 제10항을 준용한다.

공사계약일반조건 제25조(지체상금)

① 계약상대자는 계약서에 정한 준공기한(계약서상 준공신고서 제출기일을 말한다. 이하 같다) 내에 공사를 완성하지 아니한 때에는 매 지체일수마다 계약서에 정한 지체상금률을 계약금액(장기계속공사계약의 경우에는 연차별 계약금액)에 곱하여 산출한 금액(이하 "지체상금"이라 한다)을 현금으로 납부하여야 한다. 다만, 납부할 금액이 계약금액(제2항에 따라 기성부분 또는 기납부분에 대하여 검사를 거쳐 이를 인수한 경우에는 그 부분에 상당하는 금액을 계약금액에서 공제한 금액을 말한다)의 100분의 30을 초과하는 경우에는 100분의 30으로 한다. 〈단서신설 2018. 12. 31.〉

② 계약담당공무원은 제1항의 경우에 제29조에 의하여 기성부분에 대하여 검사를 거쳐 이를 인수(인수하지 아니하고 관리·사용하고 있는 경우를 포함한다. 이하 이 조에서 같다)한 때에는 그 부분에 상당하는 금액을 계약금액에서

공제한다. 이 경우에 기성부분의 인수는 그 성질상 분할할 수 있는 공사에 대한 완성부분으로 인수하는 것에 한한다.

③ 계약담당공무원은 다음 각 호의 어느 하나에 해당되어 공사가 지체되었다고 인정할 때에는 그 해당일수를 제1항의 지체일수에 산입하지 아니한다.

1. 제32조에서 규정한 불가항력의 사유에 의한 경우

2. 계약상대자가 대체 사용할 수 없는 중요 관급자재 등의 공급이 지연되어 공사의 진행이 불가능하였을 경우

3. 발주기관의 책임으로 착공이 지연되거나 시공이 중단되었을 경우

5. 계약상대자의 부도 등으로 보증기관이 보증이행업체를 지정하여 보증시공할 경우

6. 제19조에 의한 설계변경(계약상대자의 책임없는 사유인 경우에 한한다)으로 인하여 준공기한 내에 계약을 이행할 수 없을 경우

7. 발주기관이 「조달사업에 관한 법률」 제27조 제1항에 따른 혁신제품을 자재로 사용토록 한 경우로서 혁신제품의 하자가 직접적인 원인이 되어 준공기한내에 계약을 이행할 수 없을 경우

8. 원자재의 수급 불균형 또는 「정부 입찰·계약집행기준」 제70조의4 제1항 제1호에 따른 가격급등으로 인하여 해당 관급자재의 조달지연 또는 사급자재(관급자재에서 전환된 사급자재를 포함한다)의 구입곤란 등 기타 계약상대자의 책임에 속하지 아니하는 사유로 인하여 지체된 경우

⑤ 제3항 제5호에 의하여 지체일수에 산입하지 아니하는 기간은 발주기관으로부터 보증채무 이행청구서를 접수한 날부터 보증이행개시일 전날까지(단, 30일 이내에 한한다)로 한다.

⑥ 계약담당공무원은 제1항에 의한 지체일수를 다음 각 호에 따라 산정하여야 한다.

1. 준공기한 내에 준공신고서를 제출한 때에는 제27조에 의한 준공검사에

소요된 기간은 지체일수에 산입하지 아니한다. 다만, 준공기한 이후에 제27조 제3항에 의한 시정조치를 한 때에는 시정조치를 한 날부터 최종 준공검사에 합격한 날까지의 기간(검사기간이 제27조에 정한 기간을 초과한 경우에는 동조에 정한 기간에 한한다. 이하 같다)을 지체일수에 산입한다.

2. 준공기한을 경과하여 준공신고서를 제출한 때에는 준공기한 다음 날부터 준공검사(시정조치를 한 때에는 최종 준공검사)에 합격한 날까지의 기간을 지체일수에 산입한다.

3. 준공기한의 말일이 공휴일(관련 법령에 의하여 발주기관의 휴무일이거나 「근로자의 날 제정에 관한 법률」에 따른 근로자의 날(계약상대자가 실제 업무를 하지 아니한 경우에 한함)인 경우를 포함한다)인 경우에 지체일수는 공휴일의 다음다음 날부터 기산한다.

⑦ 계약담당공무원은 제1항 내지 제3항에 의한 지체상금은 계약상대자에게 지급될 대가, 대가 지급 지연에 대한 이자 또는 기타 예치금 등과 상계할 수 있다.

나. 사례 해설

조정16 사례는 협력업체에 발생한 태풍 피해로 인한 납품지연이 계약상대자의 책임없는 사유에 해당하는지 여부 및 지체상금이 계약보증금에 달한 경우에 계약을 해지하지 않고 계약을 유지하는 경우에 지체상금을 계속적으로 부과할 수 있는지가 쟁점이 되었다.

위원회는 청구인의 협력업체가 이 사건 계약의 납기일 전에 태풍 피해로 인해 원자재 수급문제가 발생하여 청구인이 계약의 이행에 어려움을 겪었다고 하더라도 계약 이행을 위해 대체 업체를 찾을 수 있는 상황이었다면 협력업체의 태풍 피해와 청구인의 납품지연 사이의 인과관계를 인정할 수 없다고 판단하였다. 이 사례는 계약상대자의 책임없는 사유에 해당하는 천재지변을 판단함에 있어 계약상대자의 객관적 계약이행 가능성을 기준으로 하여야 한다는 점 명확히 하였다고 볼 수 있다. 즉 계약상대자가 계약 이행을 위해 여러 업체와 협력이 가능한 객관적 상황에 있음에도 불구하고 본인이 임의 선택한 협력업체에 발생한 천재지변을 이유로 납품지연에 책임이 없음을 주장하는 것은 인정되기 어렵다고 할 것이다.

또한 지체상금이 계약보증금 상당액에 달하였음에도 청구인이 추가 계약보증금을 납부하지 않은 상태에서 계약이 유지되고 납품을 완료하였는바, 위원회는 이를 국가계약법 시행령 제75조 제2항 제2호에 따른 것으로 보고, 납기일 이후 최종 납품시까지의 기간을 지체일수에 포함된다고 보았다. 이러한 위원회의 판단은 위에서 설명한 바와 같이 지체상금이 계약보증금 상당액에 달하여 계약을 유지하고자 하는 경우에 지체상금 부과 조건부로 계약기간을 연장하는 계약실무와 같은 입장이다. 이러한 입장에 대하여 발주기관이 계약을 해제 또는 해지하지 않고 계약을 유지하려는 경우 계약기간을 연장하여야 하고, 계약기간을 연장한 이상 연장된 납기일까지 지체상금을 부과할 수 없다는 주장도 있다. 그러나 이 주장에 따르면 기존 납기일부터 지체상금이 계약보증금 상당액에 달하는 날까지 발생한 지체상금도 부과하지 않게 되는데, 계약상대자의 책임있는 사유로 이미 발생하였던 지체상금을 무엇에 근거하여 면제하는지 불명확하게 된다.

조정17 사례는 계약 이행 지체 장기화에 따라 발주기관이 계약을 해지하고 계약보증금을 국고귀속 조치를 하였음에도 청구인이 발주기관의 납품 이행 요구에 따라 납품을 완료한 경우에 발주기관이 지체상금을 부과할 수 있는지가 문제되었다. 위원회는 계약보증금과 지체상금은 그 목적과 사유를 달리하므로 계약보증금을 국고에 귀속한 이상 동일 사안에 지체상금을 부과할 수 없음을 명확히 하였다. 기획재정부 유권해석(계약제도과-955, 2013.07.19.)에 따르면 계약보증금의 국고귀속은 계약의 불이행을 전제로 하고 지체상금은 계약의 지체이행을 전제로 하는 것이므로 계약상대자가 정당한 이유 없이 계약상의 의무를 이행하지 아니하여 계약보증금을 국고에 귀속한 경우라면 지체상금은 부과할 수 없다고 볼 것이다.

다. 분쟁조정 사례

조정 16 지체상금 조정 관련 청구

가. 사건 개요

이 사건 ○○○ 구매 계약에서 발생한 지체상금 조정 청구 건은 청구인이 이 사건 계약의 이행을 위해 별도로 계약한 협력업체의 중국 제조공장이 태풍 피해로 원자재 수급문제가 발생하였고, 이로 인해 대체 업체를 찾아 납품을 완료하였으나, 피청구인은 납기일이 지나 납품 완료한 부분에 대해서 지체상금을 부과하고 지급하여야 할 물품대금에서 지체상금 상당액인 ○○○원을 상계하여 지급함에 따라 제기된 사건임.

이와 관련 청구인은 이 사건 납품지연은 협력업체의 중국 제조공장에 태풍 피해가 발생하였기 때문으로 이는 「계약특수조건」 제11조 제4항 제1호 "천재지변"에 해당하고, 같은 조건 제10조 제3항 및 제4항에 의거하여 납기연기 및 지체상금 면제사유에 해당한다고 주장.

이에 대해 피청구인은 기획재정부 및 조달청 유권해석 결과, 천재·지변 등의 사유로 원자재 등의 조달이 불가능하거나 지체된 경우에도, 공급업체의 대체가 가능한 상황이었다면 천재·지변에 따른 지체상금의 면제가 불가하며, 또한 계약이행을 위한 자재 등의 조달이 특정 공급자에 한정되어 있거나 발주기관이 조건을 붙여 다른 공급자를 선택할 수 없는 경우가 아니라면 지체상금 면제가 불가하다는 입장.

나. 청구 취지

청구인은 이 사건 물품구매계약에 부과한 지체상금을 면제하고, 감액 지급한 물품 대금 ○○○원을 청구인에게 지급하라.

다. 주문

청구인의 청구를 기각한다.

라. 당사자 주장

1) 청구인(수요기관) 주장

① 청구인이 부과한 지체상금을 면제하고, 물품대금에서 감액한 지체상금 상당액을 청구인에게 반환하여야 함.

② 이 사건 납품지연은 「계약특수조건」 제11조 제4항의 "폭우, 폭설 등 천재지변으로 불가항력의 사유로 계약이행이 불가한 경우"에 해당하며, 같은 조건 제10조 제3항 및 제4항에 따라 납기연기신청과 지체상금면제원을 제출하였으므로 지체상금을 감면하여야 함.

납품 지연은 제품을 납품하기로 한 ○○○ 제조업체의 중국 제조공장이 태풍으로 피해를 입어 원자재 수급 문제가 발생하고, 이로 인한 공장 원상복구 작업 발생으로 인한 것임.

이로 인해 청구인은 계약의 적절한 이행을 위해 제조업체의 중국 공장상태를 점검하고, 생산 차질로 납기 지체가 예상되어, 대체 제작업체를 찾기 위해 국내, 중국은 물론 유럽까지 다각도로 물색하였으며, 국내 한 업체인 ㈜○○라는 제작사를 찾아서 구매 계약을 체결하고 납품 완료하였음.

2) 피청구인 주장

① 청구인의 요구 내용은 지체상금 면제 대상이 아니므로 지체상금 부과는 타당함.

② 기획재정부 및 조달청 유권해석 결과, 청구인이 주장하는 태풍으로 인한 중국 제조업체의 납품 지연 상황 발생 및 이로 인해 대체 업체를 물색하여 납품 완료한 것은 지체상금 감면 대상에 해당한다고 볼 수 없음.

제조에 필요한 원자재·부품 등의 조달이 불가능하여 계약이행이 지체되었을 경우에 해당일수에 따라 지체상금을 면제할 수는 있으나, 이 경우에도 부품 공급업체의 대체가 가능한 경우에는 지체상금을 면제할 수 없음(기획재정부 유권해석, 1999.7.21.).

공급자가 천재·지변 등의 사유로 원자재 등의 공급이 지체된 경우에도, 원자재, 부품 등의 공급이 그 공급자에게만 한정되어 있거나 발주기관이 조건을 붙여 계약상대자가 다른 공급자를 선택할 여지가 전혀 없는 경우가 아니면 지체상금을 면제할 수 없음(조달청 유권해석, 2014.9.1.).

마. 판단

이 사건 납품 지연이 청구인의 책임 없는 사유로 인한 것인지와 피청구인이 청구인에게 부과한 지체상금액의 적정 여부가 이 사건 조정 청구의 쟁점이라 할 것임.

이 사건 납품 지연이 청구인의 책임 없는 사유인지 여부와 관련하여 청구인의 협력업체인 중국 제조공장의 태풍 피해로 원자재 수급문제가 발생하였고, 이로 인해 대체 업체를 찾게 되는 과정에서 납품지연이 발생했다고 주장하는 부분에 대해서 살펴보면, 청구인은 피청구인과 '24.○○.○○.일 계약을 체결하고 '24.○○.○○.일 협력업체와 물품제조계약을 체결하였는 바, 이후에는 협력업체와 지속 협의를 하여 납기를 맞추기 위해 노력하고 기한 내 납품이 어려울 경우 즉시 대체 업체를 찾는 등 방법을 강구하였어야 하나, 계약 체결 후 '24.○○월 말까지 계약 이행을 위한 관리를 전혀 하지 않다가 납기일('24.

○○.○○.)을 5일 앞둔 시점('24.○○.○○.)에 갑자기 납기 연장을 요청하였으며, 청구인의 진술 및 제출 자료만으로는 태풍 피해와 납품 지연 사이의 인과관계를 객관적으로 입증하기 어려움. 또한, 설령 협력업체의 태풍 피해로 인해 청구인의 납품에 지장이 있었다고 하더라도, 대체 업체와 계약을 체결('24.○○.○○.)한 후 납품('24.○○.○○.)까지 불과 한 달밖에 걸리지 않은 것으로 볼 때, 계약 기간 내에도 얼마든지 공급업체를 대체하여 이 사건 계약의 이행이 가능하였을 것으로 보이는바, 청구인의 주장에 타당성이 있다고 보기 어려움.

따라서, 정당한 이유 없이 계약을 납품기일 내 이행하지 못한 청구인에게 「국가계약법」 제26조에 따라 지체상금을 부과한 것은 정당한 조치로 보임.

지체상금 부과액의 적정성과 관련하여 살펴보면, 「국가계약법 시행령」 제75조 제2항에 따라 지체상금액이 계약보증금 상당액에 달하는 경우 계약이행이 불가능하다고 판단되면 계약보증금을 국고에 귀속시키고 계약을 해제·해지하거나, 계약 이행가능성이 있고 계약을 유지할 필요가 있다고 인정되는 경우에는 계약이행이 완료되지 아니한 부분에 상당하는 계약보증금을 추가 납부하게 하고 계약을 유지하는 것이 가능함.

이 사건 계약은 지체상금액이 계약보증금액에 달한 상태에서 발주기관의 필요로 「국가계약법 시행령」 제75조 제2항에 따라 계약 해제 없이 계약보증금 추가 납부를 조건으로 계약을 유지한 것으로 보이며, 이 경우 「물품구매계약일반조건」 제25조 제5항의 국책사업 등 불가피한 사유로 연장된 계약이 아닌 이상 계약실무상 지체상금 부과 조건부 계약 유지로 처리된 것이라고 볼 수 있는바, 납기일이 도과한 이후 정당한 사유 없이 납품을 지연한 기간 전체가 지체상금 산정 일수에 포함된다고 보아야 할 것임.

위와 같이, 청구인의 진술 및 제출 자료만으로는 이 사건 납품지연 기간이 「국가계약법 시행령」 제74조 제1항 및 「계약특수조건」 제11조 제4항에 따른 지체상금 산정에서 차감되는 지체일수에 해당된다고 보기 어렵고, 따라서, 정당한 이유 없이 계약 이행을 지체한 청구인에게 지체 일수에 상당하는 지체상금을 부과한 것은 합당한 조치라고 보이므로 청구인의 청구를 기각하는 것이 타당함.

조정 17 지체상금 조정 관련 청구

가. 사건 개요

청구인은 A셔츠 다수공급자계약 3차 분할납품에서 자체개발한 "LOT1"원단이 B기관 시험결과만 불합격 판정받음에 따라 시험결과 이의, 규격검토 요청 등을 제기하게 되었고, 피청구인의 답변을 기다리는 과정에서 지체가 발생하였으므로 지체의 원인이 청구인에게만 있다고 볼 수 없어 지체상금을 감액 또는 면제해야 하며, 재시험 등을 통해 A셔츠의 납품여부를 결정해야 한다고 주장.

피청구인은 군수품 피복류에 대한 계약은 원부자재 검사단계에서 합격 후 진행되기 때문에, 이미 불합격 판정 받은 원부자재를 사용한 완제품 재검사는 불가능하고, 납품 또한 받을 수 없으며, 자체개발한 원단으로 제작한 A셔츠의 성능시험 불합격으로 인해 장기간 계약을 불이행함에 따라 발생한 지체상금은 감액 또는 면제할 수 없다고 주장.

이에 따라 청구인은 피청구인에게 A셔츠 납품여부 결정과 지체상금 감면을 구하는 취지로 2025년 ○○월 ○○일 국가계약분쟁조정위원회에 조정을 청구하였음.

나. 청구 취지

피청구인은 "LOT1"원단으로 제작된 완제품(○○○매)을 납품받거나 검사를 통해 납품가부를 판단하고, 지체상금 ○○○원을 감액 또는 면제하라.

다. 주문

피청구인은 계약보증금 환수 대상이 된 계약 분에 대한 지체상금 전액을 면제하라.

라. 당사자 주장

1) 청구인(수요기관) 주장

① 청구인은 피청구인이 의뢰한 B기관 시험 자체의 문제, 불필요하게 과도한 성능을 설정한 A셔츠 규격의 문제, 감액납품 검토 요청에 대한 무응답 상황이 원인이 되어 지체상금이 발생하였으므로 감면하는 것이 타당하다고 주장.

이후 납품받은 원단에서도 같은 문제가 발생할 위험이 있어 "LOT1"원단의 규격미달 문제를 해결하기 전에는 다음 납품 분의 생산을 진행할 수 없어 A셔츠의 3차 분할납품 요구 건이 전체적으로 지체됨.

② 피청구인이 의뢰한 공인시험기관 B기관의 시험결과 몸판원단이 구매요구서의 방염성능에 미달하여 불합격 판정('23.○○.○○.)을 받았으나, '23.○○월경에 청구인이 자체적으로 의뢰*한 다른 공인시험기관 4곳에서는 성능충족 판정을 받았으므로, 이 결과를 인정하여 "LOT1"원단으로 제작한 완제품(○○○매)을 피청구인이 납품받아야 한다고 주장.

* 새로 자체개발한 원단의 품질검사를 확인차 미리 의뢰하였음.

③ A셔츠 구매요구서 및 규격은 불필요하게 과도한 성능기준 및 시험방법을 설정하고 있으며, 방염성능 시험은 착염여부(시료에 실제로 불이 붙는 순간)와 연소시간(불이 꺼질 때까지 걸리는 시간)을 시험자가 육안으로 확인하고 측정하므로 시험자의 판단에 따라 결과값이 달라질 수 있음.

A셔츠는 일반적으로 야외작전 수행 시 착용하는 의류로, 전차·자주포 등 궤도차량의 승무원들이 착용하는 의류보다 높은 방염성능을 요구할 이유가 없는데도 과도한 성능을 요구하여 높은 원단가격 및 공급지연의 원인이 됨.

2) 피청구인 주장

① 지체상금의 면제는 계약자의 책임없는 불가항력적 사유가 있는 경우 적용할 수 있으나, 이 사건은 청구인에게 모든 지체의 책임이 있으므로 수용 불가능함.

청구인은 피청구인의 답변을 받지 못해 지체상금이 발생했다고 주장하고 있으나, 피청구인은 청구인의 감액검토 요청, 불합격 통보의 이의제기 등에 대한 답변을 회신하였음.

② 피청구인은 국가계약법령에 따라 지체상금을 부과하고 있으며, 지체상금율 또한 동 법령에서 정한 비율을 계약서에 반영하여 적용하고 있으므로, 청구인의 지체상금액이 과다하여 감액해야 한다는 주장은 수용 불가능.

③ 청구인의 감액납품 청원은 "군수품 정부품질보증 업무규정"상 수용할 수 없는 요청이며, B기관이 아닌 다른 시험기관에 청구인이 자체의뢰하였다는 시험성적서는 검사규정에 따른 절차가 아니므로 판정이 불가능하고, B기관의 시험성적 결과 불합격 판정받은 원단으로 제작된 완제품의 시험은 수용 불가능함.

청구인은 장기간 피청구인의 검사활동에 대하여 제기한 감사원, 국민권익위원회 민원 및 이의제기에 빠짐없이 답변하였으며, 앞 기관들의 조사 결과에서 일체의 문제점이 없는 것으로 결정되었음.

④ 청구인은 2021년도 동품의 계약자로서 정상적인 원단을 구매하여 완제품을 제조하고 상당량을 납품한 적이 있으므로 이미 규격과 시험방법에 대해 문제점이 없음을 인지하고 있는데도, 이후 직접 원단을 생산하였으나 품질검사에서 불합격되자 시험에 문제가 있다고 주장.

A셔츠는 오랜 기간 연구개발한 군수품으로서 2020년부터 구매하고 있으며, 다년간 성능과 시험방법에 대한 문제점이 발생하지 않았음.

마. 판단

피청구인은 청구인에게 계약상의 의무 불이행을 이유로 2024년 ○○월

○○일자로 계약 해지를 통보하였으나, 청구인은 그 이후에도 납품요구를 받은 2023년 ○○, ○○월 분 A셔츠를 2024년 ○○, ○○월 분으로 납품 예정이던 물량으로 대체 납품하였으며, 남아 있던 2024년 ○○, ○○월 분 또한 2025년 ○○월 ○○일에 납품을 완료하여 더 이상 납품요구 물량이 없는 상황임.

또한, 피청구인은 2024년 ○○월 ○○일자로 계약보증금(○○○원)을 국고에 귀속시키기 위해 서울보증보험에 보험금을 청구하였음에도 불구하고, 청구인에게 A셔츠 납품 계약 이행이 지체된 일수에 대하여 지체상금(2024년 ○○월 ○○일 기준 ○○○원)을 부과함.

이는 기획재정부의 "계약보증금의 국고 귀속은 계약의 불이행을 전제로 하고 지체상금은 계약의 지체이행을 전제로 하는 것이므로 계약상대자가 정당한 이유 없이 계약상의 의무를 이행하지 아니하여 계약보증금을 국고에 귀속한 경우라면 지체상금은 부과할 수 없다고 보는 것이 타당하다."는 유권해석(기획재정부 계약제도과-955, 2013.07.19. 등)에 배치됨.

청구인이 주장하는 불합격 "LOT1"원단으로 제작된 A셔츠의 납품 승인 여부는 청구인이 2025년 ○○월 ○○일자에 새로운 원단으로 제작한 제품을 피청구인에게 납품 완료하였기에 국가계약분쟁조정위원회가 조정할 실익이 없음.

한편, 피청구인이 청구인에게 계약 해지 통보 및 계약보증금 국고 귀속을 위한 후속조치를 진행하였는바, 이로써 청구인과 피청구인의 계약관계는 종료되었다고 할 것이고, 계약상 의무이행의 지체에 따른 지체상금은 부과되지 않는다고 할 것임.

따라서 피청구인이 계약 해지 이후 납품요구의 이행을 요청하고, 청구인이 이에 응하여 납품을 완료하였더라도 지연일수에 지체상금을 부과하는 것은 부당하다고 할 것이므로 이 사건 관련 계약보증금 환수 대상이 된 계약 분에 대한 지체상금은 전액 면제하는 것이 타당하기 때문에 청구인의 주장을 일부 인용함.

조정 18 지체상금 조정 관련 청구

가. 사건 개요

수요기관이 조달청 다수공급자계약을 통해 공기순환기 1식 납품요구한 것으로, 납품지체로 피청구인이 청구인에게 지체상금(○○○원) 부과.

청구인은 납품기한 內 설치하고자 했으나, 건축 공정 등 다른 공정의 지연(외벽판넬 미부착, 천장마감 미작업)으로 인해 지체가 발생한 것이므로, 계약상대자의 책임 없는 사유로 지체상금 부과는 취소되어야 함을 주장.

이에 대해 피청구인은, '22.00월 거푸집 해체 후, 현장 시공이 가능했음에도 인력 투입 및 시공작업을 하지 않아 타공정(건축, 기계설비 등)이 지연되었고, 납품기한도 2번 연장을 해 준 상황으로 지체의 귀책은 청구인임을 주장.

나. 청구 취지

피청구인은 이 사건 관급자재 구매의 지체상금 부과를 취소하라.

다. 주문

청구인의 청구를 인용한다.

라. 당사자 주장

1) 청구인(수요기관) 주장

① 수요기관은 2022년 ○○월 ○○일 조달청 다수공급자계약을 통해 청구인에게 공기순환기 1식 분할납품요구(당초 납품기한 '22.00.00.이었으나 2차례 연장하여 최종 납품 기한은 '23.○○.○○)를 하였음.

납품기한을 고려한 공기순환기(후드캡 및 디퓨저) 설치작업은 건축 공정 등 다른 공정의 지연(외벽판넬 미부착, 천장마감 미작업)으로 인해 불가한 상황이었고 청구인은 이에 따라 감독관에게 수차례 추가적인 납품기한 연장을 요청했으나 감독관은 "(물품 다수공급자계약 운영규정상) 추가적인 납품연장은 불가하기 때문에 우선적으로 (가능한 시기에) 설치한 후 납품확인서 등은 조달청의 분할납품요구서 상의 납품기한으로 처리해 주겠다."라는 답변을 듣고 설치시기를 협의함.

감리단 회의자료('23.○○.○○, ○○.○○, ○○.○○)를 확인해 보면 각 업체 공종별 작업 협의를 보더라도 이미 건축 공정 등 전반적인 공정이 지연된 상황에서 작업이 진행 중이었으며 청구인은 건축 공정계획에 따라 작업을 진행하고 있었음. 또한, 관련 현장사진('23.○○.○○, '23.○○.○○)과 현장내용을 보면 현장의 외벽판넬 미부착 및 현장 마감이 되지 않아 공기순환기 설치가 불가능한 상황이었음.

② 청구인은 당초 납품완료일인 2023년 ○○월 ○○일보다 87일 지연된 2023년 ○○월 ○○일 납품완료했으나, 이후 설치 건물 「건물 준공검사에 따른 보완요청」('23.○○.○○), 「하자발생으로 인한 보완요청」('23.○○.○○)이 있었으며, 이에 대해 수요기관 책임의 하자에 대한 시설 보완조치 및 수요기관의 책임이 없는 부분에 대한 확인자료를 제출함.

그러나, 수요기관은 「납품확인서 종결 및 재시공 통보」('23.○○.○○)를 통해 ①기계 감리가 입회하지 않은 상태에서 하자 보수 조치를 한 점 ②건축 또는 기계설비 시공업체가 준수해야할 외기 흡입구 및 배기구 설치 기준 등을 청구인이 지키지 않은 점 등을 근거로 문제를 제기하며 "지연배상금 부과"를 통보('23.○○.○○)하였음.

③ 청구인의 수행 지연은 타업체가 담당한 선행공종인 건축, 설비공정의 지연으로 인하여 발생한 것이지 청구인의 책임 있는 사유로 인한 것이 아니므로, 「국가를 당사자로 하는 계약에 관한 법률 시행령」 제74조에 따라 해당 일수를 지체일수에 포함할 수 없음.

2) 피청구인 주장

① 피청구인은 2022년 ○○월까지 본 건물 골조 공사를 완료하고 11월 중순 거푸집 해체하였고, 청구인은 거푸집 해체 후 바로 현장 시공이 가능했음에도

불구하고 현장에 인력 투입 및 시공작업이 이루어지지 않아 타공정(건축, 기계설비 등)도 지연될 수밖에 없었기에 청구인이 건축 천장 마감이 지연되어 설치가 불가능했다는 주장은 수용할 수 없음.

더욱이 피청구인은 청구인의 성실한 납품을 할 수 있도록 납품 기한도 2번 연장을 해 주어 필요한 조치를 했음에도 불구하고 납품 기한이 지난 것으로 피청구인의 사유로 인하여 지연되었다고 볼 수 없음.

또한, 조달청 나라장터 종합쇼핑몰의 등록 상품의 첨부 파일인 공기 순환기 설치시방서(2022.○○.)를 준용하지 않았고 설계 도면과 다르게 시공하여 하자가 발생하는 등 문제점이 발생한 사실이 있음.

② 청구인이 금번 조정 청구에서 요청하는 지체상금 부과 취소는 청구인으로 인하여 건축 공정이 지연된 부분이 크고 피청구인이 납품 기한을 2회 연장하여 업체가 성실한 납품을 할 수 있도록 하였으나 납품 기한 내 설치가 되지 않은 점과 설치 기준에 맞지 않은 시공으로 지속적인 문제가 발생한 점을 들어 조달사업에 관한 법률에 따라 지연 배상금을 부과할 수밖에 없음.

청구인 제출 자료 중 2023년 ○○월 ○○일, ○○일 회의록 내용에 "건축 완료 후 진행"이라는 문구를 임의로 작성 제출하여 당시 회의 시 건축 완료 후 진행하는 것으로 협의한 듯하게 자료 제출한 부분이 있어 내용을 바로 잡아 제출함.

마. 판단

청구인은 이 사건 지체는 계약목적물이 설치될 이 사건 건물의 건축·설비 등 선행공사가 지연된 것에 기인하므로 청구인의 책임없는 사유에 해당한다고 주장하는 반면, 피청구인은 거푸집이 해체된 '22년 ○○월 이후부터는 이 사건 계약목적물의 일부인 공기순환 배관 및 장비의 설치가 가능한 상태였음에도 청구인이 설치작업을 지체하였으므로 이 부분 지체가 발생하였고 이로 인해 건축·설비 등 타공정이 지연되었으며, 나머지 부분인 후드캡·디퓨저 등 설치의 지체는 천장마감 등 타공정의 지체에 기인한 것은 사실이나 타 공정의 지체는 청구인의 배관 및 장비 설치의 지연으로 인한 것이므로 결국 전체 계약목적물에 대한 청구인의 지체책임이 인정된다고 주장하고 있음.

살피건대, 양 당사자의 제출자료 및 의견 진술 등을 종합하면 '22년 ○○월 중순 이 사건 건물의 거푸집이 해체된 사실과 청구인의 공기순환 배관 및 장비의 설치가 납품기한인 '23.○○.○○.을 도과하여 설치된 사실은 인정되나, 공기순환 배관 및 장비 설치의 경우 소방·전기 등 기타 시설과의 공정간섭이 발생할 수 있어 타 시설 설치작업과 공정순서를 조율할 필요가 있으므로 청구인의 설치작업이 가능하다고 인정하기 위해서는 적어도 설치작업 이전에 명확한 공기순환 배관과 소방·전기 등 공정 간 작업순서가 명시되어 있거나 공사감독 또는 감리업체의 구체적인 설치지시가 있어야 할 것인데 이러한 입증 없이 거푸집이 해체된 사실만으로 바로 청구인의 설치작업이 가능하다고 단언하기는 어려움.

오히려, 이 사건 건물의 건설공사는 당초 '22.○○.○○.에서 '23.○○.○○.로, 기계설비공사는 당초 '23.○○.○○.에서 '23.○○.○○.로 각각 준공일이 연장되었고, 피청구인은 그 사유로 청구인의 공기순환배관 설치의 지연이 아닌 "우크라이나 사태" 및 "화물연대 파업"을 들고 있는 점, 청구인이 제출한 공사예정공정표에 따라 공기순환기 설치는 약 6개월이 소요된다고 보이는 점, 이 사건 계약에 대하여 피청구인이 납품기한을 2차에 걸쳐 각 1개월씩 연장한 점, 당시 다수공급자계약에 적용되었던 舊「물품 다수공급자계약 특수조건」제26조 제2항 및 제6항은 수요기관의 불가피한 사정이 있는 경우에는 납품기한을 2회에 한하여 연기할 수 있으며, 이 경우 회당 납품기한 연장기간은 규정상 납품기한 이내(이 사건 계약의 경우 30일)로 규정하고 있는 점 등을 고려할 때 피청구인이 공기순환기 설치가 가능하였다고 주장하는 '22.○○월 이후부터 공기순환기 설치에 소요되는 6개월 이후인 '23.○○월경까지를 납품기한으로 보는 것이 합리적이라고 판단됨.

조정 19 지체상금 면제 관련 조정 청구

가. 사건 개요

청구인은 이 사건 ○○의 납품 지연은 미국 의회의 수출승인 지연에 의한 것으로 이는 불가항력적인 사유와 해외 판매자의 책임을 물을 수 없는 사유에 해당함을 이유로 지체상금 면제를 신청하였으나, 피청구인은 ○○ 부품에 대한 수출승인 획득책임이 원칙적으로 청구인에게 있음을 이유로 지체상금 면제 불가 판단.

이에 대해 청구인은 미국 연방정부의 셧다운 위기 등으로 미국 국무부 검토와 의회 승인에 차질이 발생한 것은 청구인 및 해외 제조사(이하 'A사')가 통제할 수 없는 것이므로 책임을 물을 수 없기에 지체상금의 전부 면제를 주장하며 조정 청구.

나. 청구 취지

피청구인은 청구인에게 지체상금으로 부과한 ○○○원을 전부 면제하라.

다. 주문

청구인의 청구를 인용한다.

라. 당사자 주장

1) 청구인 주장

① 청구인은 2023.○○.○○. 피청구인과 ○○ 외 3항목을 납품하는 것을 내용으로 하는 물품구매계약을 체결하면서, 계약금액(총제조부기금액)은 ○○○원으로, 납품기한은 2023.○○.○○.로, 지체상금율을 0.075%로 각 정하였음.

이 사건 ○○는 부품1와 부품2로 구성되는데, 청구인은 미국 소재 ○○ 부품 전문업체인 A사로부터 부품2를 공급받기로 하고, 2023.○○.○○. A사에 부품2를 주문하였음.

A사가 2023.○○월 중순경 수출승인 절차가 지연되고 있음을 통보해 왔고, 청구인이 담당직원들을 미국 현지로 보내 경위를 파악하니, 미국 연방정부 셧다운 위기 등으로 국무부 및 의회의 검토가 지연되고 있어 최종 수출승인까지 상당한 기간이 소요될 것으로 예상된다고 설명함.

청구인은 2023.○○.○○. 피청구인 담당 사업팀에 사실을 전달하고 적극적인 협조를 부탁하여, 피청구인은 여러 경로를 통해 미국 국무부에 신속한 수출승인 절차 진행을 요청하였으나, 2023.○○.○○. 부품2에 대한 수출승인이 이루어져, 2024.○○.○○. 청구인에게 입고되었으며, 청구인은 이미 제작이 완료되어 있던 부품1에 부품2를 장착하는 작업을 신속하게 진행하여 2024.○○.○○. 계약물량 전부를 납품함.

청구인은 2024.○○.○○. 피청구인에게 이 사건 ○○의 납품 지연은 '천재·지변 등 불가항력적인 사유'와 '해외 판매자의 책임을 물을 수 없는 사유'에 해당하므로 납품지연에 따른 지체상금을 전부 면제해 줄 것을 요청하였으나, 피청구인은 2024.○○.○○. 지체상금 ○○○원을 부과하겠다고 통보함.

② 청구인이 A사로부터 공급받기로 한 부품2는 미국 무기수출통제법에 따라 미국 국무부와 미국 의회의 승인을 받아야 비로소 선적이 가능하고, 청구인은 이를 ○○에 장착하여 납품을 하여야 하는바, 부품2에 대한 수출승인 지연은 계약이행에 직접적인 영향을 미칠 수밖에 없는 구조임.

그런데 A사는 물론이고 청구인이나 피청구인 모두 예상하지 못한 미국 연방정부 셧다운 위기와 미국 하원의장 해임 등으로 A사가 제출한 수출승인 신청서 검토가 지연되다가 2023.○○.○○. 비로소 수출승인이 이루어졌음. 즉, 미국 국무부가 수출승인에 통상적으로 소요되는 기간이라고 홍보하는 평균 45일보다 3배 이상 소요된 것인데, 이는 미국 국무부와 의회의 사정으로 인한 지연 외에 달리 그 이유를 설명하기 어려움.

청구인은 수출승인 신청의 당사자가 아니어서 미국 국무부와 의회에서 진행되는 검토 및 승인 절차에 관여할 수 없을뿐더러 우방국 정부기관인 피청구인의 노력에도 불구하고 수출승인 절차는 상당기간 더 진행되었다는 점에 비추어 볼 때 수출승인 지연은 청구인과 피청구인의 통제영역 밖에서 발생한 문제임.

2) 피청구인 주장

① 이 사건 계약은 주장비인 ○○와 부품2 등을 일괄하여 구매하는 계약으로, 피청구인은 제안요청서에서 외국정부로부터 대한민국에 대한 판매승인이 요구되는 구성장비의 판매승인(수출승인) 획득책임은 제안업체에 있음을 요청하였고, 청구인도 이에 동의하여 제안서를 제출하였음. 따라서 이 사건 부품2에 대한 수출승인 획득책임도 원칙적으로 청구인에게 있고, 수출승인을 획득하지 못하거나 수출승인이 지연된 경우 책임은 원칙적으로 청구인이 부담.

청구인은 이 사건 부품2의 수출승인에 '미국 의회' 승인이 필요하다고 주장하지만, 수출승인의 주체는 '미국 국무부'임. 청구인이 제출한 국제무기거래규정 제123.15조에도 수출승인 전 미국 의회에 증명서가 제출되어야 한다고 규정하고 있을 뿐, 의회가 승인한다는 규정은 없음. 다만 미국 의회가 수출금지 결의안을 제정할 경우 (미국 국무부의) 수출승인이 되지 않을 수 있다고 규정할 뿐임.

피청구인이 제공한 미국의 국제무기거래규정(ITAR) 번역본에도 이와 같은 내용이 수록되어 있으며, 피청구인의 사업부장과 사업팀장도 '미국 국무부'에 수출승인 협조를 요청하는 서한을 발송하였을 뿐, '미국 의회'에 이러한 서한을 발송한 사실은 없음.

② 지체상금 면제사유는 그 요건을 엄격하게 판단하여야 하는데, 이 사건 계약의 경우는 다음과 같은 점에 비추어 지체상금 면제사유가 인정되지 아니함.

미국 연방정부의 셧다운 위기는 말 그대로 위기일 뿐, 실제 셧다운이 발생하지 않았고, 이 사건 부품2에 대한 '미국 의회'의 수출승인 절차가 없으므로, '미국 의회'의 하원의장 해임이 '미국 국무부'의 수출승인 지연에 영향을 미쳤다고 보기 곤란하여 「군수품조달관리규정」 제39조 제1항 제1호 '천재·지변 등 불가항력적인 사유에 의한 경우'를 인정할 수 없음.

미국 국무부의 수출승인이 일반적인 경우와 비교하여 이례적으로 지연되었다는 점이 인정된다면 지체상금 면제가 고려될 수 있으나, 청구인이 통상 수출승인에 소요되는 기간으로 제시한 6~8주는 미국의 A사의 홈페이지에 게시된 자료로 인정하기에 충분하지 않고, 또한 피청구인이 제공한 미국의 국제무기거래규정 번역본에서 수출승인을 위한 판단에 소요되는 기간이 평균 45일로 홍보하고 있다고 제시하고 있으나, 이는 참고자료일 뿐, 수출승인이 거부되거나 철회될 수 있는 경우까지 감안하여 계약에 반영하여야 할 것임.

구 군수품조달관리규정 제39조 제1항 제3호 나목에서 '수출금지'를 별개로 규정하고 있는 점에 비추어 보면, 이 사건 부품2의 수출승인 지연처럼 단순한 수출승인 지연을 이들 사유에 준한다고 볼 수 없을 것임.

③ 지체상금 면제는 채무자의 이행지체로 인한 책임을 면제하고 그로 인한 손해를 상대방에게 전가하는 셈이 되므로 그 요건을 엄격하게 심사할 필요가 있는데, 청구인이 주장하는 사유만으로는 이 사건 부품2의 수출승인 지연이 군수품조달관리규정 제39조 제1항 제1호 및 제3호 나목에 해당하여 지체상금을 면제하여야 한다고 볼 수 없음.

마. 판단

청구인은 이 사건 계약의 납품지체는 계약목적물의 주요부품인 부품2에 대해 미국 국무부와 의회의 수출승인 절차가 이례적으로 지연되어 발생한 것으로 방위사업청 훈령 「군수품조달관리규정」 제39조에 따른 '불가항력적인 사유' 및 '계약상대자의 책임 없는 사유'에 해당하므로 피청구인의 지체상금 부과는 부당하다고 주장하고 있음.

살피건대, 피청구인이 발간한 「국제무기거래규정」의 "2.4 수출허가 기준"에는 미국 정부의 수출승인 소요기간은 평균 45일로 명시되어 있는 반면, 이 사건 계약의 부품2에 대한 수출승인은 미국의 부품2 생산자인 A사가 수출승인 신청서를 최종 제출한 2023.○○.○○.로부터 161일이 경과한 2023.○○.○○.에 절차가 완료되어 승인서류가 발급된 사실을 인정할 수 있으며, 이는 해당기간 중 발생했던 미국 연방정부 셧다운 위기와 미국 하원의장의 공석으로 인한 것으로 판단됨. 이와 같이 수출승인이 통상적인 기간인 45일의 3배 이상의 기간이 소요되고 그 사유도 이례적으로 발생한 미국 연방정부 내부 사정으로 인한 것이라면 방산물자의 수입경험이 많은 업체라 할지라도 쉽사리 예측하기 어려운 사유에 해당한다 할 것임.

또한, 청구인은 A사의 수출승인이 지연되고 있음을 인지한 2023.○○.○○.에 피청구인에 대해 그러한 상황을 통보하여 피청구인이 미국 연방정부에 조기 수출승인을 위한 협조서한을 발송하게 하는 등 성실한 납품업체로서 수행하여야 할 모든 조치를 충분히 이행하였고, 상대국 정부의 협조서한에도 불구하고 조기 수출승인이 이루어지지 못한 점을 감안하면 민간기업으로서는 어떠한 방법으로도 수출지연을 해소하기 어려웠을 것으로 보임. 이러한 제반 사정을 고려할 때 청구인이 아닌 다른 어떤 업체라도 통제하기 어려운 이 사건 지체에 관하여 청구인에게 지체책임을 묻는 것은 가혹한 것으로 판단됨.

한편, 피청구인은 이 사건 제안요청서에서 외국정부의 수출승인이 요구되는 구성장비에 대한 수출승인 획득책임은 계약상대자에게 있음을 명시하였고 청구인도 이에 동의하고 입찰 및 계약에 참여하였으며, 미국 정부의 평균 수출승인 소요기간이 45일이라 하더라도 계약상대자는 수출승인의 거부 또는 철회의 경우까지 고려하여 납품기한을 결정하여야 하므로 외국정부의 수출승인 지연은 계약상대자의 귀책에 해당한다고 주장하나, 이 사건 계약과 같이 방산물자 수출입의 경험과 지식이 많은 전문가도 예측하기 어려운 이례적인 상황까지 계약상대자의 책임으로 돌리는 것은 공평의 원칙에 비추어 합당하지 않다고 할 것이며, 납품기한의 결정 또한 청구인이 결정할 수 있는 사항이 아니라 피청구인의 전력수급계획 등에 따라 획일적으로 정해지는 것이므로 피청구인의 주장은 받아들이지 아니함.

조정 20 지체상금 관련 조정 청구

가. 사건 개요

청구인은 '21.○○.○○. ◇◇공장 제조설치를 위한 계약을 피청구인과 체결하였으나, 본 사건 정비공사를 진행하기 위해서는 기존 설치된 장비의 사용가능여부와 문제점 개선방향, 장비 적합성 확인을 위해 연동시험 등이 필요하나 입찰 전에는 확인할 수 없었음.

계약 체결 후, 청구인이 본 사건 공사 수행을 위한 정비기간을 확인해본 결과 최소 10개월 기간이 필요함에도 입찰공고에서는 3개월만을 고지하여 3개월 기간 안에는 본 공사를 완료할 수 없을 뿐만 아니라, 코로나19 등의 유행으로 작업일수 감소와 타 기계설비의 문제점으로 성능 충족에 문제가 발생하는 등 납품 기한 내 공사 완료를 하지 못한 사정이 발생하였음에도, 피청구인은 청구인의 납기연장 요청을 거부하였고, 지체상금 ○○○원*을 부과하였으나, 이는 본 사건의 특수성을 무시한 처사이므로 지체상금 부과 철회를 조정 청구함.

* 지체상금 ○○○원 : 지체일수 00일('21.○○.○○.~'22.○○.○○.) 지체율 0.075% (지체일수는 원래 ○○일이나, 코로나19에 따른 검사지연 일수 ○○일은 제외하여 ○○일을 지체일수로 산정함)

나. 청구 취지

청구인은 피청구인과 ◇◇공장 제조설치를 위한 계약을 체결하였으나, 피청구인이 공장 설치기간을 과도하게 짧게 부여했을 뿐만 아니라, 코로나19로 인한 작업정지기간, 기존에 타 업체가 설치한 장비의 성능개선 문제 등 추가 작업기간 등에 따라 납기연장을 요청하였으나, 피청구인은 납기연장을 거부하고 지체상금을 부과하였으므로 지체상금 부과 철회를 조정 청구함.

다. 주문

피청구인이 청구인에게 '22.○○.○○.일자로 부과한 지체상금은 면제한다.

라. 당사자 주장

1) 청구인 주장

① 입찰공고 시 계약기간은 3개월로 공지되었으나, 당초 정상적인 보수 정비기간은 6개월로 판단되어 소요 군에 보고하였고, 군에서도 진행과정에서 필요시 사후 협의하는 것으로 답변(구두).

② 장비보수 기간은 코로나19로 인한 작업일수 감소와 기존 업체*가 설치했던 장비와 연계가 필요한 문제 등으로 납기 준수가 곤란했던 상황.

<small>*기존 2개 업체가 본 사업에 투입된 이후 기술수준 충족이 어려워 계약을 완료하지 못하고 사업포기.</small>

③ 청구인의 책임이 없는 사유로 인해 계약기간이 추가 소요*되었으나, 피청구인은 이를 인정해 주고 있지 않음.

<small>*청구인 공문 "납품 후 정산과 지체상금 유보 요청" 참조('22.○○.○○.).</small>

'21.○○.○○.일 품질검사 불합격 사유는 기존 업체가 설치한 장치A의 문제였으나, 청구인은 이를 해결하기 위해 공기배관을 추가 증설.

작업장 내 타 사업이 동시 진행(컨베어 안전장치의 재정비)되어 작업상 혼란으로 총 작업이 지연.

④ 기존 2개 업체가 완성하지 못한 사업임에도 책임감을 가지고 과업을 수

행하여 완성시켰던 사항으로 근본적으로 군 전력화 일정에 따라 계약기간이 과도하게 짧게 잡혔던 사업임을 감안해 주시기 바람.

2) 피청구인(수요기관) 주장

① 계약서에 납품기한을 명시하여 계약이 체결되었으므로 청구인은 계약기간 내 계약을 완료했어야 할 필요.

다만, 타 업체에서 설계, 제작 중 중지된 설비를 정상 가동토록 조치하는 것은 제한사항이 발생할 수도 있었을 것으로 판단됨.

계약특수조건*에 따라 장비규격 등은 현장여건에 따라 변경이 가능한 사항으로 명시되어 있어 협의의사가 있었음.

* 특수조건 제4조③ 본 특수조건을 포함한 계약문서에서 규정되지 아니한 사항은 수요자와 공급자의 합의에 의하여 이를 정한다.

② 계약기간 미수정에 따른 계약연장 절차 미준수 책임은 청구인에게 있다고 판단됨.

계약특수조건*상 계약기간 연장 청구기간(납기일 30일 전)을 도과(청구인이 계약 만료일인 ○○.○○.일에 요청)하여 청구.

* 특수조건 제18조② 공급자 책임없는 사유로 납품이 불가능하다고 판단될 경우 납기일 30일 전까지 수요자에게 신청서를 제출.

③ 청구인이 제출한 지체상금 면제 사유 검토 결과, 면제 사유에 해당되지 않는다고 판단됨.

장치A와 관련한 청구인의 작업내용은 당초의 사양서에 포함된 청구인의 의무사항으로 추가적인 과업변경사항이 아님.

컨베어 안전장치 설치에 따른 작업장 내 작업상 혼란은 청구인이 타 사업자와 협의하여 ○○.○○.일* 계약이행에 제약이 없다고 피청구인에게 통보했던 사항.

* ○○.○○.일부터 타 사업자의 계약이행이 시작됨.

마. 판단

우선 납기일('21.○○.○○.일)에 납기연장 요청을 했으므로, 청구인의 연장 신청은 물품구매계약일반조건에 따라 적절히 이루어진 것으로 판단되며, 또한, 청구인은 기존 업체가 만든 시설물의 하자를 승계하였음은 물론 비용을 자부담하여 개선하는 등 청구인에게 불리한 조건으로 계약을 체결하였으며, 지체의 원인인 장치A의 성능구현과 관련해서 기존 업체가 설치했던 시설물을 교체하는 등 설계변경사유가 발생했음에도 피청구인이 계약연장에 대한 충분한 협의가 없었던 점은 부당한 것으로 판단되는바, 피청구인이 부과한 지체상금은 면제가 필요한 것으로 보이므로 청구인의 청구를 인용함.

조정 21 지체상금 관련 조정 청구

가. 사건 개요

청구인은 '22년 ○○ 조달사업을 낙찰받은 업체로서 계약물품의 납품을 위해 해당 상품의 생산이 가능한 A사*에 제조를 의뢰하였음.

* 청구인은 해당 물품의 생산이 가능한 유일한 제조사라고 주장.

다만, 청구인과 피청구인의 계약(납품시작)일로부터 16일 후 A사에 대형화재가 발생하여 제조공정 진행이 불가능하게 되었으며, 설비복구 과정에서 계약이행 지체* 발생.

* 피청구인은 품목별 최대 73일 지체로 인해 ○○○원의 지체상금을 부과

청구인은 현실적으로 물품공급을 대체할 수 있는 제조사가 없는 상태에서 A사의 화재는 계약법령상 지체상금이 면제되는 불가항력의 사유에 해당된다고 판단하여 피청구인에게 지체상금 면제를 요청하였으나, 받아들여지지 않아 조정을 청구함.

나. 청구 취지

청구인은 '22년 ○○ 조달 입찰에서 낙찰받은 업체로서 하도급 공장의 화재로 인한 계약이행 지체를 이유로 피청구인으로부터 지체상금(○○○원)을 부과받았는바, 청구인은 하도급 업체인 A사가 해당 납품물의 생산이 가능한 유일한 제조사이므로, 해당 공장의 화재는 국가계약법령상 지체상금이 면제되는 불가항력 사유에 해당된다고 판단하여 지체상금 면제를 요청함.

다. 주문

청구인의 청구를 기각한다.

라. 당사자 주장

1) 청구인 주장

① 청구인은 계약물품의 납품을 위해 해당 업종 유통사 중 하나인 B사에 의뢰하였고, B사는 해당제품을 OEM 계약한 A사*에 제조 의뢰함.

   * 청구인은 A사만이 유일하게 계약물품의 제조가 가능하다고 주장하고 있으며, 그 근거로 동일업종 회사들의 OEM 현황 및 타 제조사 대체불가 확인서 등 제시.

② 청구인과 피청구인의 계약일*(납품시작)로부터 16일이 경과한 시점('22.○○.○○.)에 A사의 대형화재로 인한 생산설비 소실로 제조공정 진행이 불가능하게 되었음.

   * 물품계약 납품기한 : 2022.○○.○○. ~ 2023.○○.○○. (○○일)

③ 이에 청구인, A사 및 B사는 납기일 준수를 위해 해당상품 제조가 가능한 타 업체를 물색하였으나 찾을 수 없었으며, A사의 설비 복구를 통한 제조 외에는 방법이 없어, 정상화 기간을 고려한 기간연장('23.○○.○○. → '23.○○.○○.)을 통해 지체상금 면제를 요청했으나 받아들여지지 않았음.

또한 PVC논슬립은 구매요구서에 '국내제조 제품'을 납품하도록 규정하고 있어 국외제품 납품 불가*.

   * 납품하더라도 해상운송기간 고려 시 더욱 지체될 것으로 예측.

④ 청구인은 기간 연장 시 요청했던 일자('23.○○.○○.)에 납품하였으며, 피청구인은 지체상금 부과조건으로 앞의 날짜로 납품기한을 변경함.

⑤ 유일한 제조사의 화재로 인한 납품지연은 물품구매(제조)계약일반조건 제24조(지체상금) 제3항* 제1,2호 모두 적용되는 복합적인 예외조항 대상임에도 조항 각각의 문구에 함몰되어 적용하지 않은 것은 예외조항 본래취지에 어긋남.

* 물품구매(제조) 계약일반조건 제24조(지체상금) 제③항
- 1호: 천재·지변 등 불가항력의 사유
- 2호: 계약상대자가 대체사용할 수 없는 중요 관급재료의 공급이 지연되어 제조공정의 진행이 불가능하였을 경우.

⑥ 따라서 대체가 불가한 유일한 제조사의 화재로 인한 납품지연은 지체상금 예외조항에 해당하므로 지체상금 취소* 및 지체상금 부과로 발생할 부정당업자 제재를 취소해야 함.

* 청구인은 '23.○○.○○.일자에 계약금액(○○○원) 중 지체상금(○○○원)을 제외한 금액을 수령함.

2) 피청구인 주장

청구인은 계약당사자이자 계약물품을 공급해야 하는 업체로서, 현재의 제조사인 A사로부터 계약물품을 원활히 납품을 받을 수 없을 경우에는 타 제조사 등으로부터 해당 물품을 구매하여 계약을 이행하여야 할 의무가 있으며, 국내·외의 타 제조사를 통한 제조/납품을 할 수 있기 때문에 현재의 제조사 화재가 '물품구매(제조)계약일반조건' 제24조 제③항 1호의 천재지변에 의한 불가항력에 포함된다고 보기 어려움.

청구인은 국외를 포함하여 "A사"가 유일한 생산업체라고 주장하고 있으나 명확히 증명하지 못하고 있음.

또한 인터넷에서도 비닐장판을 판매하고 있으며, 국외(중국 등) 물품을 찾아볼 수 있음에도 국내에 제조업체는 A사에서만 제조하고 있다고 주장.

마. 사실관계

당사자들이 제출한 자료 등을 종합적으로 고려할 때, 이 사건의 납품물은 펫트장판과 PVC논슬립 2가지로 구성되어 있으며, 청구인이 주장하는 구매요구서 상의 '국내 제조, 양산하는 제품이어야 한다' 문구 적용은 PVC논슬립 품목에 해당하고, 펫트장판의 적용규격은 KS M 3802이며 27개 업체가 인증받아 등록되어 있음.

바. 판단

청구인은 하도급 업체(A사)가 납품물을 생산할 수 있는 유일한 제조사라고 주장하나, 동 제품 관련 KS 인증을 받아 등록된 업체가 27개로 확인되고 있고, 물품구매(제조)계약 일반조건에는 '화재'를 불가항력으로 정의하고 있지 않음.

또한 계약상대자(청구인)는 입찰참가전 물품 확보 및 납품 가능 여부, 계약 이행시 발생할 수 있는 위험에 대한 대비를 할 필요가 있고, 지체상금에 대한 손해배상은 청구인과 하도급업체 간 해결할 사안인 점 등을 고려하여 청구인의 청구를 기각.

라. 유권해석 사례

해석 사례 46 지체일수 산정 시 검사기간 포함 여부

【회 신】　　　　　　　　　　　　　(회계제도과-322, 2010.02.26.)

국가기관이 체결한 용역계약에 있어 계약상대자가 용역수행기간을 경과하여 용역목적물을 제출한 경우에 지체일수 산정은 회계예규 '용역계약일반조건' 제18조 제6항 제2호에 따라 용역수행기한 익일부터 검사(시정조치를 한 때에는 최종검사)에 합격한 날까지의 기간을 지체일수에 산입하여야 하므로,

발주기관의 검사기간도 지체일수에 포함되는 것임. 그러나 이 경우 지체일수에 포함되는 검사기간은 '용역계약일반조건' 제20조에서 정한 검사기간에 한해 적용되는 것이므로, 발주기관이 법정 검사기간을 초과한 경우에는 동 조건 제18조 제6항 제1호에 따라 초과된 검사일수는 지체일수에 산입하지 않는 것임을 알려드림.

참고로, 국가기관이 체결한 계약의 이행이 지체된 경우 지체상금은 계약상대자(원수급자)의 계약 지체일수를 기준으로 부과하는 것이지, 계약상대자가 하수급자와 체결한 하도급계약의 지체일수를 기준으로 부과하는 것이 아님을 알려드림.

해석 사례 47 계약기간 연장에 따른 지체상금 부과 여부

【회 신】 (계약제도과-143, 2011.02.17)

국가를 당사자로 하는 계약에 있어서 계약상대방의 의무불이행으로 발생한 지체상금이 계약보증금상당액에 달한 때에는 원칙적으로 계약을 해지하여야 하나, 회계예규「물품구매(제조)계약 일반조건」제25조 제5항의 규정에 따라 계약기간을 연장하는 경우에는 동 예규 제25조 제6항의 규정에 의해 연장된 계약기간에 대해서는 지체상금을 부과할 수 없음을 알려드림.

해석 사례 48 지체 발생 중 공사중지명령 등의 경우 지체일수 산정

【회 신】 (계약제도과-188, 2013.02.19.)

준공기한 내에 공사를 완료하지 못하여 지체상금이 부과되고 있는 공사에 대한 지체일수를 산정함에 있어 발주기관의 동절기 공사중지명령과 같이 계약상대자의 책임에 속하지 않는 사유로 지연된 중지기간은 지체일수에 포함시키지 않는 것이 타당할 것임. 또한 공사지연으로 관급자재 구매 사업비가 다음 회계연도로 이월되어 이월 승인기간이 발생한 경우도 동 기간이 계약상 대자의 책임 있는 사유에 의한 지체된 기간으로 보기는 곤란하므로 지체일수 에 포함시키지 않는 것이 타당할 것임.

해석 사례 49 계약해지 시 지체상금 부과 가능 여부

【회 신】 (계약제도과-282, 2016.02.25.)

지체상금은 지체가 되었더라도 이행이 완료된 것을 전제로 부과하는 것임. 계약상대자가 계약상의 의무를 이행하지 아니하여 계약을 해지한 경우 계약 보증금을 국고에 귀속시키는 것이며, 지체상금을 부과할 수는 없음.

해석 사례 50 계약기간 연장 미신청 시 지체상금 부과 여부

【회 신】 (계약제도과-598, 2017.05.24.)

「공사계약일반조건」제26조는 공사계약에 있어 계약상대자의 책임에 속하지 않는 사유 등 동 조건 제25조 제3항 각 호의 사유가 발생한 경우에 계약상 대자는 계약기간 연장 신청을 하도록 하고 계약담당공무원이 승인한 경우에는 지체상금을 부과하지 않도록 하고 있으나, 이는 계약기간 연장을 위한 절차와 이에 따른 연장일수에 지체상금을 부과하지 않는다는 규정이므로, 계약 상대자의 계약기간 연장 신청이 없는 경우 그 지체일수에 지체상금을 부과한 다는 취지는 아니라고 보는 것이 타당함. 계약 이행이 지체된 경우, 계약이행 지체의 사유가 계약상대자의 책임 없는 사유에 기인한 것이라면 계약상대자가 계약기간 연장을 신청하지 않은 경우에도 그 해당일수를 지체일수에 산입 하지 않는 것이 타당할 것임.

해석 사례 51 준공검사 완료 후 미인수 시 지체상금 부과 여부

【회 신】　　　　　　　　　　　　　(계약정책과-1498, 2021.11.18.)

지체상금은 계약예규「공사계약일반조건」제25조에 따라 계약상대자가 준공기한 내에 공사 미완성 또는 검사과정에서의 시정조치로 준공기한 이후 준공검사가 완료된 경우에 부과하는 것임. 동 질의는 계약상대자가 준공기한 내에 공사를 완성하여 준공검사를 완료하였으나 이후에 사용부대가 계약목적물을 미인수하고 추가 조치를 요구한 사안이므로, 이는 지체상금 부과대상이 아니며 동 예규 제33조의 하자보수 규정에 따라 하자보수로 처리하여야 할 사항으로 사료됨.

해석 사례 52 지체상금을 다른 계약에 대한 대가 등과 상계할 수 있는지

【회 신】　　　　　　　　　　　　　(계약정책과-696, 2024.07.19.)

「공사계약일반조건」제25조 제7항의 지체상금 상계 규정은 동일한 계약에 적용됨.「국가를 당사자로 하는 계약에 관한 법률」제15조 제3항은 동일한 계약에서 대가 지급 지연에 대한 이자와 지체상금은 상계(相計)할 수 있다고 규정하고 있으며,「공사계약일반조건」은 국가계약법령의 범위 내에서 계약에 필요한 사항을 정한 것이므로 동일한 계약을 전제한 것임.

해석 사례 53 지체상금 한도를 국가계약법령과 다르게 적용할 수 있는지

【회 신】　　　　　　　　　　　　　(계약정책과-1029, 2024.10.31.)

국가계약법 시행령 제74조 제3항은 "납부할 지체상금이 계약금액(제2항에 따라 기성부분 또는 기납부분에 대하여 검사를 거쳐 이를 인수한 경우에는 그 부분에 상당하는 금액을 계약금액에서 공제한 금액을 말한다)의 100분의 30

을 초과하는 경우에는 100분의 30으로 한다."라고 규정할 뿐 다른 조건이 없으므로 이는 계약의 종류(경쟁/수의, 신규/갱신)와 관계없이 적용되어야 할 것임. 각 중앙관서의 장 또는 계약담당공무원은 국가계약법령을 준수할 의무가 있으므로 지체상금 한도를 국가계약법 시행령 제74조 제3항과 다르게 정해서는 안 될 것임.

마. 판례

판례 물품 반입 없이 검사 요청하였을 경우 지체일수 산정

(대법원 2011. 5. 13. 선고, 2010다16458 판결)

국가를 당사자로 하는 물품구매(제조)계약 특수조건에서 "납품기한 내에 검사요청을 하고 검사에 합격한 경우에는 검사요청일을 납품일자로 보며, 납품기한 내에 검사요청을 하고 납품기한 경과 후 검사에 합격하고 검수완료한 경우 납품검사 및 검수에 소요된 기간은 지체일수에 포함되지 아니한다."라고 정한 사안에서, 국가를 당사자로 하는 계약에 관한 법령과 관련 계약조항의 내용 등을 종합하여 보면, 계약상대자는 납품기한 내에 납품장소에 계약물품을 현실적으로 반입하여야 하고 단지 물품의 반입을 위한 준비를 완료하고 검사를 요청하는 것만으로 물품반입의무 이행을 다하였다고 할 수 없으므로, 위 특수조건에서 정한 검사요청이 유효하기 위하여는 검사장소로 물품의 현실적인 반입이 선행되거나 적어도 동시에 이루어질 것을 요하고, 물품의 현실적인 반입 없이 검사요청이 이루어진 경우에는 그 후 현실적인 반입이 이루어진 때에 비로소 유효한 검사요청이 있었다고 보아야 한다.

10. 계약 해제 및 해지

가. 의의

계약 해제·해지는 계약을 종료시키는 행위이다. 계약 해제는 계약성립 이전의 상태로 되돌리는 것이며, 해지는 장래를 향해 계약의 효력을 소멸시키는 것을 의미한다. 계약 해제·해지 사유는 반드시 계약기간 내에 발생하는 것에 한정하지 않는다. 계약상대자가 계약기간을 도과하여서도 계약을 이행하지 않으면 계약을 해제·해지할 수 있다.

국가계약법령은 계약상대자가 계약이행과정에서 직접적·간접적으로 금품·향응 등을 주거나 받지 아니할 것을 약정한 청렴계약을 위반하면 계약을 해제·해지할 수 있도록 하고 있다. 또한 계약상대자가 계약상의 의무를 이행하지 아니하였을 때 계약보증금을 국고에 귀속하고 계약을 해제·해지하도록 하고 있다. 계약상대자가 계약을 이행하지 않는 상태가 계속되고 있고 앞으로도 이행할 가능성이 없는 경우가 여기에 해당할 것이다. 이러한 사례의 구체적인 모습으로 국가계약법 시행령 제75조 제2항 제1호는 지체상금이 계약보증금에 달하고 계약을 이행할 가능성도 없을 때 계약보증금을 국고에 귀속하고 계약을 해제·해지할 수 있도록 규정하고 있다.

계약의 해제·해지는 계약당사자간에 합의한 계약문서에 근거하여서 가능하다. 기획재정부 계약예규인 「공사계약 일반조건」은 계약의 해제·해지 사유로 계약상대자의 책임 있는 사유로 인한 경우, 발주기관의 사정변경에 의한 경우 등을 정하고 있다.

계약상대자의 책임 있는 사유를 구체적으로 살펴보면 정당한 이유 없이 약정한 착공시일을 경과하고도 공사에 착수하지 아니한다거나, 계약상대자의 책임 있는 사유로 준공기한까지 공사를 완공하지 못하거나 완성할 가능성이 없다고 인정되는 경우, 계약의 수행 중 뇌물수수 또는 정상적인 계약관리를 방해하는 불법·부정행위을 하는 경우 등이 있다.

발주기관은 정부정책 변화, 관계 법령의 제·개정, 과다한 지역 민원의 제기 등으로 사업을 취소할 불가피한 경우에도 계약을 해제·해지할 수 있다. 다만, 불가피한 사유는 객관적으로 명백해야 할 것이다.

물론 계약상대자도 계약을 해제·해지할 수 있다. 「공사계약 일반조건」은 공사내용을 변경함으로써 계약금액이 100분의 40 이상 감소하거나, 공사정지 기간이 공기의 100분의 50을 초과할 경우, 발주기관이 정당한 이유없이 계약내용을 이행하지 아니함으로써 공사의 적정이행이 불가능하다고 명백히 인정되는 때에 계약 해제·해지할 수 있도록 하고 있다.

발주기관은 계약상대자의 책임있는 사유로 계약을 해제·해지하면 계약보증금을 국고에 귀속하고, 발주기관의 책임 있는 사유로 계약상대자가 계약을 해제·해지하는 경우에는 계약보증금을 반환하여야 한다.

[법령에서 정한 계약 해제, 해지 사유]

구분	국가계약	지방계약
해지 강제 사유	• 계약보증금을 국고에 귀속시키는 경우에는 계약에 특별히 정한 것이 없는 한 당해 계약을 해제 또는 해지 • 지체상금의 징수사유가 발생하고 그 금액이 계약보증금 상당액(면제된 계약보증금을 포함한다)에 달하고 계약상대자의 귀책사유로 계약을 수행할 가능성이 없음이 명백하다고 인정되는 경우 • 입찰, 낙찰, 계약체결 또는 이행과정에서 관계 공무원 등에게 직접 또는 간접적으로 금품·향응 제공을 하는 등 청렴계약을 위반한 경우.	• 계약상대자의 계약상 의무 불이행을 이유로 계약보증금 또는 계약보증금에 해당하는 금액을 해당 지방자치단체에 세입 조치하는 경우 • 지연배상금의 징수사유가 발생하고 그 금액이 계약금액의 100분의 10 이상인 경우로서 계약상대자의 귀책사유로 인하여 계약을 이행할 가능성이 없음이 명백하다고 인정되는 경우 • 입찰과정에서 거짓 서류를 제출하여 부당하게 낙찰을 받은 경우 • 입찰, 수의계약 및 계약 이행 과정에서 관계 공무원 등에게 직접 또는 간접적으로 사례, 증여, 금품·향응 제공을 하는 등 청렴서약서의 내용을 위반한 경우
해지 가능 사유		• 계약상대자가 정당한 이유없이 계약담당자의 이행촉구에 따르지 아니한 경우 • 계약상대자의 부도, 파산, 해산, 영업정지, 사업 또는 영업에 관한 등록·인가·허가 등의 취소, 그 밖의 사유로 계약 이행이 곤란하다고 인정되는 경우 • 계약 내용의 불이행으로 계약이 해제 또는 해지 사유가 발생한 경우

[국가 계약예규에서 정한 계약 해제, 해지 사유]

구분	사유	후속조치
발주기관에서 해제·해지 (계약상대자 책임)	계약상대자의 귀책사유로 인하여 납품기일(준공기한, 용역수행기한) 내에 납품(공사를 완공, 용역을 완료)할 가능성이 없음이 명백하다고 인정된 경우. 지체상금이 해당 계약(장기계속공사, 장기용역계약인 경우에는 차수별 계약)에 계약보증금상당액에 달한 경우. 장기물품제조(구매)계약, 장기계속공사, 장기계속용역의 계약에 있어서 제2차 이후의 계약을 체결하지 아니 하는 경우. 계약의 체결 및 이행과정에서 청렴계약을 위반하는 불법·부정행위가 있는 경우. 입찰에 관한 서류 등을 허위 또는 부정한 방법으로 제출하여 계약이 체결된 경우. 기타 계약조건을 위반하고 그 위반으로 인하여 계약의 목적을 달성할 수 없다고 인정된 경우. 물품계약에서 납품기한(또는 연장된 납품기한) 내에 계약상대자가 제조하지 아니하여 납품기한 내에 납품이 곤란하다고 인정된 경우. 국가정책상 시급히 제3자를 제출 또는 보완하기 위하여 정당한 이유 없이 기한 내에 이행하지 못한 경우. 공사의 경우, 계약체결 이후 해당 건설공사 계약현장에서 계약상대자의 채무불이행, 계약 이행 불투명, 파산, 부도, 폐업, 등록말소, 허위서류 제출, 제재조치 등 불가피한 계약불이행 사유가 발생할 경우 계약의 전부 또는 일부를 해제·해지할 수 있고 이 경우 계약보증금을 귀속시킴과 동시에 미이행 부분에 대해서는 지체상금을 징수할 수 있음. 장기계속공사 또는 장기계속용역 계약에서 차수별 계약의 미체결이 확실한 경우에도 공사(용역)수행에 착수하지 아니한 경우.	• 계약담당자 - 기성 인수 시 대가 지급 • 계약상대자 - 자재철거·반환 - 선금 반환(이자 가산) ※부정당업자 제재 필요
발주기관에서 해제·해지 (사정변경)	객관적으로 명백한 발주기관의 불가피한 사정이 발생할 때.	• 계약담당자(14일 이내) - 기성 인수 시 대가 지급 - 인력·장비 철수비용 지급 - 계약보증금 반환 • 계약상대자 - 선금 반환(이자 미가산)
계약상대자가 해제·해지	공사·용역·물품계약 체결 후에 입찰에 의하여 낙찰된 금액을 변경할 필요가 있는 계약이 국가의 예산사정 기타 사유로 변경된 경우로서 계약금액의 100분의 50을 초과하여 감소된 경우.	

[관련 규정]

국가계약법 시행령 제75조(계약의 해제·해지)

① 각 중앙관서의 장 또는 계약담당공무원은 법 제12조 제3항의 규정에 의하여 계약보증금을 국고에 귀속시키는 경우에는 계약에 특별히 정한 것이 없는 한 당해 계약을 해제 또는 해지하고 계약상대자에게 그 사유를 통지하여야 한다.

② 각 중앙관서의 장 또는 계약담당공무원은 제74조 제1항에 따른 지체상금의 징수사유가 발생하고 그 금액이 제50조 제1항에 따른 계약보증금상당액(면제된 계약보증금을 포함한다)에 달하는 경우에는 다음 각 호의 구분에 따른 방법으로 계약을 해제 또는 해지하거나 유지할 수 있다.

1. 계약상대자의 귀책사유로 계약을 수행할 가능성이 없음이 명백하다고 인정되는 경우: 법 제12조 제3항에 따라 계약보증금을 국고에 귀속시키고 해당 계약을 해제 또는 해지한다.

2. 제1호 외의 경우로서 계약상대자의 계약 이행가능성이 있고 계약을 유지할 필요가 있다고 인정되는 경우: 계약이행이 완료되지 아니한 부분에 상당하는 계약보증금(당초 계약보증금에 제74조 제3항에 따른 지체상금의 최대금액을 더한 금액을 한도로 한다)을 추가 납부하게 하고 계약을 유지한다. 이 경우 계약보증금의 추가납부에 관하여는 제50조 제6항부터 제8항까지 및 제10항을 준용한다.

공사계약일반조건 제44조(계약상대자의 책임있는 사유로 인한 계약의 해제 및 해지)

① 계약담당공무원은 계약상대자가 다음 각 호의 어느 하나에 해당하는 경우에는 해당 계약의 전부 또는 일부를 해제 또는 해지할 수 있다. 다만, 제3호의 경우에 계약상대자의 계약이행 가능성이 있고 계약을 유지할 필요가 있다고 인정되는 경우로서 계약상대자가 계약이행이 완료되지 아니한 부분에 상

당하는 계약보증금(당초 계약보증금에 제25조 제1항에 따른 지체상금의 최대금액을 더한 금액을 한도로 한다)을 추가납부하는 때에는 계약을 유지한다.

1. 정당한 이유없이 약정한 착공시일을 경과하고도 공사에 착수하지 아니할 경우

2. 계약상대자의 책임있는 사유로 인하여 준공기한까지 공사를 완공하지 못하거나 완성할 가능성이 없다고 인정될 경우

3. 제25조 제1항에 의한 지체상금이 시행령 제50조 제1항에 의한 해당 계약(장기계속공사계약인 경우에는 차수별 계약)의 계약보증금상당액에 달한 경우

4. 장기계속공사의 계약에 있어서 제2차공사 이후의 계약을 체결하지 아니하는 경우

5. 계약의 수행 중 뇌물수수 또는 정상적인 계약관리를 방해하는 불법·부정행위가 있는 경우

6. 제47조의3에 따른 시공계획서를 제출 또는 보완하지 않거나 정당한 이유없이 계획서대로 이행하지 않을 경우

7. 입찰에 관한 서류 등을 허위 또는 부정한 방법으로 제출하여 계약이 체결된 경우

8. 기타 계약조건을 위반하고 그 위반으로 인하여 계약의 목적을 달성할 수 없다고 인정될 경우

② 계약담당공무원은 제1항에 의하여 계약을 해제 또는 해지한 때에는 그 사실을 계약상대자 및 제42조에 의한 하수급자에게 통지하여야 한다.

③ 제2항에 의한 통지를 받은 계약상대자는 다음 각 호의 사항을 준수하여야 한다.

1. 해당 공사를 즉시 중지하고 모든 공사자재 및 기구 등을 공사장으로부터 철거하여야 한다.

2. 제13조에 의한 대여품이 있을 때에는 지체없이 발주기관에 반환하여야

한다. 이 경우에 해당 대여품이 계약상대자의 고의 또는 과실로 인하여 멸실 또는 파손되었을 때에는 원상회복 또는 그 손해를 배상하여야 한다.

3. 제13조에 의한 관급재료중 공사의 기성부분으로서 인수된 부분에 사용한 것을 제외한 나머지 재료는 발주기관에 반환하여야 한다. 이 경우에 해당 재료가 계약상대자의 고의 또는 과실로 인하여 멸실 또는 파손되었을 때, 또는 공사의 기성부분으로서 인수되지 아니하는 부분에 사용된 때에는 원상회복 하거나 그 손해를 배상하여야 한다.

4. 발주기관이 요구하는 공사장의 모든 재료, 정보 및 편의를 발주기관에 제공하여야 한다.

④ 계약담당공무원은 제1항에 의하여 계약을 해제 또는 해지한 경우 및 제48조에 의하여 보증기관이 보증이행을 하는 경우에 기성부분을 검사하여 인수한 때에는 해당부분에 상당하는 대가를 계약상대자에게 지급하여야 한다.

⑤ 제1항에 의하여 계약이 해제 또는 해지된 경우에 계약상대자는 지급받은 선금에 대하여 미정산잔액이 있는 경우에는 그 잔액에 대한 약정이자상당액[사유발생 시점의 금융기관 대출평균금리(한국은행 통계월보상의 대출평균금리를 말한다)에 의하여 산출한 금액을 가산하여 발주기관에 상환하여야 한다.

⑥ 제5항의 경우에 계약담당공무원은 선금잔액과 기성부분에 대한 미지급액을 상계하여야 한다. 다만, 「건설산업기본법」 및 「하도급 거래공정화에 관한 법률」에 의하여 하도급대금 지급보증이 되어 있지 않은 경우로서 제43조 제1항에 의하여 하도급대가를 직접 지급하여야 하는 때에는 우선적으로 하도급대가를 지급한 후에 기성부분에 대한 미지급액의 잔액이 있으면 선금잔액과 상계할 수 있다.

제45조(사정변경에 의한 계약의 해제 또는 해지)

① 발주기관은 제44조 제1항 각 호의 경우 외에 다음 각 호의 사유와 같이 객관적으로 명백한 발주기관의 불가피한 사정이 발생한 때에는 계약을 해제

또는 해지할 수 있다.

  1. 정부정책 변화 등에 따른 불가피한 사업 취소

  2. 관계 법령의 제·개정으로 인한 사업 취소

  3. 과다한 지역 민원 제기로 인한 사업 취소

  4. 기타 공공복리에 의한 사업의 변경 등에 따라 계약을 해제 또는 해지하는 경우

  ② 제1항에 의하여 계약을 해제 또는 해지하는 경우에는 제44조 제2항 본문 및 제3항을 준용한다.

  ③ 발주기관은 제1항에 의하여 계약을 해제 또는 해지하는 경우에는 다음 각 호에 해당하는 금액을 제44조 제3항 각 호의 수행을 완료한 날부터 14일 이내에 계약상대자에게 지급하여야 한다. 이 경우에 제7조에 의한 계약보증금을 동시에 반환하여야 한다.

  1. 제32조 제2항 제1호 및 제2호에 해당하는 시공 부분의 대가 중 지급하지 아니한 금액

  2. 전체공사의 완성을 위하여 계약의 해제 또는 해지일 이전에 투입된 계약상대자의 인력·자재 및 장비의 철수비용

  ④ 계약상대자는 선금에 대한 미정산잔액이 있는 경우에는 이를 발주기관에 상환하여야 한다. 이 경우에 미정산잔액에 대한 이자는 가산하지 아니한다.

제46조(계약상대자에 의한 계약해제 또는 해지)

  ① 계약상대자는 다음 각 호의 어느 하나에 해당하는 사유가 발생한 경우에는 해당계약을 해제 또는 해지할 수 있다.

  1. 제19조에 의하여 공사내용을 변경함으로써 계약금액이 100분의 40이상 감소되었을 때

  2. 제47조에 의한 공사정지기간이 공기의 100분의 50을 초과하였을 경우

  3. 발주기관이 정당한 이유없이 계약내용을 이행하지 아니함으로써 공사의

적정이행이 불가능하다고 명백히 인정되는 때

② 제1항에 의하여 계약이 해제 또는 해지되었을 경우에는 제45조 제2항 내지 제4항을 준용한다.

나. 사례 해설

계약의 해제·해지와 관련하여 발생하는 분쟁의 유형으로는 계약불이행에 계약상대자의 귀책사유가 없음에도 계약을 해제하고 계약보증금을 국고에 귀속시킨 경우, 발주기관이 명백하게 불가피한 사정이 없음에도 일방적으로 계약을 해제·해지한 경우, 계약이 해제된 후 계약상대자가 기성부분에 대한 대가를 제대로 지급받지 못한 경우, 발주기관의 귀책사유로 인하여 계약이 해제·해지되었음에도 발주기관에서 해제일 이전에 투입된 계약상대자의 인력·자재 및 장비의 철수비용을 지급해 주지 않거나 선금 중 미정산 잔액에 대하여 이자를 가산한 경우 등이 있다.[20]

조정22 사례에서 위원회는 중요한 계약내용에 대하여 양 당사자 간에 의사 불일치 상태에서 계약이 체결되었다면 계약 불성립이 될 수 있다고 판단하였다. 국가계약법령은 계약의 불성립의 요건 및 효과 등을 정한 규정이 없다. 다만, 계약예규에서 계약의 해제 또는 해지 요건 등을 구체적으로 규정이 있을 뿐이다. 위원회는 계약의 중요한 내용에 대하여 청구인과 발주기관의 입장차이가 현격한데, 청구인은 발주기관이 주장하는 바대로 계약을 이행하여야 한다면 당초에 계약을 체결할 가능성이 전혀 없었을 것이라는 점에서 형식적 계약서에도 불구하고 애초에 계약이 불성립하였다고 보았다. 계약예규의 계약

---

20 김대인 외 3인, 국가계약 당사자의 권리구제제도에 대한 연구, (사)한국공공계약법학회, 2025

해제 또는 해지 사유를 살펴보면, 계약상대자의 책임있는 사유 또는 발주기관의 사정변경, 계약 내용의 중대한 감소 등이 있다. 이 사례에서는 발주기관의 사정변경 및 계약 내용의 중대한 감소 등이 없었고, 그렇다고 중대한 계약 내용에 대해 청구인과 발주기관의 현격한 입장차이를 청구인의 책임있는 사유로 보기 어렵다고 할 것이다. 이러한 상황에서 위원회는 국가계약법령 등에서 규정한 계약의 해제 또는 해지에 관한 규정을 적용하지 않았다.

다. 분쟁조정 사례

조정 22 계약해제 관련 조정 청구

가. 사건 개요

청구인은 '22.○○월 피청구인이 공고한 "○○○○ 다중데이터 실시간 전송 체계 사업" 입찰(규격/가격 동시입찰)에 참여하였음.

본 사업의 과업내용은 ○○ 장비 납품 및 188대의 □□에 대한 장비 설치이며, 구매사양서에 "□□ 6대에 대한 설치를 시행하고, 군(軍)이 직접 설치하는 □□의 수량은 계약 이행 간 협의하여 결정한다."라고 설명되어 있어 청구인은 □□ 6대에 대한 설치비만을 투찰가격에 포함시켜 낙찰자로 결정되었음.

'22.○○.○○.일 계약체결 이후 피청구인이 총 □□ 188대에 대한 장비 설치를 요청함에 따라 청구인은 추가 설치분 182대에 대한 계약금액 증액조정을 요청하였으나, 피청구인은 이 건의 과업내용은 □□ 188대 전부에 대한 장비 설치라는 것을 과업지시서에 명시했다며 청구인이 계약상 의무를 이행하지 않았다는 사유로 계약을 해제하였음.

청구인은 계약해제가 부당하다며 분쟁조정을 청구함.

나. 청구 취지

청구인은 입찰 시 구매사양서의 문구대로 □□ 6대에 대한 설치작업비만을 투찰가격에 포함시켜 낙찰자로 결정되었으나, 계약 후 청구인은 182대에 대해 계약금액 증액을 요구하였으나, 피청구인은 □□ 188대 전부에 대한 설치로 과업지시서에 명시했다며 청구인이 계약상 의무를 이행하지 않았다는 사유로 계약을 해제하였고, 이를 무효로 하기 위해 조정 청구.

다. 주문

이번 사건 계약은 당사자 간 중요내용에 대한 의사가 불일치한 상태에서 계약이 체결되었으므로 '22.○○.○○.에 체결된 계약은 불성립한 것으로 본다. 따라서 피청구인의 계약해제도 효력이 없다. 계약의 불성립을 확인하였으므로 당사자는 계약을 이행한 부분이 있는 경우 원상회복하기로 한다.

라. 당사자 주장

1) 청구인 주장

① 입찰공고 전 이 사업의 주요 기능은 기능A와 기능B이었으나, 피청구인은 기능B를 개발한 회사가 청구인밖에 없다는 이유로 입찰공고 시 기능B를 제외하고 공고하였음('22.○○.○○.).

② 본 사업은 규격가격 동시입찰 형식으로 발주되었으며, 과업내용은 ○○장비 납품 및 188대의 □□에 대한 장비 설치이며, 구매사양서에 "□□ 6대에 대한 설치를 시행하고, 군이 설치하는 □□의 수량은 계약 이행간 협의*하여 결정한다."라고 설명되어 있어 청구인은 □□ 6대에 대한 설치비만을 입찰가격에 포함**시켜 낙찰자로 결정되었음.

  * 청구인이 구매사양서에 대해 소요군에 직접 문의결과 피청구인은 대략 30~50% 정도는 직접 설치할 수 있을 것이나 불확실하다고 답변.
  ** 해당 사업은 최저가 입찰로서 청구인의 입찰가격은 2, 3순위 업체와 100억여 원의 차이 발생.

③ 구매사양서의 내용을 볼 때, 최종 설치 수량은 188대이나, 청구인이 명확

히 설치해야 할 장비의 수는 6대이고, 소요군이 일부 장비를 설치할 것이 예정되어 있으므로, 188대를 전부 설치하는 것으로 가격을 정하고 확정계약을 한다면, 계약 후 소요군이 직접 설치하는 물량에 대해 부당이득을 취하게 되므로 부당하다고 판단하여 6대분의 설치작업금액으로 입찰하였음.

④ 청구인은 설치작업이 확정된 6대를 제외한 나머지 182대에 대하여 소요군과 계약이행 간 협의를 통하여 설치대수를 결정하고, 동 사가 추가로 설치하기로 결정된 설치 대수에 대해서는 당연히 계약금액 조정을 할 것이라고 전제하였음.

⑤ 계약상대자의 책임 있는 사유로 인한 계약해제*는 입찰에 관한 서류 등을 허위 또는 부정한 방법으로 제출하여 계약이 체결된 경우 및 기타 계약조건을 위반하고 그 위반으로 인하여 계약의 목적을 달성할 수 없다고 인정될 경우이나, 본 건은 계약해제 사유에 해당되지 않음.

* 계약예규 물품구매계약일반조건 제26조 제1항 제6호, 제7호

6대 설치를 기준으로 입찰한 것이 허위 또는 부정한 방법의 서류제출이라고 볼 수 없고, 182대에 대한 설치 의무가 없으므로, 계약조건을 위반하였다고 볼 수도 없음.

2) 피청구인 주장

① 입찰공고 전 청구인은 □□ 내 장치에 기능B를 포함해 달라는 의견을 검토 요청하였고, 군에서는 □□에는 기능B가 이미 설치되어 있다는 검토내용을 바탕으로 요구사항에 기능B를 삭제하고 입찰공고함.

② 사업추진계획 수립('22.○○월) 당시부터 예측한 비용은 약 ○○○억 원이며, 사업범위는 사업계획서에 □□장비 194대분 장비비, □□ 188대 설치비 등이 포함되어 있으며, 업체들의 견적서*에서도 확인이 가능함. 입찰 시 전자조달시스템에 ○○○억 원의 사업예산을 공개하였음.

* 청구인이 피청구인에 제출한 견적서에서도 설치수량을 188대로 기재함.

③ 규격입찰서(3.3.2)에 따라 설치된 장치의 성능이 제대로 구현되는지를 확인하기 위하여 인증을 받아야 하는데, 피청구인이 계약 후 제출한 내역서(견적서)에 인증 대상을 188대(4.7억 원 소요)로 정하고 있음.

④ 규격평가를 통과한 3개 업체 중 청구인을 제외한 나머지 2개 업체도 □□ 188대의 설치비를 반영하였음.

⑤ 해당 계약변경을 인정할 경우 본 계약의 입찰방법인 경쟁계약, 확정계약, 최저가낙찰 방식에 대한 계약원칙이 훼손되어 타 경쟁업체들에 대한 공정한 입찰기회를 박탈하는 결과를 초래.

마. 판단

청구인은 사업예산(예정가격) 대비 현저히 차이가 나는 금액을 투찰하여 낙찰자로 선정되었고, 피청구인은 청구인이 낙찰금액에 대해 투찰금액 오기 등의 착오가 있는 것으로 판단하여 계약체결 전에 청구인과 회의를 개최, 동 회의에서 청구인은 피청구인에게 구매요구서에 따라 □□ 6대에 대한 설치작업비만 반영하였고, 향후 계약 이행 중 청구인의 설치작업 수량이 확정되면 수정계약을 통해 계약금액이 조정될 것으로 예상하였다고 주장하는 반면, 피청구인은 청구인에게 "계약상대자의 설치작업 수량이 처음부터 188대"임을 확인시켜 주었으며 청구인도 동 사실을 인정하였고, 청구인은 "손해를 감수하면서라도 계약금액 조정 없이 계약을 이행하겠다."라고 하였기에 계약을 체결하였다고 주장.

이상과 같은 상황을 고려할 때, 계약의 중요내용(장비 설치작업 수량)에 대한 의사가 불일치한 상태에서 계약이 체결된 것으로 판단되므로, 의사 불일치에 의한 계약 불성립으로 조정.

라. 유권해석 사례

해석 사례 54 설계용역 계약해지 사유 질의에 대한 회신

【회 신】   (계약제도과-613, 2014.05.13.)

계약예규「용역계약일반조건」제16조에서는 용역의 과업내용의 변경, 제30조에서는 사정변경에 의한 계약의 해제 또는 해지에 관하여 규정하고 있으나, 민법상 신의성실, 신뢰보호의 원칙과 당사자간의 합의 존중 원칙 등을 전제로 하고 있음. 특히 발주기관에 의한 계약의 해제·해지는 "객관적으로 명백한 발주기관의 불가피한 사정이 발생한 때"로 한정되며, 계약상대방의 신뢰가 보호되도록 해제·해지 사유를 엄격하게 해석하여야 할 것임.

해석 사례 55 발주기관 사정에 따른 공사계약 해제 시 비용 지급

【회 신】   (계약제도과-540, 2015.05.07.)

「공사계약일반조건」제45조 제3항 제2호에서는 발주기관의 불가피한 사정으로 계약을 해제 또는 해지한 때에 계약에 투입된 계약상대방의 인력·자재·장비의 철수 비용을 지급하도록 규정하고 있음. 따라서 착공 후 바로 공사정지가 있었지만 계약 이행을 위한 비용이 계약상대방에게 발생하였다면 비용 지급이 가능할 것이나, 동 사유에 해당하는지 여부는 제반사정을 고려하여 판단해야 할 것임.

해석 사례 56 변경계약 체결 전 사유로 인한 계약 해지

【회 신】   (계약제도과-1167, 2015.08.25.)

「공사계약일반조건」제46조 제1항 제1호에서는 설계변경에 따른 계약금액이 100분의 40 이상 감소되었을 경우, 계약상대자가 해당계약을 해제 또는 해지할 수 있도록 규정하고 있으며, 계약해지·해제 시점에 대한 별도의 언급은 없음. 다만, 계약의 해지·해제 사유가 발생하였지만 당사자 간의 합의로 변경계약을 체결하고 계약을 이행하고 있었다면, 계약당사자의 계약 해지·해제 의사가 없었던 것으로 판단됨. 따라서, 변경계약의 효력이 발생한 이후에 이전 의사에 반하여 변경계약 이전의 사유로 계약상대방이 계약해지를 통보하는 것은 부적정하다 할 것임.

해석 사례 57 용역계약 착수기일 경과 시 계약 해제 가능 여부

【회 신】　　　　　　　　　　　　　　(계약제도과-1536, 2015.10.28.)

계약예규 「용역계약일반조건」 제4조 제1항에 따르면 계약문서는 계약서, 유의서, 일반조건, 용역계약특수조건, 과업내용서 및 산출내역서로 구성되며 상호보완의 효력을 가짐. 따라서 명시적 과업내용서가 없는 경우, 계약특수조건, 내역서 등에 의해서 과업내용이 결정될 것임. 동 예규 제29조 제1항 제1호에 따르면 정당한 이유 없이 약정한 착수 기일을 경과하고도 용역수행에 착수하지 아니할 경우, 계약의 전부 또는 일부를 해제 또는 해지할 수 있으며, 「국가를 당사자로 하는 계약에 관한 법률 시행령」 제51조 제1항에 따라 계약보증금을 국고귀속할 수 있을 것임. 따라서 계약상대방이 정당한 이유 없이 용역수행에 착수하지 않았다면 계약종료일 전이라고 하더라도 계약을 해제·해지할 수 있으며 계약보증금을 국고 귀속할 수 있음.

해석 사례 58 검사 완료 후 계약의 해제 또는 해지

【회 신】　　　　　　　　　　　　　　(계약제도과-46, 2017.01.11.)

「국가를 당사자로 하는 계약에 관한 법률」의 검사는 계약이행 완료 여부를 최종적으로 확인하는 단계임. 따라서 검사를 통과한 계약은 이행이 완료된 것으로 보는 것이 타당할 것이며, 완료된 계약에 계약 해제 및 해지는 적용될 여지가 없는 것으로 판단됨.

해석 사례 59 계약이 일부 해제 또는 해지 가능 여부

【회신】   (계약정책과-209, 2024.02.22.)

「물품구매(제조)계약 일반조건」 제26조 제1항은 제4호의 장기물품제조 등의 계약에 있어서 제2차 이후의 계약을 체결하지 아니하는 경우, 계약담당공무원은 해당 계약의 전부 또는 일부를 해제 또는 해지할 수 있음을 규정하고 있음. 이 경우 잔여 차수계약은 새로운 입찰공고 등을 통해 계약상대자를 선정하여 진행하여야 할 것임. 다만 구체적 사안에 있어 계약의 해제·해지 여부는 계약이행 상황 및 지체 사유, 관련 법령 등을 고려하여 계약담당공무원이 판단할 사항임.

마. 판례

판례 건축공사의 계약해제의 소급효

(대법원 1992. 12. 22. 선고, 92다30160 판결)

건축공사가 상당한 정도로 진척되어 그 원상회복이 중대한 사회적, 경제적 손실을 초래하게 되고 완성된 부분이 도급인에게 이익이 되는 경우에는, 도급인이 그 도급계약을 해제하는 경우에도 그 계약은 미완성 부분에 대하여서만 실효되고 수급인은 해제한 때의 상태 그대로 그 건물을 도급인에게 인도하고 도급인은 완성부분에 상당한 보수를 지급하여야 한다는 것은 당원의 견해이다. 그러므로 완성된 부분이 도급인에게 이익이 되지 않는 경우에는 위의 견해가 그대로는 적용될 수 없다고 할 것이고, 도급인이 완성된 부분을 바탕으로 하여 다른 제3자에게 공사를 속행시킬 수 없는 상황이라면 완성부분이 도급인에게 이익이 된다고 볼 수 없을 것이므로, 건물 외벽의 수선을 내용으로 하는 이 사건 공사계약에 무조건 소급효를 제한하는 위의 견해의 결론만을 적용할 수는 없다 할 것이다.

부록

국가를 당사자로 하는 계약에 관한 법률(발췌)

제28조(이의신청)

① 대통령령으로 정하는 금액(국제입찰의 경우 제4조에 따른다) 이상의 정부조달계약 과정에서 해당 중앙관서의 장 또는 계약담당공무원의 다음 각 호의 어느 하나에 해당하는 행위로 불이익을 받은 자는 그 행위를 취소하거나 시정(是正)하기 위한 이의신청을 할 수 있다.

1. 제4조 제1항의 국제입찰에 따른 정부조달계약의 범위와 관련된 사항

1의2. 제5조 제3항에 따른 부당한 특약 등과 관련된 사항

2. 제7조에 따른 입찰 참가자격과 관련된 사항

3. 제8조에 따른 입찰 공고 등과 관련된 사항

4. 제10조 제2항에 따른 낙찰자 결정과 관련된 사항

5. 그 밖에 대통령령으로 정하는 사항

② 이의신청은 이의신청의 원인이 되는 행위가 있었던 날부터 20일 이내 또는 그 행위가 있음을 안 날부터 15일 이내에 해당 중앙관서의 장에게 하여야 한다.

③ 해당 중앙관서의 장은 이의신청을 받은 날부터 15일 이내에 심사

하여 시정 등 필요한 조치를 하고 그 결과를 신청인에게 통지하여야 한다.

④ 제3항에 따른 조치에 이의가 있는 자는 통지를 받은 날부터 20일 이내에 제29조에 따른 국가계약분쟁조정위원회에 조정(調停)을 위한 재심(再審)을 청구할 수 있다.

제28조의2(분쟁해결방법의 합의)

① 각 중앙관서의 장 또는 계약담당공무원은 국가를 당사자로 하는 계약에서 발생하는 분쟁을 효율적으로 해결하기 위하여 계약을 체결하는 때에 계약당사자 간 분쟁의 해결방법을 정할 수 있다.

② 제1항에 따른 분쟁의 해결방법은 다음 각 호의 어느 하나 중 계약당사자 간 합의로 정한다.

1. 제29조에 따른 국가계약분쟁조정위원회의 조정
2. 「중재법」에 따른 중재

제29조(국가계약분쟁조정위원회)

① 국가를 당사자로 하는 계약에서 발생하는 분쟁을 심사·조정하게 하기 위하여 기획재정부에 국가계약분쟁조정위원회(이하 "위원회"라 한다)를 둔다.

② 위원회는 위원장 1명을 포함하여 15명 이내의 위원으로 구성한다.

③ 위원회의 위원장은 기획재정부장관이 지명하는 고위공무원단에 속하는 공무원이 되고, 위원은 대통령령으로 정하는 중앙행정기관 소속 공무원으로서 해당 기관의 장이 지명하는 사람과 다음 각 호의 어느 하나에 해당하는 사람 중 성별을 고려하여 기획재정부장관이 위촉

하는 사람이 된다.

1. 「고등교육법」에 따른 대학에서 법학·재정학·무역학 또는 회계학의 부교수 이상의 직에 5년 이상 근무한 경력이 있는 사람

2. 변호사의 자격을 가진 사람으로서 그 자격과 관련된 업무에 5년 이상 재직 중이거나 재직한 사람

3. 정부의 회계 및 조달계약 업무에 관한 학식과 경험이 풍부한 사람으로서 제1호 또는 제2호의 기준에 상당하다고 인정되는 사람

④ 제3항 각 호의 위촉위원의 임기는 2년으로 하되, 연임할 수 있다.

⑤ 제3항 각 호의 위촉위원의 사임 등으로 인하여 새로 위촉된 위원의 임기는 전임위원 임기의 남은 기간으로 한다.

⑥ 제3항 각 호의 위촉위원은 금고 이상의 형의 선고를 받거나 장기간의 심신쇠약으로 직무를 수행할 수 없게 된 때를 제외하고는 임기 중 그 의사에 반하여 해촉되지 아니한다.

⑦ 위원회의 위원은 그 위원과 직접 이해관계가 있는 안건의 심사·조정에 참여할 수 없다.

⑧ 제2항부터 제7항까지에서 규정한 사항 외에 위원회의 운영 및 심사·조정 절차와 그 밖에 필요한 사항은 대통령령으로 정한다.

제30조(계약절차의 중지)

① 위원회는 심사·조정을 시작하는 경우 청구인과 해당 중앙관서의 장에게 그 사실을 통지하여야 한다.

② 위원회는 해당 중앙관서의 장의 의견을 고려하여 필요하다고 인정하면 조정이 완료될 때까지 해당 입찰 절차를 연기하거나 계약체결

을 중지할 것을 명할 수 있다.

제31조(심사·조정)

① 위원회는 특별한 사유가 없으면 심사·조정 청구를 받은 날부터 50일 이내에 심사·조정하여야 한다.

② 위원회는 심사·조정의 완료 전에 청구인 및 해당 중앙관서의 장과 그 대리인에게 의견을 진술할 기회를 주어야 하며, 필요한 경우에는 청구인 및 해당 중앙관서의 장과 그 대리인, 증인 또는 관계 전문가로 하여금 위원회에 출석하게 하여 그 의견을 들을 수 있다.

③ 제1항에 따른 조정은 청구인과 해당 중앙관서의 장이 조정이 완료된 후 15일 이내에 이의를 제기하지 아니한 경우에는 재판상 화해(和解)와 같은 효력을 갖는다.

국가를 당사자로 하는 계약에 관한 법률 시행령(발췌)

제9장 이의신청과 국가계약분쟁조정위원회

제110조(이의신청을 할 수 있는 정부조달계약의 최소 금액 기준 등)

①법 제28조 제1항 각 호 외의 부분에서 "대통령령으로 정하는 금액"이란 다음 각 호의 구분에 따른 금액을 말한다.

1. 공사 계약의 경우: 다음 각 목의 구분에 따른 금액

    가. 「건설산업기본법」에 따른 종합공사 계약의 경우: 추정가격 10억 원

    나. 「건설산업기본법」에 따른 전문공사 계약의 경우: 추정가격 1억 원

    다. 가목 및 나목 외의 공사 계약의 경우: 추정가격 8천만원

2. 물품 계약의 경우: 추정가격 5천만원

3. 용역 계약의 경우: 추정가격 5천만원

② 법 제28조 제1항 제5호에서 "대통령령으로 정하는 사항"이란 다음 각 호의 사항을 말한다.

1. 제38조 및 제51조에 따른 입찰보증금 및 계약보증금의 국고귀속

과 관련한 사항

2. 제64조부터 제66조까지, 제91조 및 제108조에 따른 계약금액 조정과 관련한 사항

3. 제70조 제3항 및 제73조 제3항에 따른 정산과 관련한 사항

4. 제74조에 따른 지체상금과 지체일수 산입범위와 관련한 사항

5. 제75조에 따른 계약의 해제·해지와 관련한 사항

제111조(국가계약분쟁조정위원회의 위원)

① 법 제29조 제3항 각 호 외의 부분에서 "대통령령으로 정하는 중앙행정기관 소속 공무원으로서 해당 기관의 장이 지명하는 사람"이란 기획재정부·국방부·행정안전부·국토교통부·조달청과 그 밖에 기획재정부장관이 필요하다고 인정하는 중앙행정기관의 고위공무원단에 속하는 공무원으로서 해당 기관의 장이 지명하는 공무원 각 1명을 말한다.

② 법 제29조 제1항에 따른 국가계약분쟁조정위원회(이하 이 장에서 "위원회"라 한다)의 위원은 비상근으로 한다.

③ 삭제 〈2023. 11. 16.〉

제111조의2(위원장의 직무)

① 위원장은 위원회를 대표하고, 위원회의 업무를 총괄한다.

② 위원장이 부득이한 사유로 직무를 수행할 수 없을 때에는 기획재정부장관이 지명하는 위원이 그 직무를 대행한다.

제111조의3(위원의 제척·기피·회피)

① 위원회의 위원은 다음 각 호의 어느 하나에 해당하는 경우에는 해당 안건에 대한 심사·조정에서 제척(除斥)된다.

1. 위원 또는 그 배우자나 배우자였던 사람이 해당 안건의 당사자(당사자가 법인·단체 등인 경우에는 그 임원을 포함한다. 이하 이 호 및 제2호에서 같다)이거나 그 안건의 당사자와 공동권리자 또는 공동의무자인 경우

2. 위원이 해당 안건의 당사자와 친족이거나 친족이었던 경우

3. 위원이나 위원이 속한 기관 또는 법인이 해당 안건에 관하여 증언, 진술, 자문, 연구, 용역 또는 감정을 한 경우

4. 해당 안건이 위원이나 위원이 속한 중앙관서가 발주한 계약과 관련된 경우

5. 위원이 각 중앙관서의 소속 공무원으로서 해당 안건과 관련된 조사 또는 심사를 한 경우

② 해당 안건의 당사자는 위원에게 공정한 심사·조정을 기대하기 어려운 사정이 있는 경우에는 기피 신청을 할 수 있다. 이 경우 위원장은 이 기피 신청에 대하여 위원회의 의결을 거치지 않고 기피 여부를 결정한다.

③ 위원이 제1항 각 호의 제척 사유와 제2항의 기피 사유에 해당하는 경우에는 스스로 그 안건의 심사·조정에서 회피(回避)해야 한다.

제111조의4(위원의 지명철회)

법 제29조 제3항에 따라 위원을 지명한 자는 해당 위원이 다음 각 호의 어느 하나에 해당하는 경우에는 그 지명을 철회할 수 있다.

1. 심신쇠약으로 직무를 수행할 수 없게 된 경우

2. 직무와 관련된 비위사실이 있는 경우

3. 직무태만, 품위손상이나 그 밖의 사유로 위원으로서 적합하지 않다고 인정되는 경우

4. 위원 스스로 직무를 수행하기 어렵다는 의사를 밝히는 경우

5. 제111조의3 제1항 또는 제2항의 사유에 해당하는데도 불구하고 회피하지 않은 경우

제111조의5(위원회의 회의)

① 위원장은 위원회의 회의를 소집하며, 그 의장이 된다.

② 위원회의 회의는 재적위원 과반수의 출석으로 개의(開議)하고, 출석위원 과반수의 찬성으로 의결한다.

③ 위원회에 위원회의 사무를 처리하기 위해 간사 1명을 둔다.

④ 제1항부터 제3항까지에서 규정한 사항 외에 위원회의 운영에 필요한 사항은 위원회의 위원장이 정한다.

제111조의6(소위원회)

① 위원회의 업무를 효율적으로 처리하기 위해 위원회에 다음 각 호의 소위원회(이하 이 장에서 "소위원회"라 한다)를 둘 수 있다.

1. 공사분야소위원회

2. 물품·용역분야소위원회

3. 국방·방산분야소위원회

② 제1항 제1호의 공사분야소위원회는 건설·전기통신 등 공사계약과 관련된 분쟁의 심사·조정에 관한 사항을 담당한다.

③ 제1항 제2호의 물품·용역분야소위원회는 물품의 제조·구매·임차계약 및 용역계약(「방위사업법」 제3조 제14호에 따른 국방조달계약은

제외한다)과 관련된 분쟁의 심사·조정에 관한 사항을 담당한다.

④ 제1항제3호의 국방·방산분야소위원회는 「방위사업법」 제3조 제14호에 따른 국방조달계약과 관련된 분쟁의 심사·조정에 관한 사항을 담당한다.

⑤ 소위원회는 소위원회의 위원장을 포함하여 10명 이내의 위원으로 구성한다.

⑥ 소위원회의 위원장 및 위원은 위원회의 위원 중에서 위원회의 위원장이 지명한다.

⑦ 소위원회는 위원회에 심사·조정 청구된 안건에 대해 미리 심사하여 조정안을 작성할 수 있다. 이 경우 조정안을 작성하기 전에 청구인 및 해당 중앙관서의 장과 그 대리인에게 의견을 진술할 기회를 주어야 하며, 필요한 경우에는 청구인 및 해당 중앙관서의 장과 그 대리인, 증인 또는 관계 전문가로 하여금 소위원회에 출석하게 하여 그 의견을 들을 수 있다.

⑧ 소위원회는 제7항에 따라 조정안을 작성한 경우 이를 위원회에 상정해야 한다.

⑨ 소위원회의 회의 및 심사에 관하여는 제111조의5 및 제112조 제2항을 준용한다. 이 경우 "위원회"는 "소위원회"로, "위원회의 위원장"은 "소위원회의 위원장"으로 본다.

제111조의7(수당)

위원회 및 소위원회에 출석한 위원 및 관계 전문가에 대해서는 예산의 범위에서 수당을 지급할 수 있다. 다만, 공무원인 위원이 그 소관 업무와 직접 관련되어 위원회 또는 소위원회에 출석하는 경우에는 그렇지 않다.

제112조(심사)

① 법 제30조 제1항에 따라 심사·조정 청구의 사실을 통지받은 중앙관서의 장은 통지를 받은 날부터 14일 이내에 이에 대한 의견을 서면으로 위원회에 제출하여야 한다.

② 위원회는 필요한 경우 청구인 및 해당 중앙관서의 장에게 심사·조정이 요청된 사항에 관한 서류의 제출을 요구할 수 있으며, 관계 전문기관에 감정·진단과 시험 등을 의뢰할 수 있다.

③ 삭제 〈2020. 5. 1.〉

제113조(조정)

① 위원회는 조정 청구의 심사 결과에 대하여 조정안을 작성하여 이를 청구인 및 해당 중앙관서의 장에게 알려야 한다.

② 제1항에 따른 조정안을 작성할 때 법 제28조 제1항에 따른 행위로 청구인이 불이익을 받았다고 인정되는 경우에는 해당 중앙관서의 장 또는 계약담당공무원이 행한 행위를 취소 또는 시정하거나 그에 따른 손해배상 또는 손실보상을 하도록 하여야 한다.

③ 제2항에 따른 손해배상 또는 손실보상은 입찰 준비와 조정의 청구 과정에서 드는 비용으로 한정할 수 있다.

④ 각 중앙관서의 장은 법 제31조 제3항에 따라 이의를 제기하려는 경우에는 제94조 제1항에 따른 계약심의위원회의 자문을 거쳐 이의를 제기하는 취지와 사유 등이 포함된 서면을 위원회에 제출하여야 한다.

제114조(조정의 중지)

위원회는 위원회에 조정 청구된 것과 같은 사안에 대하여 법원의 소송이 진행 중인 경우 그 심사·조정을 중지할 수 있다. 이 경우 중지 사유를 청구인 및 해당 중앙관서의 장에게 알려야 한다.

제114조의2(소송 관련 사실의 통지)

각 중앙관서의 장은 제113조에 따른 조정 결과에 불복하여 소송이 제기되거나 제114조에 따른 소송이 제기된 경우에는 그 사실 및 소송 결과를 기획재정부장관에게 알려야 한다.

제115조(비용부담)

① 청구인은 위원회의 심사·조정과 관련한 비용을 부담한다. 다만, 청구인과 해당 중앙관서의 장 간에 약정이 있는 경우에는 그 약정에 따른다.

② 위원회의 심사·조정과 관련한 비용 부담에 관한 구체적인 사항은 기획재정부령으로 정한다.

국가계약분쟁조정위원회 운영규정

제1장 총칙

제1조(목적)

이 규정은 「국가를 당사자로 하는 계약에 관한 법률」("이하 법"이라 한다) 제29조, 「국가를 당사자로 하는 계약에 관한 법률 시행령」(이하 "시행령"이라 한다) 제111조의5 및 「국가를 당사자로 하는 계약에 관한 법률 시행규칙」(이하 "시행규칙"이라 한다) 제87조에 따라 국가계약분쟁조정위원회(이하 "위원회"라 한다)의 운영과 분쟁의 조정 절차 등에 관하여 필요한 사항을 규정함을 목적으로 한다.

제2조(정의)

이 규정에서 사용하는 용어의 정의는 다음과 같다.

1. "청구인"이라 함은 해당 입찰 또는 계약과 관련하여 제4조 각 호의 사항에 대한 이해관계를 가진 자로서 법 제28조 제4항에 따라 위원회에 조정(調停)을 위한 재심(再審)을 청구하는 자를 말한다.

2. "피청구인"이라 함은 조정 청구된 분쟁과 관련된 해당 중앙관서의 장으로서 청구인의 상대방을 말한다.

3. "당사자"라 함은 제1호에 따른 청구인과 제2호 따른 피청구인을 말한다.

제2장 위원회의 구성 및 운영

제3조(위원회의 구성)

① 위원회는 위원장 1명을 포함하여 15명의 위원으로 구성하되, 정부를 대표하는 정부위원 4명, 공익을 대표하는 민간위원 10명으로 구성한다.

② 위원장은 기획재정부 재정관리관으로 하며, 정부위원은 기획재정부 국고국 일반직고위공무원, 국토교통부 건설정책국장, 조달청 시설사업국장, 방위사업청 방위사업정책국장으로 한다.

제4조(위원회의 기능)

위원회는 다음 각 호의 사항을 심의·의결 또는 조정한다.

1. 국제입찰에 따른 정부조달계약의 범위와 관련된 사항

2. 입찰참가자격과 관련된 사항

3. 입찰공고 등과 관련된 사항

4. 낙찰자 결정과 관련된 사항

5. 계약금액 조정과 관련된 사항

6. 지체상금과 지체일수 산입범위와 관련된 사항

7. 부당한 특약과 관련된 사항

8. 입찰보증금 및 계약보증금의 국고귀속과 관련된 사항

9. 개산계약 및 사후원가검토조건부계약의 정산과 관련된 사항

10. 계약의 해제·해지와 관련된 사항

11. 기성대가 지급과 관련된 사항

12. 대가 지급 지연에 대한 이자의 지연일수 산정과 관련된 사항

13. 선금의 반환과 관련된 사항

14. 위원회 운영규정의 제·개정에 관한 사항

15. 기타 위원장이 위원회에서 심의·의결할 필요가 있다고 판단하는 주요 분쟁조정 관련 사항 등

제5조(위원회의 회의)

① 위원회의 회의는 분쟁조정을 위한 재심청구가 있는 경우 매월 개최하는 것을 원칙으로 하되, 위원장이 필요하다고 인정하는 경우에는 별도로 소집할 수 있다.

② 위원회의 회의를 개최할 때에는 위원에게 회의 개최 7일 전까지 회의의 일시·장소, 심의사항 및 관련자료 등을 서면 또는 전자우편으로 통보하여야 한다. 다만, 부득이한 사유가 있는 때에는 회의개최 전일까지 통보할 수 있다.

③ 위원회의 회의는 공개하지 아니한다. 다만, 위원장이 필요하다고 인정하는 경우에는 공개할 수 있다.

④ 위원장은 「행정기관 소속 위원회의 설치·운영에 관한 법률」 제9조 및 같은 법 시행령 제5조에 따라 회의를 개최할 시간적 여유가 없거나 사안이 경미하다고 인정되는 경우 등에는 서면으로 의결할 수

있다.

⑤ 위원회의 간사는 기획재정부 소속 공무원 중에서 위원장이 지명하며, 위원회 및 소위원회의 회의진행과 관련한 실무를 담당한다.

제6조(위원회 의결 방법과 절차)

① 위원회의 회의는 재적위원 과반수의 출석으로 개의하고, 출석위원 과반수의 찬성으로 의결한다.

② 위원회의 의결은 거수를 통한 표결을 원칙으로 하되, 위원장의 제의 또는 출석위원 1/2이상의 요구가 있는 경우 무기명투표로 표결할 수 있다.

③ 제2항에도 불구하고 위원장은 안건에 대한 이의 유무를 물어서 이의가 없다고 인정한 때에는 가결되었음을 선포할 수 있다. 다만, 이의가 있을 때에는 제2항의 방법으로 표결하여야 한다.

④ 위원장이 사고 또는 부재로 직무를 수행할 수 없는 경우에는 「정부조직법」 제26조 제1항에 규정된 순서에 따른 정부위원이 위원장의 직무를 대행한다.

⑤ 정부위원이 위원회에 출석하지 못할 때에는 하위직급의 공무원이 대리하여 출석할 수 있다.

⑥ 제5항에 따라 대리출석한 자는 위원회에서 발언하고 표결에 참여할 수 있다.

⑦ 민간위원이 위원회에 출석하지 못할 때에는 위원회 개최 전까지 서면의결서를 제출할 수 있다.

⑧ 서면의결의 경우에도 제1항의 규정을 따른다.

제7조(소위원회의 구성 등)

① 위원회는 업무의 효율적 운영 및 조정 청구 건의 전문적 심사를 위하여 공사분야소위원회, 물품·용역분야소위원회 및 국방·방산분야소위원회를 둘 수 있다.

② 각 소위원회의 회의는 소위원회 위원장과 위원회 위원장이 회의마다 지정하는 6명 이상 9명 이하의 위원회 위원으로 구성한다.

③ 소위원회 위원장이 소위원회를 개최할 때에는 회의 개최 3일 전까지 회의 일시·장소 및 심의사항을 각 소위원회 위원에게 서면 또는 전자우편으로 통보하여야 한다. 다만, 부득이한 사유가 있는 때에는 회의 개최 전일까지 통보할 수 있다.

④ 소위원회의 의결방법에 대하여는 제6조를 준용한다.

제8조(회의록)

위원장은 위원회 개최 시마다 위원회·소위원회의 회의일시·장소, 참석자, 안건명, 참석자 발언요지, 의결결과 등이 기재된 회의록을 작성하여 보관하여야 한다. 다만, 서면으로 의결하는 경우에는 생략할 수 있다.

제9조(자문단)

위원회는 법 제31조 제2항 및 시행령 제111조의6 제7항 후단에 따른 전문가로부터의 의견청취 및 자문 등을 위해 관계전문가로 구성된 자문단을 둘 수 있다.

제10조(성실의무)

위원은 회의안건을 심의함에 있어 그 업무를 성실히 수행하여야 한다.

제11조(비밀유지의무)

① 위원은 회의안건을 심의·결정함에 있어 알게 된 사항이나 비밀을 사적인 이익을 위하여 이용하거나 그 비밀을 누설하여서는 안 되며, 비밀유지에 관한 별지 제1호서식의 서약서를 제출하여야 한다.

② 위원회는 조정과 관련하여 취득한 청구인 및 이해당사자의 지식재산권 및 영업상 비밀정보를 제3자에게 공개하지 아니한다. 다만, 청구인 및 이해당사자가 동의한 경우는 제외한다.

제3장 조정의 청구

제12조(조정 청구)

① 법 제28조 제4항에 따라 재심(再審)을 청구하려는 자는 위원회에 다음 각 호의 사항을 기재한 별지 제2호서식의 조정 청구서와 피청구인 수만큼의 부본을 함께 제출하여야 한다.

 1. 청구인의 성명(법인의 경우에는 법인명 및 대표자) 및 주소
 2. 대리인을 선임한 경우에는 그 대리인의 성명 및 주소
 3. 이의신청대상 발주기관명, 주소 및 소속된 중앙관서
 4. 이의신청 내용, 중앙관서장의 조치결과, 조정 청구사유
 5. 기타 증거자료 및 조정 청구에 필요한 사항 등

② 위원회는 제1항에 따라 조정 청구서를 제출하는 경우 위원회에서 운영하는 전자우편을 이용하여 청구서를 제출하게 할 수 있다.

제13조(조정 청구의 접수)

① 위원장은 조정 청구서를 접수한 경우 7일 이내에 당사자에게 그 사실을 문서로 통지하고, 청구서 부본을 지체 없이 피청구인에게 보내야 한다. 다만, 형식적 요건을 갖추지 못하였음이 명백하고 그 요건의 보완이 불가능하다고 판단되는 경우에는 해당 청구를 반려할 수 있다.

② 위원회는 조정 청구서의 기재사항 및 첨부서류 등을 심사하고 보완이 필요하다고 판단되는 경우 10일 이내의 기간을 정하여 청구인에게 보완을 요청할 수 있다.

③ 제1항에 따라 조정 청구의 사실을 통지받은 피청구인은 통지를 받은 날부터 14일 이내에 이에 대한 의견을 서면으로 위원회에 제출하여야 한다.

④ 위원회는 제3항에 따라 피청구인으로부터 의견서가 제출된 경우에는 그 의견서 사본을 청구인에게 보내야 한다.

⑤ 제2항에 따른 보완 등을 위하여 소요된 기간은 법 제31조 제1항의 처리기간에 산입하지 아니한다.

제14조(조정 청구의 수리 및 각하)

① 위원회는 조정 청구가 정당하게 이루어진 경우에는 그 청구서를 수리하여야 한다.

② 위원회는 다음 각 호에 해당하는 경우 조정 청구를 각하할 수 있다.

1. 청구인적격 등 조정 청구의 형식적 요건을 갖추지 못한 경우
2. 제13조 제2항에 따른 보완요청을 받은 날로부터 10일 이내에 청

구서의 흠결을 보완하지 않는 경우

  3. 조정의 실익이 없는 경우

  4. 이미 법원에 제소된 사건이거나 조정을 청구한 후 소를 제기한 경우

  5. 위원회에서 사건의 처리가 완료되었거나 심의를 거친 후 조정 청구를 취하한 자가 같은 사안에 대하여 다시 조정을 청구한 경우

  6. 그 외 위원회에서 조정하는 것이 적합하지 아니하다고 인정되거나 부정한 목적으로 조정을 청구하였다고 인정되는 경우

  ③ 위원장은 제1항과 제2항에도 불구하고 조정 청구된 사건의 수리 또는 각하 여부 등을 신속히 결정하기 위하여 소위원회에 회부할 수 있다. 이 경우 소위원회의 결정을 위원회의 결정으로 본다.

  ④ 위원회 또는 소위원회는 수리 또는 각하 결정을 한 날로부터 7일 이내에 당사자에게 그 사실을 통보하여야 한다. 다만, 각하 결정은 그 이유를 명시하여 청구인에게 문서로 통보하여야 한다.

제4장 사건의 처리

제15조(사건번호의 부여 등)

  ① 위원장은 조정 청구서를 접수한 경우 고유의 사건번호를 부여하여야 한다.

  ② 제1항의 사건번호는 당해 연도 접수순서에 따라 부여한다.

③ 위원장은 청구인이 본인 사건의 단계별 처리상황을 알 수 있도록 전자적 수단을 활용할 수 있다.

제16조(위원의 제척·기피·회피)

① 위원은 다음 각 호의 어느 하나에 해당하는 경우 해당 안건에 대한 심사·조정에서 제척된다.

1. 위원 또는 그 배우자나 배우자이었던 사람이 해당 안건의 당사자(법인·단체 등인 경우에는 그 임원을 포함한다.)이거나 당사자의 공동권리자 또는 공동의무자인 경우

2. 위원이 해당 사건의 당사자와 친족이거나 친족이었던 경우

3. 위원이나 위원이 속한 기관 또는 법인이 해당 안건에 관하여 증언, 진술, 자문, 연구, 용역 또는 감정을 한 경우

4. 해당 안건이 위원이나 위원이 속한 중앙관서(조달청의 경우 위원이 속한 국을 말한다)가 발주한 계약과 관련된 경우

5. 위원이 각 중앙관서의 소속 공무원으로서 해당 사건과 관련된 조사 또는 심사를 한 사건

② 당사자는 위원에게 공정한 심의를 기대하기 어려운 사정이 있는 경우에는 기피 신청을 할 수 있다. 이 경우 위원장은 이 기피 신청에 대하여 위원회의 의결을 거치지 아니하고 기피 여부를 결정한다.

③ 위원이 제1항 각 호의 제척 사유와 제2항의 기피 사유에 해당하는 경우에는 스스로 그 안건의 심의에서 회피하여야 한다.

④ 제2항 및 제3항에 따른 기피·회피 신청을 하고자 하는 때에는 별지 제3호 서식에 따른 신청서를 작성하여 위원장에게 제출하여야 한다.

제17조(조정청구의 취하)

① 청구인은 제12조에 따른 조정 청구를 취하하고자 하는 경우 사건명, 당사자 및 취하사유가 표시된 별지 제4호서식의 조정 청구 취하서를 제출하여야 한다.

② 위원회는 청구인이 조정 청구 취하서를 제출한 경우 조정 절차 진행을 중지하고 해당 사건을 종결 처리한다.

③ 제2항에 따라 조정 청구 사건을 종결 처리한 경우 위원장은 당사자에게 이 사실을 통보하여야 한다.

제18조(청구의 심사 및 조정 등)

① 위원회는 조정 청구받은 날부터 50일 이내에 심사 조정하여야 한다. 다만 부득이한 사정이 있는 경우 50일의 범위 내에서 그 기간을 연장할 수 있다.

② 위원회는 청구인의 신청 또는 직권에 의하여 필요하다고 인정하면 조정이 완료될 때까지 해당 입찰 절차를 연기하거나 계약체결을 중지할 것을 명할 수 있다. 이 경우에는 피청구인의 의견을 고려해야 한다.

제19조(소위원회의 사전심사)

① 위원장은 효율적 심의를 위해 조정 청구 사건을 소위원회에서 사전심사하게 할 수 있다.

② 소위원회는 제1항에 따라 사전심사한 조정 청구 사건에 대하여 조정안을 작성하여 이를 위원회에 상정하여야 한다.

③ 제2항에 따른 조정안에는 다음 각 호의 사항을 기재하여야 한다.

1. 사건명 및 사건번호

2. 당사자의 성명 또는 명칭과 주소

3. 조정 결정 사항

4. 조정 결정 이유

5. 조정안 작성 일자

④ 소위원회는 조정안을 작성할 때 「국가를 당사자로 하는 계약에 관한 법률」 등 관계 법령과 청구인의 불이익 정도 및 기타 해당 조달과 관련한 제반 사항을 고려하여야 한다.

⑤ 해당 조달의 특성상 소관 소위원회가 불명확한 경우에는 위원장이 결정한다.

⑥ 소위원회의 위원장은 조정 청구 사건의 효율적인 심사를 위하여 필요하다고 인정하는 경우에 위원 중 1명을 주심위원으로 지명하여 안건의 사실관계 확인 및 쟁점 파악·정리 등을 주도하도록 할 수 있다.

제19조의2(소액사건의 심사)

위원장은 다음 각 호에 해당하는 조정 청구 사건을 신속히 처리하기 위하여 소위원회 위원 중 정부위원 1명, 민간위원 2명을 지명하여 심사·조정하도록 할 수 있다.

1. 추정가격 2억 원 이하의 「건설산업기본법」에 따른 전문공사계약

2. 추정가격 1억 6천만 원 이하의 「건설산업기본법」을 적용받지 않는 공사계약

3. 추정가격 1억 원 이하의 물품·용역계약

제20조(의견청취의 절차)

① 위원장은 법 제31조 제2항 및 시행령 제111조의6 제7항 후단의 규정에 따라 조정 청구와 관련된 자의 의견을 청취하고자 할 경우에는 해당일로부터 5일 전에 통지하여야 한다.

② 제1항의 통지를 받은 자가 출석할 수 없는 부득이한 사유가 있는 경우에는 미리 서면으로 의견을 제출할 수 있다.

③ 제1항의 통지를 받은 자가 정당한 사유없이 위원회에 출석하지 아니하고 서면으로도 의견을 제출하지 아니한 경우에는 의견진술 기회를 포기한 것으로 본다.

제21조(소 제기 등의 통보)

① 조정 청구 후에 해당 사건에 대하여 소를 제기한 경우 당사자는 지체 없이 다음 각 호의 사항을 기재한 별지 제7호 서식의 제소 통보서를 위원회에 통보하여야 한다.

1. 당사자의 성명 또는 명칭 및 주소
2. 사건 번호
3. 소 제기 일자
4. 해당 사건의 관할 법원

② 위원회는 조정 청구 후 일방 당사자가 소(보전소송 포함)를 제기하였을 때에는 조정 절차를 중지하고 사건을 종결처리한다.

③ 제2항에 따라 조정 청구 사건을 종결 처리한 경우 위원장은 그 사실을 당사자에게 통보하여야 한다.

제22조(합의권고)

① 위원장은 다음 각 호의 어느 하나에 해당하는 조정 청구 사건에 대하여는 당사자에게 사전 합의할 것을 권고할 수 있다.

1. 이미 확립된 법원의 판례 또는 위원회 조정례가 적용되는 것이 명백한 사건

2. 귀책사유 및 손해(손실) 범위가 명백한 사건

3. 그 밖에 위원회 또는 소위원회가 합의로 절차를 종결하는 것이 필요하다고 판단하는 사건

② 위원장은 당사자가 제1항에 따른 합의권고를 수락하면 조정 절차를 종료하고, 그 사실을 위원회에 보고하여야 한다.

③ 당사자가 합의권고를 수락하였을 때에는 위원장은 합의서를 3부 작성하여야 하며, 위원장 및 당사자는 이에 서명날인 하여야 한다.

④ 서명날인한 합의서는 당사자에게 각각 1부씩을 교부하고, 나머지 1부는 위원회가 보관한다.

제23조(조정의 성립 등)

조정안을 제시받은 당사자가 제시 받은 날부터 15일 이내에 위원회에 문서로서 이의를 제기하지 아니한 경우에는 재판상 화해와 같은 효력을 갖는다.

제24조(처리결과의 통보)

① 제23조에 따라 조정안을 제시받은 당사자가 조정안에 대하여 이의를 제기한 경우 위원장은 그 사실을 상대 당사자에게 문서로 통보하여야 한다.

② 위원장은 조정이 성립되지 아니한 때에는 당사자에게 조정이 성립되지 아니한 사실 및 사유를 명시하여 통지한다.

제25조(비공개 및 참석의 제한)

① 조정 절차 및 내용은 원칙적으로 이를 공개하지 않는다. 다만, 위원회는 국가안보 등과 관련되지 않는 경우로서 다음 각 호의 경우에 한하여 조정 결과를 공개할 수 있다.

1. 위원회에서 공개하기로 결정하고 당사자가 이에 동의한 경우
2. 조정 결과에 대한 개인정보 익명화 조치 등 안전성이 확보되고 당사자에게 불이익이 발생하지 않는 범위인 경우

② 위원장 및 소위원회 위원장은 조정 절차에 참석하는 자를 당사자 당 3명 이내로 제한할 수 있다.

③ 위원장 및 소위원회 위원장은 회의의 효율적인 진행을 방해하는 자 또는 그러한 우려가 있는 자를 퇴장하도록 할 수 있다.

제5장 보칙

제26조(심사·조정 관련 비용의 부담 등)

청구인은 심사·조정과 관련된 비용을 부담하며, 그 부담 범위, 비용의 선납 및 정산에 관한 사항은 시행규칙 제86조에 따른다.

제27조(조정비용 미납에 따른 조정보류 등)

① 위원회는 시행규칙 제86조 제2항에 따라 청구인에게 심사·조정

관련 비용을 미리 납부하게 하는 경우 청구인이 기한 내에 납부하지 아니하면 해당 분쟁에 대한 조정을 보류할 수 있다.

② 위원회는 시행규칙 제86조 제2항에 따라 미리 납부한 금액이 심사·조정 관련 비용에 미달된다고 인정될 때에는 비용을 추가로 납부하게 할 수 있다.

제27조의2(분쟁조정 사례집 발간)

위원장은 분쟁의 사전 예방과 분쟁조정제도의 활성화를 위해 제25조 제1항 단서 각 호에 해당하는 범위 내에서 분쟁조정의 결과를 정리한 사례집을 발간할 수 있다.

제28조(세부사항 등)

이 규정에서 정하지 않은 사항 및 이 규정의 시행을 위하여 필요한 사항은 위원회의 의결을 거쳐 위원장이 정한다

제29조(유효기한) 〈삭제〉

제30조(재검토기한)

기획재정부장관은 이 훈령에 대하여 「훈령·예규 등의 발령 및 관리에 관한 규정」에 따라 2025년 1월 1일 기준으로 매 3년이 되는 시점(매 3년째의 12월 31일까지를 말한다)마다 그 타당성을 검토하여 개선 등의 조치를 하여야 한다.

부칙 〈제OOO호, 2025.OO.OO.〉

제1조 이 규정은 공포일로부터 시행한다.

제2조(이의신청에 관한 적용례) 제4조 제11호 및 제12호는 시행령 제110조 제2항의 시행 전에 이의신청 사유가 발생하여 시행령 시행 당시 법 제28조 제2항에 따른 이의신청 기간이 지나지 않은 경우부터 적용한다.

국가계약 분쟁조정제도의 이해와 사례

초판 1쇄 인쇄일 2025년 11월 13일
초판 1쇄 발행일 2025년 11월 26일

지은이 기획재정부 국고국
발행인 조윤성
편집 김화평 **디자인** 최희영 **마케팅** 최기현
발행처 ㈜SIGONGSA **주소** 서울시 성동구 광나루로 172 린하우스 4층(우편번호 04791)
대표전화 02-3486-6877 **팩스(주문)** 02-598-4245
홈페이지 www.sigongsa.com / www.sigongjunior.com

글 ⓒ 기획재정부 국고국, 2025

이 책의 출판권은 ㈜SIGONGSA에 있습니다. 저작권법에 의해
한국 내에서 보호받는 저작물이므로 무단 전재와 무단 복제를 금합니다.

ISBN 979-11-7125-869-7(03360)

*SIGONGSA는 시공간을 넘는 무한한 콘텐츠 세상을 만듭니다.
*SIGONGSA는 더 나은 내일을 함께 만들 여러분의 소중한 의견을 기다립니다.
*잘못 만들어진 책은 구입하신 곳에서 바꾸어드립니다.

WEPUB 원스톱 출판 투고 플랫폼 '위펍' _wepub.kr

위펍은 다양한 콘텐츠 발굴과 확장의 기회를 높여주는
SIGONGSA의 출판IP 투고·매칭 플랫폼입니다.